TOLSTOY

SEVASTOPOL

Leo Tolstoy

(aged 28 years)

LEO TOLSTOY

SEVASTOPOL

EDITED BY

A. P. GOUDY, M.A.

Lecturer in Russian in the University of Cambridge

AND

E. BULLOUGH, M.A.

Fellow of Gonville and Caius College

Cambridge :

at the University Press

1916

CAMBRIDGE
UNIVERSITY PRESS

University Printing House, Cambridge CB2 8BS, United Kingdom

Published in the United States of America by Cambridge University Press, New York

Cambridge University Press is part of the University of Cambridge.

It furthers the University's mission by disseminating knowledge in the pursuit of
education, learning and research at the highest international levels of excellence.

www.cambridge.org
Information on this title: www.cambridge.org/9781107639782

First published 1916
First paperback edition 2014

A catalogue record for this publication is available from the British Library

ISBN 9781107639782 Paperback

CONTENTS

ILLUSTRATIONS

ADDENDA ᴇᴛ CORRIGENDA

Introd. p. xi. *For* Rédan *read* Redán.

p. 2, l. 3 (note p. 163). The crews of the war-vessels had reinforced the garrison on shore. See Introd. p. x.

p. 17, l. 14. Ваську. Familiar for Василій.

p. 18, l. 33 (note p. 173). фортоплясы is probably a popular form of фортепьяны (p. 17, l. 22) used jocularly by the Prince.

p. 27, l. 22. *For* когла́ *read* когда́.

p. 51, l. 16 (note p. 183). "тутъ вонъ...." Lit. "here what hot work is going on." вонъ (*fam.*) = вотъ.

p. 51, l. 25. *For* доводы   *read* до́воды.

p. 87, l. 31.   „ при сме́рти   „ при́ смерти.

p. 117, l. 24.   „ но́ги   „ ноги́.

p. 123, l. 1.   „ за́навѣсу   „ занавѣсу.

p. 124, l. 8.   „ Дя́денко   „ Дядéнко. Such Little Russian names are usually accented on the ending.

p. 129, l. 8. *For* ку́шатъ *read* ку́шать.

p. 223. *After* войти́ *insert* вокру́гъ, round, round about.

p. 227.   „ губа́   „ губа́стый, thick-lipped.

p. 278. чуть, scarcely.

INTRODUCTION

LEO TOLSTOY'S three *Stories from Sevastopol*, as they were originally called, do not pretend to be a history of the siege of that fortress. They were intended rather as sketches, dated December, 1854, May and August, 1855, of the state of mind of the besieged during the eleven months that the siege lasted, and, above all, as the record, sometimes ironical, often profoundly pathetic and always astonishingly penetrating, of the human weakness as well as the stolid heroism of the defenders. English readers will look in vain for any special reference to the doings of Lord Raglan's army; historical events such as the battle of Inkerman are barely mentioned; localities are referred to and scenes are described, but without topographical details, as a man might recall to a friend the local setting of an event in which both had shared. The important thing is the event itself, the feelings evoked by it or giving it its significance. The purely human interest in it and the portraiture and doings of the characters of the tales stand out as the main object of the author and as the enduring source of enjoyment of the reader, quite independently of any historical value which they may possess.

The siege of Sevastopol was the central event of the second Russo-Turkish war, which broke out in October, 1853, by Turkey declaring war on Russia.

Napoleon III's restless diplomacy had succeeded in ranging practically the whole of Europe against Nicolas I of Russia (1825–56) and fanned the insignificant spark of

a local dispute into a European conflagration. He induced
the British Government to take up arms in the active
defence of Turkey, in spite of Austria's attempt to reach
a peaceful solution by the help of a European Conference,
and stiffened the Sultan's resistance to any verdict of
Europe by the Anglo-French alliance concluded for his
support. The first part of the campaign was fought with
varying success during the winter and spring, 1853–4, in
the Danube principalities and culminated in the siege of
Silistria by the Russians. The loss of the command of
the Black Sea by the Turks through the destruction of
their fleet at Sinope by the Russian squadron under
Admiral Nakhímov, was only restored by the entry of the
allied squadron into the Euxine and the occupation of the
port of Varna; and on 22 June, 1854, the Russians were
obliged to raise the siege of Silistria under Austria's
threat against their flank and rear and retired from the
Dobrudja into Bessarabia.

The result of the "Danube campaign" might have
satisfied Turkey's sense of pride, had it not been for
Napoleon's ambition, who urged the British government
to further action. Since July, the French commander,
Marshal St Arnaud, and Lord Raglan, commanding the
British forces, had received orders to pursue the campaign
by undertaking operations against Sevastopol.

The preparations for the expedition across the Black
Sea were accordingly made during the summer at Varna.
Much difficulty and delay was caused by a violent epidemic
of cholera which began in the French Army and gradually
spread to the English force and even the fleets. At last,
on 8 September the Allies embarked: 24,000 French
infantry, 22,000 British infantry and 1000 cavalry and
5000–6000 Turks. On approaching the shores of the
Crimean peninsula, surveys were undertaken to decide upon
the place of landing, and after considering the possibility of
disembarking to the south of the fortress, they decided
upon a place named "The Old Fort," at some distance
north of Sevastopol. The landing took place on 17 September. The Russian fleet had retired to Sevastopol and

made no attempt to interfere with the operation. Neither did the Russian land forces offer any resistance. After securing the small town of Eupatoria further north, the Allied army started on 19 September on its southward march upon Sevastopol, accompanied by the fleet. On the eve of that day, coming to the banks of the river Alma which lay across their route, they found it strongly held by the Russian field army under Ménshikov, who had withdrawn from Sevastopol except for a small garrison and held the road leading north-east through Bakhchi-saráï and Simferópol to the Russian mainland. On the following day, 20 September, the battle of the Alma was fought. The French, moving upon the right wing nearest the sea which the Russians were prevented by the guns of the fleet from approaching, proceeded to carry out a flanking movement, while the British, on the inland flank, delivered a frontal attack upon the Russian posi-tions. The issue was decided in favour of the Allies. The Russians, though inferior in numbers, were strongly entrenched; but bad leadership and indifferent armament allowed them to be both out-manœuvred and out-fought by the British infantry and opened for the Allies the road to Sevastopol. Without pressing their advantage they allowed the Russians to retire without molestation and resumed their march on 23 September, after embarking their wounded and resting their troops. It was then that the commanders, evidently insufficiently informed and grossly overestimating the strength of the northern fortifications, and troubled by the lack of a suitable naval base north of Sevastopol, decided upon the famous flank-march which led them past Sevastopol to its southern side. Without accurate maps and reliable information of the enemy's movements, the success of this march appears as the result, for the greater part, of extraordinary good fortune, coupled with an almost incomprehensible inactivity of the Russian field forces, equally devoid of information of the Allied movements. In fact, while the Allies were marching south, the Russians were marching north-east, away from Sevastopol, so that both armies

crossed each other's way, each being unaware of the
other's whereabouts. Having safely reached the southern
side of Sevastopol, Balaclava was chosen as the British
base and the ports of Kamiesh and Kazach as that of the
French army, whither the respective fleets repaired with
the transports.

The state of mind of Sevastopol in the meantime was
a mixture of deadliest apprehension and feverish activity.
Prince Ménshikov was the actual commander, but had
left the town with the field army, entrusting the command
of the fortress to Admiral Kornílov assisted by his col-
leagues Admirals Nakhímov and Istómin. At that time
there happened to be in Sevastopol a Lieutenant-General
of the Engineers, von Tótleben, an intimate friend of
Kornílov. Though without actual command or appointment, he advised the admiral in all matters of defence
and was destined to become the heart and soul and the
hero of the prolonged resistance. Immediately after the
forcing of the Alma, Kornílov and Tótleben set about
putting the northern side (Сѣверная) of Sevastopol into
some state of defence. Neither side was adequately
provided with means of resistance and none of the commanding officers had any confidence in being able to
beat off an immediate determined assault. Only 60 guns
protected the northern side against a land attack out of
a total of a mere 172 in all the forts commanding the
town. There were indeed nearly 3000 pieces in the place,
counting the guns stored in the arsenal and the guns of
the fleet. But they would have been of little avail against
an immediate attack. Nor would the garrison have been
sufficient. Counting the crews of the fleet which were
formed into 12 battalions of marines and sailors to reinforce the military garrison, the whole amounted on
24 September to only 16,569 men to resist the attack of
over 51,000 Allies, "insufficient" as Tótleben says in
his account of the siege, "not only for the defence of the
city, but for the numerous works which it was indispensable to execute on the lines of defence."

It was "not without astonishment," as he remarks,

and much to their relief, that the garrison observed the
Allies marching round the fortress to the southern side,
without attempting a direct attack on the north, "although
the south side was exceedingly weak and was garrisoned
by only 5000 men." The defences of the south were
primarily designed to meet an attack from the south and
south-west; none of them were of considerable strength,
not even the three most important of them, viz. the
Malákhov Tumulus, a white tower of 28 feet in height,
the Rédan fort and the "Flagstaff" redoubt, the three
principal points of attack of the Allies during the long
siege.

During the delay caused by the flank-march and continued by the preparation for the siege, Tótleben hastened
to create a defensive position on the south which became
stronger and stronger as time went by, until it developed
into a system of fortifications which withstood a siege
of 11 months and four of the heaviest bombardments
which the world had until then witnessed.

On 30 September, Prince Ménshikov appeared on the
northern side, greeted with inexpressible joy by the
garrison, and threw a first reinforcement of 8000 men,
field artillery and Cossacks into the town. By successive
arrivals, the garrison reached a total of 32,000 men by
5 October. On 2 October the guns in position had
increased to 341, of which number 216 were heavy pieces
only recently mounted in the fortifications. Thus, they
stood ready to receive the first assault, though they still
felt doubt about their power to meet it successfully; and
again, to their renewed relief, they observed that the
Allies abstained from a direct attack. Convinced as the
French and British were of the uselessness of an attack
unprepared by a bombardment, they resorted to siege-
tactics, enabling the Russians to strengthen and perfect
their fortified line.

It is hardly necessary to relate in detail the principal
events of the siege. The following list is merely intended
as a help to fix those special stages of the siege which
form the back-ground of Tolstoy's stories, in the mind of

the reader who is accustomed to see the events from the point of view of the Allies rather than from that of the besieged. It must be borne in mind that the dates used by Tolstoy are those of the "old style," that is, at that time, 12 days behind those used in the west of Europe.

The first attack on 17 October proved a distinct success for the Russian defence. The French batteries opposite the Flagstaff-fort were overwhelmed and silenced.

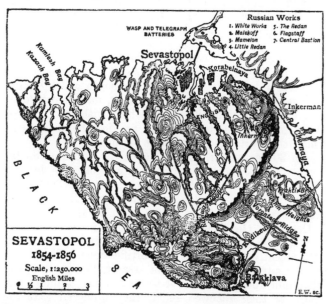

The Allied fleet attacking the forts at the entrance to the bay were severely damaged and inflicted hardly any loss. The British army fared better than the French and damaged the Malákhov so badly that, in the opinion of Tótleben, an immediate attack on that part would have delivered the Korabélnaya suburb into their hands. Again they failed to press home their advantage. By the most heroic efforts during the night, the Russians were able not only to repair the damage, to dig out the buried guns, remove the battered pieces and replace them, but to render the Malákhov a much more formidable work than it had been before the attack. The most serious loss for them that day was the death of Admiral Kornílov, who fell in the trenches during the bombardment.

On 25 October the Russian field army which had concentrated to the east of the Chérnaya (Чёрная), moved across the river and delivered a flank attack upon the English communications and base at Balaclava. General Liprándi succeeded in occupying the Vorontzóv ridge, but did not penetrate the second line of defence. The famous charge of the Light Brigade on that day is one of the most glorious pages of British military history; but, delivered in error and strategically useless, it exercised practically no influence upon the events of the day and constitutes one of the most brilliant examples of reckless heroism and mismanaged bravery.

This failure to interfere with the communications of the Allies prompted a second flank attack on 5 November, the battle of Inkerman. Thanks to the incomprehensible inactivity of a strong detachment under Gorchakóv, standing ready on the Chérnaya to renew the attack on Balaclava as soon as another army under General Dánnenberg, supported by a sortie from Sevastopol, should reach the plateau at Inkerman, the Allies remained at the end in undisturbed possession of their defences. The individual bravery of small units admirably led by their officers, aided by the superiority of their rifles over the Russian smooth-bores, the natural advantages of their position, and the fortuitous weather condition—a heavy mist during the earlier part of the day interfered with the planned timing of the Russian attack—and the bad leadership of the Russian forces actually engaged, led to the failure of the otherwise well-conceived Russian plan.

The frightful sufferings of the Allies, especially of the English during the winter, need no description. The terrible storm of 14 November which destroyed a large part of the shipping and stores was a mere prelude. The admitted lack of organisation at home, the difficulties and slowness of transport, the primitive conditions of the sanitary service, illness and epidemics, and the rigours of the climate, combined to produce an effect which only the most devoted labours of individuals and the heroic tenacity of the army prevented from turning into a disaster.

The Russians continued to strengthen their defences during the lull of operations. Outworks such as the "White Works" before the Malákhov were added. The artillery was increased, communications were improved, trenches and "lodgements" established. After Inkerman, Tótleben developed an ingenuity in trench-warfare which baffled the besiegers, while it aroused their admiration. He began, in the words of Kinglake, "to 'manœuvre' with earth-works as others 'manœuvre' with troops" and almost every day the Allies saw parapets and trenches in the morning where nothing of the kind had existed the evening before.

By the return of the spring, Sevastopol was again ready for the attack; never actually invested and always in communication with the interior, neither reinforcements nor supplies were prevented from reaching it except by the almost impassable state of the roads.

On 18 April began a ten days' bombardment by the Allies during which the fortifications suffered severely and the Russians lost between 6000 and 7000 men. But no assault followed. Disagreements at head-quarters and the perpetual interference of the Home governments paralysed the efforts of the besiegers. General Canrobert, who had succeeded Marshal St Arnaud after the latter's death on 29 September, resigned, and Pélissier assumed command. The strength of the French had considerably increased by reinforcements and the Allies disposed altogether of considerably over 180,000 men. One of the first acts of the energetic new commander was the expedition to Kerch, which placed the Sea of Azov and its coast into the hands of the Allies.

A fresh combined attack was undertaken on 6 and 7 June. It was the heaviest of all bombardments and resulted in the second destruction of the Malákhov, when the French actually succeeded in storming the White Works. The British attacked the Rédan and reduced it to ruins, but were unable to approach it, and, after heavy losses, were obliged to abandon the assault. The Flagstaff had successfully resisted; but the Russians lost practically 8500 men that day and the Malákhov, the key of the defence, was in serious danger from the gradually approaching saps of the French.

The grand assault of 17 and 18 June again was a failure. Undertaken, through a sudden change of plan on the part of the French command, without preliminary bombardment, the Allies attempted, in the opinion of Tótleben himself, the impossible. The British attack, through bad timing, was hung up in front of the Rédan as before. The French, indeed, penetrated into the suburb on the south-east, but, being left without reinforcements, were driven out again. The losses were heavy on both sides, and Tótleben himself was wounded.

On 28 June the British suffered a heavy loss in the death of their commander, Lord Raglan. During July and the early part of August an intermittent bombardment was kept up, which caused the Russians an average daily loss of 250 men. Again, on 16 August, the Malákhov was destroyed; and, finally, on 8 September the French succeeded in rushing this dominant fortification. It was the last assault; the Allies lost on that day 10,000; the Russians 13,000; and when, next morning, the Allies surveyed their advance, they found Sevastopol empty. The Russians were just withdrawing their last troops across the bridge to the north side. "On issuing on the other side of the bridge"—these are the closing words of Tolstoy's story—"almost every soldier took off his cap and crossed himself. But underneath this feeling there was another deeper feeling, heavy, gnawing, almost as of despair, shame and impotent rage. Almost every soldier, looking back from the northern side to the deserted Sevastopol, sighed with inexpressible bitterness in his heart and waved a threat to his enemies."

The real human significance lying behind these bald external happenings will be found in the following pages of Tolstoy, illuminating with the same flash-light vividness as in these few lines, all the ludicrous, heroic and pathetic sides of suffering inarticulate humanity.

What, indeed, moves readers of Tolstoy at almost every page of his literary works to enthusiastic admiration is his astounding insight into the mental and emotional working of his characters, what Ruskin would have called his "penetrative imagination." From the death of Praskúkhin, one of the famous "deaths" in European literature, to the little boy who coming during the truce in sheer curiosity to look at the bodies lying in the ravine, pushes with his foot one dead man's limp hand, until suddenly its lifeless dangling awakens the elemental horror of death in his soul and sends him shrieking back to the town; the loving descriptions of the common soldier, until then hardly a literary subject at all; the ambitious musings of Mikháilov or the death of the elder Kozeltsóv—anyone will bear witness to this power of Tolstoy. He had unwittingly cultivated it in years of almost methodistical self-searchings, in the ruthless exposure of his egotism and the lists of his own defects. It is to be found applied to himself and to others, in his diaries and in his letters, in the same half-sarcastic, half-kindly descriptions of his surroundings. It is developed in his later greater works, in *Anna Karénina*, above all in the countless figures of that Russian Iliad *War and Peace*, as a literary technique to a pitch of perfection which succeeds in hiding the art of it in the supreme art of its ease.

In *Sevastopol*, it is possible still to watch in the making what became one of the outstanding technical characteristics of his writings. For *Sevastopol* was only the second of his attempts at literary work. Having left his home, Yásnaya Polyána, to join his elder brother, his beloved Nicólenka, who was an officer in the Caucasian army, he himself took a fancy to a soldier's life and joined the army in 1851 as a private at the age of twenty-three.

In writing *Childhood*, his first literary production, embodying many autobiographical details and sketches of relatives and friends, he discovered his literary vocation. It was published anonymously in the *Contemporary* (Современникъ), the most progressive and important literary journal of the time, in 1852. Having made the discovery of his gift, and having accumulated experiences which later received literary shape in *The Cossacks*, and bored with the empty routine of military life, he resigned, having received his commission; but on arriving home in January, 1854, he found an order awaiting him to join the Danube army at Bucharest. After the retreat from Silistria, he succeeded in being transferred to Sevastopol; 11–14 April, 1855, he spent in "Bastion 4," the "Flagstaff redoubt," the main object of the French attacks. It was in Sevastopol itself that he began his *Tales*; *Sevastopol in December*, 1854, appeared in the *Sovreménnik* of June, 1855, and in July he wrote the description of May, 1855. When, after the fall of Sevastopol, he was sent with despatches to Petrograd, he suddenly found himself a literary personage of considerable fame, as he himself has humourously related in one of the fragments of his unfinished historical novel *The Dekabrists*. Entering the *Sovreménnik* circle (Nekrássov, Panáyev, Fet, Goncharóv, Turgényev, etc.), he left the service and became, for the time being, "a literary man," until this phase of his development was interrupted by the re-emergence of one of his earlier preoccupations: education and social work, from which he returned to literature only in 1863 by beginning his greatest literary work, *War and Peace*.

This preoccupation is, indeed, not absent in *Sevastopol*, as it was never quite dormant in Tolstoy's soul and mind. It found expression in 1855 in the attempt to start a periodical for the garrison; it is responsible for the peculiar literary form of *Sevastopol in May*, on which he himself comments at its end. The absence of a "hero" in the conventional literary sense, as a figure having the full sympathy of the author and serving as the focus of

vision from which the whole is to be regarded, is not a
mere accident; it is the symptom of a mental attitude
which Tolstoy summarises in the words:

> The hero of my story, whom I love with all the strength of my
> soul, whom I have endeavoured to reproduce in all his beauty and
> who always was, is and will be beautiful, is—Truth.

This truthfulness and "realism" was partly the ground
of Tolstoy's fame after the publication of the *Tales*.
How much it was felt to be an imperative need of the time
by all thoughtful men is shown by the acclamation with
which it was received. Tolstoy was hailed as a future
master of "realism," which beginning in Púshkin's lyrics
and reaching its first apogee in Gógol, has been a characteristic of Russian literature in all its classic representatives
during the nineteenth century. What may rightly be
called "literature," has never been in Russia, as it has
been elsewhere, a mere pastime and amusement. It has
always been regarded as having a mission, as fulfilling a
definite and valuable function in the development of men
and things. "In the historical process of the life of a
nation"—these are the words from a speech with which
Tolstoy was received into the Moscow "Society of Admirers
of Russian literature" by its President, A. S. Khomiakóv,
in 1859—

> The temporary and the casual acquire the significance of the
> universal, of the all-human, if only for the reason that all generations,
> all people can and do understand the painful cries and the painful
> confessions peculiar to a particular generation or a particular people.
> The rights of literature, as subordinate to eternal beauty, do not
> annihilate the rights of literature as an instrument of criticism and
> of the disclosure of human defects, while at the same time they
> help to heal social sores....Thus flow together the two streams
> of literature...; thus a writer, a servant of pure art, becomes at
> times a trenchant social critic, and that unwittingly and some-
> times even against his will. I take leave, Count, to take you
> as an example.

Tolstoy's tendency to subordinate everything to
truthfulness, possessing him at times almost like a fixed
idea, turning him into a fervent preacher and sending

him out on his last great pilgrimage, has caused him occasionally to lose sight of his immediate literary task, as it made him frequently uncompromising, harsh and often quarrelsome in actual life. *Sevastopol in May*, indeed, balances on the edge of dissolving into a mere series of sketches, detached incidents and descriptions. *Sevastopol in August* reveals the greater literary pre-occupation which his intercourse in Petrograd had generated. There is a more conscious development, a more deliberate composition. This time, there is an unmistakable hero. Young Kozeltsóv is a type which recurs repeatedly in his works; the picture of unspoiled, enthusiastic youth, by no means faultless, but redeeming his small weaknesses by the generosity of his impulse, the freshness of his feeling and the self-devotion and self-forgetfulness peculiar to his age. Kozeltsóv is a brother of young Rostóv, a younger relation of Pierre, in *War and Peace*, and of Lyévin in *Anna Karénina*. He is Tolstoy's favourite type of humanity. And yet what restraint, in spite of his love for him! That complete lack of melo-dramatic sentimentality in the scene of his death, the perfect balance of his portraiture, one may venture to note as the third outstanding feature of Tolstoy's literary work. It is a feature—the hall-mark of all great art—which Tolstoy shares with him who possessed it above all Russian writers, the man with whom he had perhaps his bitterest quarrel and with whom he divides the glory of that epoch of Russian literature—Turgényev.

Exigencies of space have made it necessary in the succeeding text to omit the first of the three stories *Sevastopol in December*, the shortest and least important of them. The text used is that of the Moscow edition of 1904. With regard to the accentuation, both in the text and the glossary, it should be noted that, when a word is printed with two accents, this indicates that varying pronunciations are in use. In combinations with preposi-tions, the accent is occasionally thrown back on the preposition as is indicated by the accentuation in the text.

The photograph which has been used as frontispiece to this volume was taken in 1856 and shows Tolstoy as an officer of artillery, in which capacity he took part in the siege of Sevastopol.

A. P. G.
E. B.

October, 1915.

ERRATA

p. 1, l. 13 *for* покро́вовъ *read* покро́вовъ
p. 11, l. 26 „ вче́тверомъ „ вчетверо́мъ
p. 13, l. 30 „ попра́вилось „ понра́вилось
p. 20, l. 24 „ сѣ́делъ „ сѣ́делъ
p. 26, l. 4 „ оскре́ткомъ „ оскрёткомъ
p. 41, l. 17 „ забы́тьѣ „ забытьѣ́
p. 46, l. 9 „ видны́ „ ви́дны
p. 59, l. 2 „ высыпа́ли „ вы́сыпали
p. 63, l. 30 „ безре́дный „ безвре́дный
p. 114, l. 15 „ траншѣй „ траншѣи
p. 142, l. 16 „ бакенба́рдистъ „ бакенбарди́стъ
p. 146, l. 7 „ оста́вкѣ „ отста́вкѣ
p. 156, l. 2 „ вы́шущенной „ вы́пущенной

СЕВАСТО́ПОЛЬ

ВЪ МА́Ѣ 1855 ГО́ДА

I.

Уже́ шесть ме́сяцевъ прошло́ съ тѣхъ поръ, какъ просвиста́ло пе́рвое ядро́ съ бастіо́новъ Севасто́поля и взры́ло зе́млю на рабо́тахъ непрія́теля, и съ тѣхъ поръ ты́сячи бо́мбъ, я́деръ и пуль не перестава́ли лета́ть 5 съ бастіо́новъ въ транше́и и изъ транше́й на бастіо́ны, и а́нгелъ сме́рти не перестава́лъ пари́ть надъ ни́ми.

Ты́сячи людски́хъ самолю́бій успѣ́ли оскорби́ться, ты́сячи успѣ́ли удовлетвори́ться, 10 наду́ться, ты́сячи—успоко́иться въ объя́тіяхъ сме́рти. Ско́лько ро́зовыхъ гробо́въ и полотня́ныхъ покрово́въ! А всё тѣ же зву́ки раздаю́тся съ бастіо́новъ, всё такъ же съ нево́льнымъ тре́петомъ и стра́хомъ смо́трятъ 15 въ я́сный ве́черъ францу́зы изъ своего́ ла́геря на желтова́тую, изры́тую зе́млю бастіо́новъ Севасто́поля, на чёрныя дви́жущія по нимъ фигу́ры на́шихъ матро́совъ, и счита́ютъ амбразу́ры, изъ кото́рыхъ серди́то торча́тъ 20

чугу́нныя пу́шки; всё такъ же въ трубу́
разсма́триваетъ съ вы́шки телегра́фа штур-
ма́нскiй у́нтеръ-офице́ръ пёстрыя фигу́ры
францу́зовъ, ихъ батаре́и, пала́тки, коло́н-
5 ны, дви́жущiяся по зелёной горѣ, и дымки́,
вспы́хивающiе въ траншея́хъ,—и всё съ тѣмъ
же жа́ромъ стремя́тся съ разли́чныхъ сторо́нъ
свѣта разноро́дныя толпы́ люде́й, съ ещё
бо́лѣе разноро́дными жела́нiями, къ э́тому
10 роково́му мѣсту. А вопро́съ, не рѣшённый
диплома́тами, всё ещё не рѣша́ется по́рохомъ
и кро́вью.

II.

Въ осаждённомъ го́родѣ Севасто́полѣ, на
бульва́рѣ, о́коло павильо́на игра́ла полкова́я
15 му́зыка, и толпы́ вое́ннаго наро́да и же́нщинъ
пра́зднично дви́гались по доро́жкамъ. Свѣт-
лое весе́ннее со́лнце вы́шло съ утра́ надъ
англiйскими рабо́тами, перешло́ на бастiо́ны,
пото́мъ на го́родъ, на Никола́евскую каза́р-
20 му, и, одина́ково ра́достно свѣтя́ для всѣхъ,
тепе́рь спуска́лось къ далёкому си́нему мо́рю,
кото́рое, мѣрно колыха́ясь, свѣти́лось серé-
брянымъ бле́скомъ.
Высо́кiй, немно́го суту́лова́тый пѣхо́тный
25 офице́ръ, натя́гивая на́ руку не совсѣмъ
бѣлую, но опря́тную перча́тку, вы́шелъ изъ
кали́тки одного́ изъ ма́ленькихъ матро́сскихъ
до́миковъ, настро́енныхъ на лѣвой сторонѣ
Морско́й у́лицы, и, заду́мчиво гля́дя себѣ
30 подъ ноги, напра́вился въ го́ру къ бульва́ру.

Выраже́ніе некраси́ваго лица́ э́того офице́ра не изоблича́ло больши́хъ у́мственныхъ спосо́бностей, но простоду́шіе, разсуди́тельность, че́стность и скло́нность къ поря́дочности. Онъ былъ ду́рно сложёнъ, не совсѣ́мъ ло́вокъ 5 и какъ-бу́дто стыдли́въ въ движе́ніяхъ. На нёмъ была́ ма́ло поно́шенная фура́жка, то́нкая, немно́го стра́ннаго лилова́таго цвѣ́та шине́ль, и́зъ-подъ бо́рта кото́рой виднѣ́лась золота́я цѣпо́чка часо́въ, панталóны со штри́п- 10 ками и чи́стые, блестя́щіе опо́йковые сапоги́. Онъ до́лженъ былъ быть или нѣ́мецъ, е́жели бы не изоблича́ли черты́ лица́ его́ чи́стаго ру́сскаго происхожде́нія, и́ли адъюта́нтъ, и́ли квартирме́йстеръ полково́й (но 15 тогда́ бы у него́ бы́ли шпо́ры), и́ли офице́ръ, на вре́мя кампа́ніи переше́дшій изъ кавале́ріи, а мо́жетъ и изъ гва́рдіи. Онъ, дѣйстви́тельно, былъ офице́ръ, переше́дшій изъ кавале́ріи, и въ настоя́щую мину́ту, 20 поднима́ясь къ бульва́ру, ду́малъ о письмѣ́, кото́рое сейча́съ получи́лъ отъ бы́вшаго това́рища, тепе́рь отставно́го помѣ́щика Т. губе́рніи, и жены́ его́, блѣ́дно-го́лубо-гла́зой Ната́ши, свое́й большо́й пріятельницы. Онъ 25 вспо́мнилъ одно́ мѣ́сто письма́, въ кото́ромъ това́рищъ пи́шетъ:

,,Когда́ прино́сятъ намъ *Инвали́дъ*, то *Пу́пка* (такъ отставно́й ула́нъ называ́лъ жену́ свою́) броса́ется о́прометью въ пере́днюю, 30 хвата́етъ газе́ту и бѣжи́тъ съ ней на *эсъ* въ *бесѣ́дку, въ гости́ную* (въ кото́рой, по́мнишь, какъ сла́вно мы проводи́ли съ тобо́й зи́мніе

вечера́, когда́ полкъ стоя́лъ у насъ въ го́родѣ),
и съ таки́мъ жа́ромъ чита́етъ *ва́ши* геро́йскіе
по́двиги, что ты себѣ́ предста́вить не мо́жешь.
Она́ ча́сто про тебя́ говори́тъ: ,,Вотъ Ми-
5 ха́йловъ, говори́тъ она́, такъ э́то *ду́шка чело-
вѣ́къ.* Я гото́ва расцѣлова́ть его́, когда́ уви́-
жу. Онъ *сража́ется на бастіо́нахъ* и не-
премѣ́нно полу́читъ гео́ргіевскій крестъ, и
про него́ въ газе́тахъ напи́шутъ...‘‘ и т. д.,
10 и т. д... такъ что я рѣши́тельно начина́ю
ревнова́ть къ тебѣ́‘‘. Въ друго́мъ мѣ́стѣ онъ
пи́шетъ: ,,до насъ газе́ты дохо́дятъ ужа́сно
по́здно, а хотя́ изу́стныхъ новосте́й и мно́го,
не всѣмъ мо́жно вѣ́рить. Напримѣ́ръ, зна-
15 ко́мыя тебѣ́ *ба́рышни съ му́зыкой* разска́-
зывали вчера́, что ужъ бу́дто Наполео́нъ
по́йманъ на́шими казака́ми и ото́сланъ въ
Петербу́ргъ; но ты понима́ешь, какъ мно́го
я э́тому вѣ́рю. Разска́зывалъ же намъ
20 оди́нъ пріѣ́зжій изъ Петербу́рга (онъ у ми-
ни́стра по осо́бымъ поруче́ніямъ, преми́лый
человѣ́къ, и тепе́рь, какъ въ го́родѣ никого́
нѣтъ, така́я для насъ *рису́рсъ,* что ты себѣ́
предста́вить не мо́жешь...) такъ онъ говори́тъ
25 навѣ́рное, что на́ши за́няли Евпато́рію, *такъ
что францу́замъ нѣтъ уже́ сообще́нія съ Бала-
кла́вой,* и что у насъ при э́томъ уби́то 200
человѣ́къ, а у францу́зовъ до 15 ты́сячъ.
Жена́ была́ въ тако́мъ восто́ргѣ по э́тому
30 слу́чаю, что *кути́ла* цѣ́лую ночь, и говори́тъ,
что ты навѣ́рное, по ея́ предчу́вствію, былъ
въ э́томъ дѣ́лѣ и отличи́лся‘‘.
Несмотря́ на тѣ слова́ и выраже́нія,

кото́рыя я наро́чно отмѣ́тилъ курси́вомъ, и
на весь тонъ письма́, штабсъ-капита́нъ Ми-
ха́йловъ съ невырази́мо гру́стнымъ наслажде́-
ніемъ вспо́мнилъ о своёмъ губе́рнскомъ блѣ́д-
номъ дру́гѣ и какъ онъ си́живалъ, быва́ло, 5
съ нимъ по вечера́мъ въ бесѣ́дкѣ и говори́лъ
о *чу́вствѣ*, вспо́мнилъ о до́бромъ това́рищѣ-
ула́нѣ, какъ онъ серди́лся и реми́зился,
когда́ они́, быва́ло, въ кабине́тѣ составля́ли
пу́льку по копе́йкѣ, какъ жена́ смѣя́лась 10
надъ нимъ, — вспо́мнилъ о дру́жбѣ къ себѣ́
э́тихъ люде́й (мо́жетъ-быть, ему́ каза́лось,
что бы́ло что́-то бо́льше со стороны́ блѣ́днаго
дру́га): всѣ́ э́ти ли́ца съ свое́ю обстано́вкой
мелькну́ли въ его́ воображе́ніи въ удиви́- 15
тельно сла́дкомъ, отра́дно-ро́зовомъ свѣ́тѣ,
и онъ, улыба́ясь свои́мъ воспомина́ніямъ,
дотро́нулся руко́ю до карма́на, въ кото́ромъ
лежа́ло э́то *ми́лое* для него́ письмо́.
Отъ воспомина́ній штабсъ-капита́нъ Ми- 20
ха́йловъ нево́льно перешёлъ къ мечта́мъ и
наде́ждамъ. ,,И каково́ бу́детъ удивле́ніе
и ра́дость Ната́ши, — ду́малъ онъ, шага́я
по у́зенькому переу́лочку, — когда́ она́
вдругъ прочтётъ въ *Инвали́дѣ* описа́ніе, какъ 25
я пе́рвый влѣзъ на пу́шку и получи́лъ Гео́р-
гія! Капита́на я до́лженъ получи́ть по
ста́рому представле́нію. Пото́мъ о́чень лег-
ко́ я въ э́томъ же году́ могу́ получи́ть майо́ра
по ли́ніи, потому́ что мно́го переби́то, да и 30
ещё, вѣ́рно, мно́го перебью́тъ на́шего бра́та
въ э́ту кампа́нію. А пото́мъ опя́ть бу́детъ
дѣ́ло, и мнѣ, какъ извѣ́стному человѣ́ку,

поручатъ полкъ... подполко́вникъ... А́нну на
ше́ю... полко́вникъ..."'' — и онъ былъ уже́
генера́ломъ, удосто́ивающимъ посѣще́нія На-
та́шу, вдову́ това́рища, кото́рый, по его́
5 мечта́мъ, умретъ къ э́тому вре́мени, когда́
зву́ки бульва́рной му́зыки яснѣе долетѣли
до слу́ха, толпы́ наро́да ки́нулись ему́ въ
глаза́, и онъ очути́лся на бульва́рѣ пре́жнимъ
пѣхо́тнымъ штабсъ-капита́номъ.

III.

10 Онъ подошелъ снача́ла къ павильо́ну,
по́длѣ кото́раго стоя́ли музыка́нты, кото́-
рымъ вмѣсто пюпи́тровъ други́е солда́ты того́
же полка́, раскры́въ, держа́ли но́ты и о́коло
кото́рыхъ, бо́льше смотря́, чѣмъ слу́шая,
15 соста́вили кружо́къ писаря́, юнкера́, ня́ньки
съ дѣтьми́. Круго́мъ павильо́на стоя́ли,
сидѣли и ходи́ли бо́льшею ча́стью моряки́,
адъюта́нты и офице́ры въ бѣлыхъ перча́т-
кахъ. По большо́й аллеѣ бульва́ра ходи́ли
20 вся́кихъ сорто́въ офице́ры и вся́кихъ сорто́въ
же́нщины, и́зрѣдка въ шля́пкахъ, бо́льшею
ча́стью въ плато́чкахъ (бы́ли безъ плато́чковъ
и безъ шля́покъ), но ни одно́й не́ было ста́рой,
а замѣча́тельно, что всѣ молоды́я. Внизу́,
25 по тѣни́стымъ паху́чимъ алле́ямъ бѣлыхъ
ака́цій, ходи́ли и сидѣли уединённыя гру́ппы.
Никто́ особенно радъ не́ былъ, встрѣтивъ
на бульва́рѣ штабсъ-капита́на Миха́йлова,
исключа́я, мо́жетъ-быть, его́ полка́ капита́на
30 Обжо́гова и капита́на Су́сликова, кото́рые

съ горя́чностью пожа́ли ему́ ру́ки; но пе́рвый
былъ въ верблю́жьихъ штана́хъ, безъ перча́-
токъ, въ обно́шенной шине́ли и съ таки́мъ
кра́снымъ, вспотѣ́вшимъ лицо́мъ, а второ́й
крича́лъ такъ гро́мко и развя́зно, что со́- 5
вѣ́стно бы́ло ходи́ть съ ни́ми, осо́бенно
пе́редъ офице́рами въ бѣ́лыхъ перча́ткахъ
(изъ кото́рыхъ съ одни́мъ адъюта́нтомъ
штабсъ-капита́нъ Миха́йловъ кла́нялся, а съ
други́мъ штабсъ-офице́ромъ могъ бы кла́- 10
няться, потому́ что два ра́за встрѣча́лъ его́
у о́бщаго знако́маго). Прито́мъ же, что
весёлаго бы́ло ему́ гуля́ть съ э́тими господа́ми
Обжо́говымъ и Су́сликовымъ, когда́ онъ безъ
того́ по шести́ разъ на день встрѣча́лъ и 15
пожима́лъ имъ ру́ки? Не для э́того же онъ
пришёлъ *на му́зыку*.

Ему́ бы хотѣ́лось подойти́ къ адъюта́нту,
съ кото́рымъ онъ кла́нялся, и поговори́ть
съ э́тими господа́ми совсѣ́мъ не для того́, 20
чтобы капита́ны Обжо́говъ и Су́сликовъ и
пору́чикъ Паштецкі́й и други́е ви́дѣли, что
онъ говори́тъ съ ни́ми, но про́сто для того́,
что они́ прія́тные лю́ди, прито́мъ зна́ютъ
всѣ но́вости—поразсказа́ли бы.   25

Но отчего́ же штабсъ-капита́нъ Миха́й-
ловъ бои́тся и не рѣша́ется подойти́ къ
нимъ? ,,Что, е́жели они́ вдругъ мнѣ не
поклоня́тся,—ду́маетъ онъ,—и́ли покло́нятся
и бу́дутъ продолжа́ть говори́ть ме́жду собо́ю, 30
какъ-бу́дто меня́ нѣтъ, и́ли во́все уйду́тъ
отъ меня́, и я тамъ оста́нусь оди́нъ ме́жду
аристокра́тами?‘‘ Сло́во аристокра́ты (въ

смы́слѣ вы́сшаго, отбо́рнаго кру́га, въ како́мъ
бы то ни́ было сосло́вiи) получи́ло у насъ,
въ Россíи, гдѣ бы, ка́жется, во́все не должно́
бы́ло быть его́, съ нѣ́котораго вре́мени
5 большу́ю популя́рность и прони́кло во всѣ
края́ и во всѣ слои́ о́бщества, куда́ прони́кло
то́лько тщесла́вiе (а въ какíя усло́вiя вре́-
мени и обстоя́тельства не проника́етъ э́та
жа́лкая накло́нность?): ме́жду купца́ми,
10 ме́жду чино́вниками, писаря́ми, офице́рами,
въ Сара́товъ, въ Мамады́ши, въ Ви́нницы,
вездѣ, гдѣ есть лю́ди. А такъ какъ въ
осаждённомъ го́родѣ Севасто́полѣ люде́й
мно́го, слѣ́довательно и тщесла́вiя мно́го,
15 т.-е. и *аристокра́ты*, несмотря́ на то, что
ежемину́тно виси́тъ смерть надъ головой
ка́ждаго *аристокра́та* и *не-аристокра́та*.

Для капита́на Обжо́гова штабсъ-капи-
та́нъ Миха́йловъ *аристокра́тъ*, для штабсъ-
20 капита́на Миха́йлова адъюта́нтъ Калу́гинъ
аристокра́тъ, потому́ что онъ адъюта́нтъ и
на „ты" съ други́мъ адъюта́нтомъ. Для
адъюта́нта Калу́гина графъ Но́рдовъ *аристо-
кра́тъ*, потому́ что онъ фли́гель-адъюта́нтъ.

25 Тщесла́вiе, тщесла́вiе и тщесла́вiе вездѣ,
да́же на краю́ гро́ба и ме́жду людьми́,
гото́выми къ сме́рти и́зъ-за высо́каго убѣжде́-
нiя! Тщесла́вiе! Должно́-быть, оно́ есть
характеристи́ческая черта́ и осо́бенная бо-
30 лѣ́знь на́шего вѣ́ка. Отчего́ ме́жду пре́жними
людьми́ не слы́шно бы́ло объ э́той стра́сти,
какъ объ о́спѣ и́ли холе́рѣ? Отчего́ въ нашъ
вѣкъ есть то́лько три ро́да люде́й: одни́хъ—

принима́ющихъ нача́ло тщесла́вія, какъ
фактъ необходи́мо существу́ющій, поэ́тому
справедли́вый, и свобо́дно подчиня́ющихся
ему́; други́хъ — принима́ющихъ его́ какъ
несча́стное, но непреодоли́мое усло́віе, и 5
тре́тьихъ—безсозна́тельно-ра́бски де́йствую-
щихъ подъ его́ вліяніемъ ? Отчего́ Гоме́ры
и Шекспи́ры говори́ли про любо́вь, про
сла́ву, про страда́нія, а литерату́ра на́шего
ве́ка есть то́лько безконе́чная по́весть сно́- 10
бовъ и тщесла́вія ?

Штабсъ-капита́нъ два ра́за въ нере́ши-
тельности прошёлъ ми́мо кружка́ *свои́хъ
аристокра́товъ*, въ тре́тій разъ сде́лалъ уси́-
ліе надъ собо́й и подошёлъ къ нимъ. Кру- 15
жо́къ э́тотъ составля́ли четы́ре офице́ра :
адъюта́нтъ Калу́гинъ, знако́мый Миха́йлова,
адъюта́нтъ князь Га́льцинъ, бы́вшій да́же
немно́жко аристокра́томъ для самого́ Калу́-
гина, полко́вникъ Нефе́рдовъ, оди́нъ изъ 20
такъ-называ́емыхъ *ста-двадцати́-двухъ* све́т-
скихъ люде́й (поступи́вшихъ на слу́жбу въ
э́ту кампа́нію изъ отста́вки) и ро́тмистръ
Праску́хинъ, то́же оди́нъ изъ э́тихъ ста-
двадцати́-двухъ. Къ сча́стію Миха́йлова, 25
Калу́гинъ былъ въ прекра́сномъ располо-
же́ніи ду́ха (генера́лъ то́лько что поговори́лъ
съ нимъ весьма́ дове́ренно, и князь Га́ль-
цинъ, пріе́хавъ изъ Петербу́рга, останови́лся
у него́) : онъ счёлъ не унизи́тельнымъ по- 30
да́ть ру́ку штабсъ-капита́ну Миха́йлову, чего́
не ре́ши́лся, одна́ко, сде́лать Праску́хинъ,
весьма́ ча́сто встре́ча́вшійся на бастіо́не съ

Михáйловымъ, неоднокрáтно пивший егó
винó и вóдку и дáже дóлжный емý по
преферáнсу двѣнáдцать рублéй съ полтиной.
Не знáя ещё хорошéнько князя Гáльцина,
5 емý не хотѣлось изобличáть предъ нимъ своё
знакóмство съ простымъ пѣхóтнымъ штабсъ-
капитáномъ. Онъ слегкá поклонился емý.

— Что, капитáнъ, — сказáлъ Калýгинъ,
— когдá опять на бастióнчикъ ? Пóмните,
10 какъ мы съ вáми встрѣтились на Швáр-
цевомъ редýтѣ—жáрко было ? а ?

— Да, жáрко, — сказáлъ Михáйловъ,
вспоминáя о томъ, какъ онъ въ ту ночь,
пробирáясь по траншéѣ на бастióнъ, встрѣ-
15 тилъ Калýгина, котóрый шёлъ такимъ мо-
лодцóмъ, бóдро побрякивая сáблей.

— Мнѣ, по-настоящему, прихóдится зáвтра итти : но у насъ бóленъ,—продолжáлъ
Михáйловъ,—одинъ офицéръ, такъ...
20 Онъ хотѣлъ разсказáть, что черёдъ былъ
не егó, но такъ какъ командиръ 8-й рóты
былъ нездорóвъ, а въ рóтѣ оставáлся прá-
порщикъ тóлько, то онъ счёлъ своéю обя-
занностью предложить себя на мѣсто порý-
25 чика Непшисéцкаго и потомý шёлъ нынче
на бастióнъ. Калýгинъ не дослýшалъ егó.

— А я чýвствую, что на-дняхъ что-
нибýдь бýдетъ,—сказáлъ онъ князю Гáльцину.
30 — А что, не бýдетъ ли нынче что-нибýдь ?
— рóбко спросилъ Михáйловъ, поглядывая
то на Калýгина, то на Гáльцина.

Никтó не отвѣчáлъ емý. Князь Гáль-

цинъ то́лько смо́рщился ка́къ-то, пусти́лъ
глаза́ ми́мо его́ фура́жки и, помолча́въ не-
мно́го, сказа́лъ :

— Сла́вная дѣ́вочка эта въ кра́сномъ
плато́чкѣ. Вы её не зна́ете, капита́нъ ?

— Это о́коло мое́й кварти́ры, дочь одного́
матро́са—отвѣ́ча́лъ штабсъ-капита́нъ.

— Пойдёмте, посмо́тримъ её хороше́нько.

И князь Га́льцинъ взялъ по́дъ руку съ
одно́й стороны́ Калу́гина, съ друго́й —
штабсъ-капита́на, вперёдъ увѣ́ренный, что
это не мо́жетъ не доста́вить послѣ́днему
большо́го удово́льствія, что, дѣйстви́тельно,
бы́ло справедли́во.

Штабсъ-капита́нъ былъ суевѣ́ренъ и счи-
та́лъ больши́мъ грѣхо́мъ предъ дѣ́ломъ зани-
ма́ться же́нщинами ; но въ этомъ слу́чаѣ
онъ притвори́лся развра́тникомъ, чему́ ви-
димо не вѣ́рили князь Га́льцинъ и Калу́гинъ,
и что чрезвыча́йно удивля́ло дѣ́вицу въ
кра́сномъ плато́чкѣ, кото́рая не разъ замѣ́-
ча́ла, какъ штабсъ-капита́нъ краснѣ́лъ, про-
ходя́ ми́мо ея́ око́шка. Праску́хинъ шёлъ
сза́ди и всё толка́лъ за́ руку кня́зя Га́льцина,
дѣ́лая ра́зныя замѣча́нія на францу́зскомъ
языкѣ́ ; но такъ какъ вче́твером̍ъ нельзя́
бы́ло итти́ по доро́жкѣ, онъ принуждёнъ
былъ итти́ оди́нъ и то́лько во второ́мъ кру́гѣ
взялъ по́дъ руку подоше́дшаго сза́ди и загово-
вори́вшаго съ нимъ извѣ́стнаго хра́браго
морско́го офице́ра *Сервя́гина*, жела́вшаго
то́же присоедини́ться къ кружку́ *аристо-
кра́товъ*. И извѣ́стный храбре́цъ съ ра́-

достью просу́нулъ свою́ мускули́стую че́стную ру́ку за ло́коть, всѣ́мъ и самому́ *Сервя́гину хорошо́* извѣ́стному за несли́шкомъ *хоро́шаго* человѣ́ка, Праску́хину. Когда́
5 Праску́хинъ объясня́я кня́зю Га́льцину своё знако́мство съ *э́тимъ* моряко́мъ, шепну́лъ ему́, что э́то былъ извѣ́стный храбре́цъ, князь Га́льцинъ, бы́вшій вчера́ на четвёртомъ бастіо́нѣ и ви́дѣвшій отъ себя́ въ двадцати́
10 шага́хъ ло́пнувшую бо́мбу, счита́я себя́ не ме́ньшимъ храбрецо́мъ, чѣ́мъ э́тотъ господи́нъ, и предполага́я, что весьма́ мно́го репута́ціи пріобрѣта́ется зада́ромъ, не обрати́лъ на Сервя́гина никако́го внима́нія.
15 Штабсъ-капита́ну Миха́йлову такъ прія́тно бы́ло гуля́ть въ э́томъ о́бществѣ, что онъ забы́лъ про *ми́лое* письмо́ изъ Т. и про мра́чныя мы́сли, осажда́вшія его́ при предстоя́щемъ отправле́ніи на бастіо́нъ. Онъ
20 про́былъ съ ни́ми до тѣхъ поръ, пока́ они́ не заговори́ли исключи́тельно ме́жду собо́й, избѣга́я его́ взгля́довъ, дава́я тѣмъ знать, что онъ мо́жетъ итти́, и наконе́цъ совсѣ́мъ ушли́ отъ него́. Но штабсъ-капита́нъ всё-
25 таки былъ дово́ленъ, и проходя́ ми́мо ю́нкера баро́на Пе́ста, кото́рый былъ осо́бенно гордъ и самонадѣ́янъ со вчера́шней но́чи, кото́рую онъ въ пе́рвый разъ провёлъ въ блинда́жѣ пя́таго бастіо́на, и счита́лъ себя́, вслѣ́дствіе
30 э́того геро́емъ, онъ ниско́лько не огорчи́лся подозри́тельно-высокомѣ́рнымъ выраже́ніемъ, съ кото́рымъ ю́нкеръ вы́тянулся и снялъ предъ нимъ фура́жку.

IV.

Но едва́ штабсъ-капита́нъ перешагну́лъ поро́гъ свое́й кварти́ры, какъ совсѣ́мъ дру-гі́я мы́сли пошли́ ему́ въ го́лову. Онъ уви-да́лъ свою́ ма́ленькую ко́мнатку съ земля-ны́мъ неро́внымъ по́ломъ и кривы́ми о́кнами, 5 залѣ́пленными бума́гой, свою́ ста́рую кро-ва́ть съ приби́тымъ надъ ней костро́мъ, на кото́ромъ изображена́ была́ амазо́нка и ви-сѣ́ли два ту́льскіе пистоле́та, гря́зную, съ си́тцевымъ одѣя́ломъ посте́ль ю́нкера, кото́- 10 рый жилъ съ нимъ ; увида́лъ своего́ Ники́ту, кото́рый со взбудора́женными са́льными волоса́ми, почёсываясь, всталъ съ по́лу ; увида́лъ свою́ ста́рую шине́ль, личны́е сапоги́ и узело́къ, изъ кото́раго торча́ли коне́цъ 15 сы́ра и го́рлышко по́ртерной буты́лки съ во́дкой, пригото́вленной для него́ на ба-стіо́нъ, и вдругъ вспо́мнилъ, что ему́ ны́нче на цѣ́лую ночь итти́ съ ро́той въ ложеме́нты.

,,Навѣ́рное, мнѣ́ быть уби́тымъ ны́нче,— 20 ду́малъ штабсъ-капита́нъ,—я чу́вствую. И гла́вное, что не мнѣ́ на́до бы́ло итти́, а я самъ вы́звался. И ужъ э́то всегда́ убью́тъ того́, кто напра́шивается. И чѣмъ бо́ленъ э́тотъ прокля́тый Непшисе́цкій ? Очень мо́- 25 жетъ быть, что и во́все не бо́ленъ : а тутъ и́зъ-за него́ убью́тъ человѣ́ка, непремѣ́нно убью́тъ. Впро́чемъ е́жели не убью́тъ, то вѣ́рно предста́вятъ. Я ви́дѣлъ, какъ полко-во́му команди́ру попра́вилось, когда я ска- 30

за́лъ : позво́льте мнѣ итти́, е́жели пору́чикъ
Непшисе́цкій бо́ленъ. Е́жели не вы́йдетъ
майо́ра, то Влади́міра навѣ́рное. Вѣдь я
ужъ трина́дцатый разъ иду́ на бастіо́нъ.
5 Охъ, 13 скве́рное число́. Непремѣ́нно убь-
ю́тъ, чу́вствую, что убью́тъ ; но на́до же
бы́ло кому́-нибу́дь итти́, нельзя́ съ пра́порщи-
комъ ро́тѣ итти́. А что-нибу́дь бы случи́-
лось, вѣдь э́то честь полка́, честь а́рміи отъ
10 э́того зави́ситъ. Мой *долгъ* былъ итти... да,
свято́й долгъ. А есть предчу́вствіе. Штабсъ-
капита́нъ забыва́лъ, что подо́бное предчу́в-
ствіе въ бо́лѣе и́ли ме́нѣе си́льной сте́пени,
приходи́ло ему́ не въ пе́рвый разъ, когда́
15 ну́жно бы́ло итти́ на бастіо́нъ, и не зналъ,
что то же, въ бо́лѣе или ме́нѣе си́льной
сте́пени предчу́вствіе испы́тываетъ вся́кій,
кто идётъ въ дѣ́ло. Успоко́ивъ себя́ поня́-
тіемъ до́лга, кото́рое у штабсъ-капита́на
20 бы́ло осо́бенно разви́то и си́льно, онъ сѣлъ
къ столу́ и сталъ писа́ть проща́льное письмо́
къ отцу́. Че́резъ де́сять мину́тъ, написа́въ
письмо́, онъ всталъ отъ стола́ съ мо́крыми
отъ слёзъ глаза́ми и, мы́сленно чита́я всѣ
25 моли́твы, кото́рыя зналъ, сталъ одѣва́ться.
Пьянова́тый и гру́бый слуга́ лѣни́во по́далъ
ему́ но́вый сюртукъ (ста́рый, кото́рый обыкно-
ве́нно надѣва́лъ штабсъ-капита́нъ, идя́ на
бастіо́нъ, нé былъ почи́ненъ).
30 — Отчего́ не почи́ненъ сюрту́къ ? Тебѣ́
то́лько бы всё спать, э́такой ! — серди́то
сказа́лъ Миха́йловъ.
— Чего́ спать ? — проворча́лъ Ники́та :

— день деньско́й бѣ́гаешь, какъ соба́ка: ума́ешься небо́сь, а ту́тъ не засни́ ещё!

— Ты опя́ть пья́нъ, я ви́жу.

— Не на ва́ши де́ньги напи́лся, что попрека́ете. 5

— Молчи́, болва́нъ!—кри́кнулъ штабсъ-капита́нъ, гото́вый уда́рить человѣ́ка, ещё пре́жде разстро́енный, а тепе́рь оконча́тельно вы́веденный изъ терпѣ́нія и огорчённый гру́бостью Ники́ты, кото́раго онъ люби́лъ, 10 ба́ловалъ да́же, и съ кото́рымъ жи́лъ уже́ 12 лѣ́тъ.

— Болва́нъ? болва́нъ?—повтори́лъ слуга́: — и что руга́етесь болва́номъ, су́дарь? вѣ́дь тепе́рь вре́мя како́е? нехорошо́ руга́ть. 15

Миха́йловъ вспо́мнилъ, куда́ онъ идётъ, и ему́ сты́дно ста́ло.

— Вѣ́дь ты хоть кого́ вы́ведешь изъ терпѣ́нія, Ники́та!—сказа́лъ онъ кро́ткимъ го́лосомъ. — Письмо́ э́то къ ба́тюшкѣ на 20 столѣ́ оста́вь, такъ и не тро́гай,—приба́вилъ онъ, краснѣ́я.

— Слу́шаю-съ, — сказа́лъ Ники́та, рас-чу́вствовавшійся подъ влія́ніемъ вина́, кото́рое онъ вы́пилъ, какъ говори́лъ: *на свои́ 25 де́ньги*, и съ ви́димымъ жела́ніемъ запла́кать, хло́пая глаза́ми.

Когда́ же на крыльцѣ́ штабсъ-капита́нъ сказа́лъ: „проща́й, Ники́та!“ то Ники́та вдругъ разрази́лся принуждёнными рыда- 30 ніями и бро́сился цѣлова́ть ру́ки своего́ ба́рина. „Проща́йте ба́ринъ!“ всхли́пывая говори́лъ онъ. Стару́ха-матро́ска, стоя́вшая

на крыльцѣ, какъ женщина, не могла не присоединиться тоже къ этой чувствительной сценѣ, начала утирать глаза грязнымъ рукавомъ и приговаривать что-то о томъ, что
5 уже на что господа, и тѣ какія муки принимаютъ, и что она, бѣдный человѣкъ, вдовой осталась, и разсказала въ сотый разъ пьяному Никитѣ о своёмъ горѣ: какъ ея мужа убили ещё въ первую *бандировку*, и какъ
10 ея домишко весь разбили (тотъ, въ которомъ она жила, принадлежалъ не ей) и т. д. По уходѣ барина Никита закурилъ трубку, попросилъ хозяйскую дѣвочку сходить за водкой и весьма скоро пересталъ плакать,
15 а, напротивъ, побранился со старухой за какую-то ведёрку, которую она ему будто бы раздавила.

,,А можетъ быть, только ранятъ, — разсуждалъ самъ со собою штабсъ-капитанъ,
20 уже сумерками, подходя съ ротой къ бастіону".—Но куда? какъ? сюда или сюда?— думалъ онъ мысленно, указывая на животъ и на грудь. — Вотъ ежели бы сюда (онъ думалъ о верхней части ноги) да кругомъ
25 бы обошла. Ну, а какъ сюда да осколкомъ —кончено!"

Штабсъ-капитанъ по траншеямъ благополучно дошёлъ до ложементовъ, разставилъ съ сапёрнымъ офицеромъ, уже въ совер-
30 шенной темнотѣ, людей на работу и сѣлъ въ ямочку подъ бруствером ъ. Стрѣльба была малая; только изрѣдка вспыхивали то у насъ, то у *него* молніи, и свѣтящаяся

трубка бомбы прокладывала огненную дугу
на тёмномъ звѣздномъ небѣ. Но всѣ бомбы
ложились далеко сзади и справа ложемента,
въ которомъ въ ямочкѣ сидѣлъ штабсъ-
капитанъ. Онъ выпилъ водки, закусилъ 5
сыромъ, закурилъ папироску и, помолясь
Богу, хотѣлъ заснуть немного.

V.

Князь Гальцинъ, подполковникъ Нефёр-
довъ и Праскухинъ, котораго никто не звалъ,
съ которымъ никто не говорилъ, но который 10
не отставалъ отъ нихъ, всѣ съ бульвара
пошли пить чай къ Калугину.
— Ну такъ ты мнѣ не досказалъ про
Ваську Менделя, — говорилъ Калугинъ,
снявъ шинель, сидя около окна на мягкомъ 15
покойномъ креслѣ и разстёгивая воротникъ
чистой крахмальной голландской рубашки:
—какъ же онъ женился?
— Умора, братецъ! je vous dis, il y avait
un temps, on ne parlait que de ça à Peters- 20
bourg, — сказалъ, смѣясь, князь Гальцинъ,
вскакивая отъ фортепьянъ, у которыхъ онъ
сидѣлъ, и садясь на окно подлѣ окна Калугина:—просто умора. Ужъ я всё это знаю
подробно... 25
И онъ весело, умно и бойко сталъ разсказывать какую-то любовную исторію, которую
мы пропустимъ, потому что она для насъ не
интересна. Но замѣчательно то, что не

то́лько князь Га́льцинъ, но и всѣ э́ти господа́, расположи́вшись здѣсь кто на окнѣ́, кто задра́въ но́ги, кто за фортепья́но, каза́лись совсѣ́мъ други́ми людьми́, чѣмъ на бульва́рѣ:
5 не́ было э́той смѣшно́й наду́тости, высоко-мѣ́рности, кото́рыя они́ выка́зывали пѣхо́т-нымъ офице́рамъ; здѣсь они́ бы́ли ме́жду свои́ми въ нату́рѣ, осо́бенно Калу́гинъ и князь Га́льцинъ, о́чень ми́лыми, весёлыми
10 и до́брыми ребя́тами. Разгово́ръ шёлъ о петербу́ргскихъ сослужи́вцахъ и знако́мыхъ.

— Что Масло́вскій?

— Кото́рый? лейбъ-ула́нъ и́ли конно-гварде́ецъ?

15 — Я ихъ обо́ихъ зна́ю. Конногварде́ецъ при мнѣ мальчи́шка былъ, то́лько что изъ шко́лы вы́шелъ. Что ста́ршій—ро́тмистръ?

— О! ужъ давно́.

— Что всё во́зится съ свое́ю цыга́нкой?

20 — Нѣтъ, бро́силъ...—и т. д. въ э́томъ ро́дѣ.

Пото́мъ князь Га́льцинъ сѣлъ къ форте-пья́но и сла́вно спѣлъ цыга́нскую пѣсенку. Праску́хинъ, хотя́ никто́ не проси́лъ его́,
25 сталъ вто́рить, и такъ хорошо́, что его́ ужъ проси́ли вто́рить, чѣмъ онъ былъ о́чень дово́ленъ.

Человѣ́къ вошёлъ съ ча́емъ со сли́вками и кренделька́ми на сере́бряномъ подно́сѣ.

30 — Пода́й кня́зю,—сказа́лъ Калу́гинъ.

— А вѣдь стра́нно поду́мать,—сказа́лъ Га́льцинъ, взявъ стака́нъ и отходя́ къ окну́:— что мы здѣсь въ осаждённомъ го́родѣ: *Фор-*

топлясы, чай со сливками, квартира такая,
что я, право, желалъ бы такую имѣть въ
Петербургѣ.

— Да ужъ ежели бы ещё этого не было,—
сказалъ всѣмъ недовольный старый подполковникъ:—просто было бы невыносимо это
постоянное ожиданіе чего-то... видѣть, какъ
каждый день бьютъ, бьютъ—и всё нѣтъ
конца, ежели при этомъ бы жить въ грязи и
не было бы удобствъ.

— А какъ же наши пѣхотные офицеры,—
сказалъ Калугинъ,—которые живутъ на бастіонахъ съ солдатами, въ блиндажѣ и ѣдятъ
солдатскій борщъ,—какъ имъ-то?

— Какъ имъ-то? Они хоть, правда, по
десяти дней бѣлья не перемѣняютъ, а это
герои, удивительные люди.

Въ это время въ комнату вошёлъ пѣхотный офицеръ.

— Я... мнѣ приказано... я могу ли
явиться къ ген... къ его превосходительству
отъ генерала N?—спросилъ онъ застѣнчиво,
кланяясь.

Калугинъ всталъ, но, не, отвѣчая на
поклонъ офицера, съ оскорбительною учти-
востью и натянутою официальною улыбкой
спросилъ офицера, не угодно ли *имъ* подождать, и, не попросивъ его сѣсть, не обращая
на него больше вниманія, повернулся къ
Гальцину и заговорилъ по-французски, такъ
что бѣдный офицеръ, оставшись посрединѣ
комнаты, рѣшительно не зналъ, что дѣлать
съ своею персоной.

— По крáйне нýжному дѣлу-съ—сказáлъ офицéръ пóслѣ минýтнаго молчáнія.

— А! такъ пожáлуйте,—сказáлъ Калýгинъ, надѣвáя шинéль и провожáя егó къ двéри.

— Eh bien, messieurs, je crois, que cela chauffera cette nuit, — сказáлъ Калýгинъ, выходя́ отъ генерáла.

— А? что? вы́лазка?—стáли спрáшивать всѣ́.

— Ужъ не знáю—сáми увѝдите,—отвѣчáлъ Калýгинъ съ таѝнственною улы́бкой.

— И мой командѝръ на бастіóнѣ—стáло-быть и мнѣ нáдо иттѝ,—сказáлъ Праскýхинъ, надѣвáя сáблю.

Но никтó не отвѣчáлъ емý: онъ самъ дóлженъ былъ знать, иттѝ ли емý ѝли нѣ́тъ.

Праскýхинъ и Нефéрдовъ вы́шли, чтобъ отпрáвиться къ своѝмъ мѣстáмъ: „Прощáйте, господá!" „До свидáнья, господá! Ещё ны́нче нóчью увѝдимся!" прокричáлъ Калýгинъ изъ окóшка, когдá Праскýхинъ и Нефéрдовъ, нагнýвшись на лýки казáчьихъ сѣделъ, прорыси́ли по дорóгѣ. Тóпотъ казáчьихъ лошадéй скóро стихъ въ тёмной ýлицѣ.

— Non, dites moi, est-ce qu'il y aura véritablement quelque chose cette nuit,—сказáлъ Гáльцинъ, лёжа съ Калýгинымъ на окóшкѣ и гля́дя на бóмбы, котóрыя поднимáлись надъ бастіóнами.

— Тебѣ́ я могý разсказáть, вѝдишь ли... вѣдь ты былъ на бастіóнахъ? (Гáльцинъ

сдѣлалъ знакъ соглáсія, хотя́ онъ былъ
то́лько разъ на 4-мъ бастіо́нѣ). Такъ про́-
тивъ нáшего люнéта былá траншéя,—и Ка-
лу́гинъ, какъ человѣ́къ не спеціáльный, хотя́
и считáвшій свои́ воéнныя сужде́нія весьмá 5
вѣ́рными, нáчалъ, немно́го запу́танно и
перевирáя фортификаціо́нныя выраже́нія,
разскáзывать положе́ніе нáшихъ и непрія́-
тельскихъ рабо́тъ и планъ предпола-
гáвшагося дѣ́ла.   10

— Однáко, начинáютъ попу́кивать о́коло
ложеме́нтовъ. Ого́, э́то нáша и́ли *его́*? вотъ ло́п-
нула,—говори́ли они́, лёжа на окнѣ́, гля́дя
на о́гненныя ли́ніи бомбъ, скрéщивающіяся
въ во́здухѣ, на мо́лніи вы́стрѣловъ, на мгно- 15
ве́ніе освѣщáвшія темно-си́нее нéбо, и бѣ́лый
дымъ по́роха, и прислу́шиваясь къ звукáмъ
всё усиливающейся и усиливающейся
стрѣльбы́.

— Quel charmant coup d'oeil! а?—ска- 20
зáлъ Калу́гинъ, обращáя внимáніе своего́
го́стя на э́то дѣйстви́тельно краси́вое зрѣ́-
лище.—Знáешь, не различи́шь звѣзды́ отъ
бо́мбы иногдá.

— Да, я сейчáсъ ду́малъ, что э́то звѣздá; 25
а онá опусти́лась...вотъ ло́пнула. А э́та
большáя звѣздá—какъ её зову́тъ? то́чно какъ
бо́мба.

— Знáешь, я до того́ привы́къ къ э́тимъ
бо́мбамъ, что, я увѣ́ренъ, въ Росси́и въ 30
звѣ́здную ночь мнѣ бу́детъ казáться, что
э́то всё бо́мбы: такъ привы́кнешь.

— Однáко, не пойти́ ли мнѣ на э́ту

вы́лазку?—сказа́лъ князь Га́льцинъ по́слѣ
мину́тнаго молча́нія.

— По́лно, бра́тецъ! и не ду́май; да я
тебя́ и не пущу́,—отвѣча́лъ Калу́гинъ.—
5 Ещё успѣешь, бра́тецъ!

— Серьёзно? Такъ ду́маешь, что не на́до
ходи́ть? а?..

Въ э́то вре́мя, въ томъ направле́ніи, по
кото́рому смотрѣли э́ти господа́, за артилле-
10 рі́йскимъ гу́ломъ послы́шалась ужа́сная тре-
скотня́ ру́жей, и ты́сячи ма́ленькихъ огне́й,
безпреста́нно вспы́хивая, заблестѣли по всей
ли́ніи.

— Вотъ оно́, когда́ пошло́ настоя́щее!—
15 сказа́лъ Калу́гинъ.—Э́того зву́ка руже́йнаго
я слы́шать не могу́ хладнокро́вно: ка́къ-
то, зна́ешь, за́ душу берётъ. Вонъ и *ура́!*—
приба́вилъ онъ, прислу́шиваясь къ да́льнему
протя́жному гу́лу со́тенъ голосо́въ: „а-а-аа“,
20 доноси́вшихся до него́ съ бастіо́на.

— Чьё э́то *ура́?* ихъ и́ли на́ше?

— Не зна́ю; но э́то ужъ рукопа́шная
пошла́, потому́ что стрѣльба́ зати́хла.

— Въ э́то вре́мя подъ окно́мъ къ крыльцу́
25 подскака́лъ офице́ръ съ казако́мъ и слѣзъ
съ ло́шади.

— Отку́да?

— Съ бастіо́на. Генера́ла ну́жно.

— Пойдёмте. Ну, что?

30 — Атакова́ли ложеме́нты ... за́няли ...
Францу́зы подвели́ огро́мные резе́рвы...ата-
кова́ли на́шихъ...бы́ло то́лько два баталіо́на,
—говори́лъ, запыха́вшись, тотъ же са́мый

офицéръ, котóрый приходи́лъ вéчеромъ, съ трудóмъ переводя́ духъ, но совершéнно развя́зно направля́ясь къ двéри.

— Что жъ, отступи́ли?—спроси́лъ Гáльцинъ. 5

— Нѣтъ,—серди́то отвѣчáлъ офицéръ:— подоспѣлъ баталіóнъ—отби́ли; но полковóй команди́ръ уби́тъ, офицéровъ мнóго, прикáзано проси́ть подкрѣплéнія…

И съ эˊтими словáми онъ съ Калу́гинымъ 10 прошёлъ къ генерáлу, кудá ужéˊ мы не послѣˊдуемъ за нимъ.

Чéрезъ пять мину́тъ Калу́гинъ ужéˊ сидѣˊлъ верхóмъ на казáчьей лóшади (и опя́ть тóю осóбенною quasi-казáцкою посáдкой, 15 въ котóрой, я замѣчáлъ, всѣ адъютáнты ви́дятъ почему́-то что-то осóбенно прія́тное) рысцóй ѣˊхалъ на бастіóнъ съ тѣˊмъ, чтóбы передáть тудá нѣˊкоторыя приказáнія и дождáться извѣˊстій объ оконча́тельномъ резуль- 20 тáтѣ дѣˊла; а князь Гáльцинъ, подъ влія́ніемъ тогó тяжёлаго волнéнія, котóрое произвóдятъ обыкновéнно бли́зкіе при́знаки дѣˊла на зри́теля, не принимáющаго въ нёмъ учáстія, вы́шелъ на у́лицу и безъ вся́кой цѣˊли 25 сталъ взадъ и вперёдъ ходи́ть по ней.

VI.

Солда́ты несли́ на носи́лкахъ и вели́ по́дъ руки ра́неныхъ. На у́лицѣ бы́ло соверше́нно темно́; то́лько рѣ́дко ко́е-гдѣ свѣти́лись о́кна въ го́спиталѣ и́ли у засидѣ́вшихся 5 офице́ровъ. Съ бастіо́новъ доноси́лся тотъ же гро́хотъ ору́дій и руже́йной перепа́лки, и тѣ́ же огни́ вспы́хивали на чёрномъ не́бѣ. Изрѣ́дка слы́шались то́потъ ло́шади проскака́вшаго ордина́рца, сто́нъ ра́ненаго, шаги́ 10 и го́воръ носи́льщиковъ и́ли же́нскій го́воръ испу́ганныхъ жи́телей, вы́шедшихъ на крыле́чко посмотрѣ́ть на канона́ду.

Въ числѣ́ послѣ́днихъ былъ и знако́мый намъ Никита, ста́рая матро́ска, съ кото́рою 15 онъ помири́лся уже́, и десятилѣ́тняя дочь ея́. „Го́споди, Ма́ти Пресвята́я Богоро́дица!“ говори́ла про себя́, вздыха́я, стару́ха, гля́дя на бо́мбы, кото́рыя, какъ о́гненные мя́чики, безпреста́нно перелета́ли съ одно́й 20 стороны́ на другу́ю :— стра́сти-то, стра́сти каки́я! И-и-хи-хи! Тако́го и въ пе́рвую бандиро́вку не́ было. Вишь гдѣ́ ло́пнула, прокля́тая, пря́мо надъ на́шимъ до́момъ въ слобо́дкѣ“.

25 — Нѣ́тъ, э́то да́льше, къ тётенькѣ Ари́нкѣ въ садъ все попада́ютъ,—сказа́ла дѣ́вочка.

— И гдѣ́-то, гдѣ́-то ба́ринъ мой тапе́рича?—сказа́лъ Никита нараспѣ́въ и ещё пья́ный немно́го.—Ужъ какъ я люблю́ э́втаго 30 ба́рина своего́, такъ самъ не зна́ю,—такъ люблю́, что е́сли, изба́ви Богъ, да убью́тъ его грѣшнымъ дѣломъ, такъ, вѣрите ли, тётенька, я послѣ эвтаго самъ не знаю, что могу надъ собою произвести,—ей Богу. Ужъ такой баринъ, что одно слово! Развѣ съ эвтими смѣнить, что тутъ въ карты играютъ? это что—тьфу! одно слово!—заключилъ Никита, указывая на свѣтящееся окно комнаты барина, въ которой, во время отсутствія штабсъ-капитана, юнкеръ Жвадчевскій позвалъ къ себѣ на кутёжъ, по случаю полученія креста, гостей: подпоручика Угровича и подпоручика Непшисецкаго, который былъ нездоровъ флюсомъ...

— Звѣздочки-то, звѣздочки такъ и катятся!—глядя на небо, прервала дѣвочка молчаніе, послѣдовавшее за словами Никиты:—вонъ, вонъ ещё скатилась. Къ чему это такъ? а маынька?

— Совсѣмъ разобьютъ домишко нашъ,—сказала старуха, вздыхая и не отвѣчая на вопросъ дѣвочки.

— А какъ мы нынче съ дяинькой ходили туда, маынька,—продолжала пѣвучимъ голосомъ разговорившаяся дѣвочка: — такъ большу-ущая такая ядро въ самой комнаткѣ подлѣ шкапа лежитъ; она сѣнцы, видно, пробила да въ горницу и влетѣла...такая большущая, что не поднимешь.

— У кого были мужья да деньги, такъ повыѣхали,—говорила старуха:—а тутъ послѣдній домишко и тотъ разбили. Вишь какъ, вишь какъ палитъ, злодѣй. Господи, Господи!

— А какъ намъ то́лько выходи́ть, какъ
одна́ бо́мба прилети́-итъ, какъ ло́пни-итъ,
какъ засы́пли-итъ землёю, такъ да́же чуть-
чуть насъ съ дя́инькой одни́мъ оскре́ткомъ
5 не задѣ́ло.

VII.

Всё бо́льше и бо́льше ра́неныхъ на носи́л-
кахъ и пѣшко́мъ, поддѐ́рживаемыхъ одни́
други́мн и гро́мко разгова́ривающихъ ме́жду
собо́й, встрѣча́лось. кня́зю Га́льцину.
10   — Какъ они́ подскочи́ли, бра́тцы мой,—
говори́лъ ба́сомъ оди́нъ высо́кій солда́тъ,
нёсшій два ружья́ за плеча́ми:—какъ подско-
чи́ли, какъ кри́кнутъ: „Алла́, Алла́"*, такъ
другъ на дру́га и лѣ́зутъ. Одни́хъ бьёшь, а
15 други́е лѣ́зутъ—ничего́ не сдѣ́лаешь. Ви́димо-
неви́димо...
    Но въ э́томъ мѣ́стѣ разска́за Га́льцинъ
останови́лъ его́.
    — Ты изъ бастіо́на?
20   — Такъ то́чно, ва́ше благоро́діе!
    — Ну, что тамъ бы́ло? Разскажи́.
    — Да что бы́ло? Подступи́ла ихъ ва́ше
благоро́діе, *си́ла*, лѣ́зутъ на валъ, да и
шаба́шъ. Одолѣ́ли совсѣ́мъ, ва́ше благо-
25 ро́діе!
    — Какъ одолѣ́ли? Да вѣ́дь вы отби́ли
же?

    * На́ши солда́ты, воюя́ съ ту́рками, такъ привы́кли къ
э́тому кри́ку враго́въ, что тепе́рь разска́зываютъ, что
францу́зы то́же крича́тъ „Алла́!"

— Гдѣ тутъ отбить, когла *его* вся *сила* подошла: перебилъ всѣхъ нашихъ, а сикурсу не подаютъ.

Солдатъ ошибался, потому что траншея была за нами; но это странность, которую всякій можетъ замѣтить: солдатъ, раненый въ дѣлѣ, всегда считаетъ его пройграннымъ и ужасно кровопролитнымъ.

— Какъ же мнѣ говорили, что отбили?—съ досадой сказалъ Гальцинъ:—можетъ-быть послѣ тебя отбили? Ты давно оттуда?

— Сейчасъ, ваше благородіе!—отвѣчалъ солдатъ:—врядъ ли; должно за нимъ траншея осталась... совсѣмъ одолѣлъ.

— Ну, какъ вамъ не стыдно — отдали траншею. Это ужасно!—сказалъ Гальцинъ, огорчённый этимъ равнодушіемъ.

— Что жъ, когда *сила*! — проворчалъ солдатъ.

— И, ваше благородіе,—заговорилъ въ это время солдатъ съ носилокъ, поровнявшихся съ ними:—какъ же не отдать, когла перебилъ всѣхъ почитай? Когда бы наша сила была, ни въ жисть бы не отдали. А то что сдѣлаешь? Я одного закололъ, а тутъ меня какъ ударитъ... О-охъ, легче, братцы, ровнѣе, братцы, ровнѣе иди... о-о-о!—застоналъ раненый.

— А въ самомъ дѣлѣ, кажется, много лишняго народа идётъ,—сказалъ Гальцинъ, останавливая опять того же высокаго солдата съ двумя ружьями.—Ты зачѣмъ идёшь? Эй, ты, остановись!

Солдáтъ остановѝлся и лѣвой рукóй снялъ шáпку.

— Кудá ты идёшь и зачѣ́мъ?—закричáлъ онъ на негó стрóго.—Него...

5 Но въ э́то врéмя совсѣ́мъ вплоть подойдя́ къ солдáту, онъ замѣ́тилъ, что прáвая рукá егó былá за обшлáгомъ и въ кровѝ вы́ше лóктя.

— Рáненъ, вáше благорóдіе!

10 — Чѣ́мъ рáненъ?

— Сюдá-то, должнó пýлей, — сказáлъ солдáтъ, укáзывая нá руку:—а ужъ здѣ́сь не могý знать, чѣ́мъ гóлову-то прошѝбло, и, нагнýвъ её, показáлъ окровáвленные и 15 слѝпшіеся волосá на затылкѣ.

— А ружьё другóе чьё?

— Стýцеръ францýзскій, вáше благорóдіе! óтнялъ. Да я бы не пошёлъ, кабы́ не э́втаго солдáтика проводѝть; а то упадётъ 20 неравнó,—прибáвилъ онъ, укáзывая на солдáта, котóрый шёлъ немнóго впередѝ, опирáясь на ружьё и съ трудóмъ тащá и передвигáя лѣ́вую нóгу.

Кня́зю Гáльцину вдругъ ужáсно сты́дно 25 стáло за свои несправедлѝвыя подозрѣ́нія. Онъ почýвствовалъ, что краснѣ́етъ, отвернýлся и, ужé бóльше не разспрáшивая рáненыхъ и не наблюдáя за нѝми, пошёлъ на перевя́зочный пунктъ.

30 Съ трудóмъ пробѝвшись на крыльцѣ́ мéжду пѣшкóмъ шéдшими рáнеными и носѝльщиками, входѝвшими съ рáнеными и выходѝвшими съ мёртвыми, Гáльцинъ вошёлъ

въ пе́рвую ко́мнату, взгляну́лъ и тотча́съ
же нево́льно поверну́лся наза́дъ и вы́бѣ-
жалъ на у́лицу: э́то бы́ло сли́шкомъ ужа́сно!

VIII.

Больша́я высо́кая тёмная за́ла, освѣ-
щённая то́лько четырьмя́ и́ли пятью свѣча́ми, 5
съ кото́рыми доктора́ подходи́ли осма́три-
вать ра́неныхъ, была́ буква́льно полна́. Но-
си́льщики безпреста́нно вноси́ли ра́неныхъ,
скла́дывали ихъ оди́нъ по́длѣ друго́го на
полъ, на кото́ромъ уже́ бы́ло такъ тѣ́сно, 10
что несча́стные толка́лись и мо́кли въ крови́
другъ дру́га, и шли за но́выми. Лу́жи
кро́ви, ви́дныя на мѣста́хъ не за́нятыхъ,
горя́чечное дыха́ніе нѣ́сколькихъ со́тенъ че-
ловѣ́къ и испаре́ніе рабо́чихъ съ носи́лками 15
производи́ли како́й-то осо́бенный, тяжёлый,
густо́й, воню́чій смрадъ, въ кото́ромъ па́-
смурно горѣ́ли свѣчи на разли́чныхъ конца́хъ
за́лы. Го́воръ разнообра́зныхъ сто́новъ,
вздо́ховъ, хрипѣ́ній, прерыва́емый иногда́ 20
пронзи́тельнымъ кри́комъ, носи́лся по всей
ко́мнатѣ. *Сёстры*, со споко́йными ли́цами и
съ выраже́ніемъ не того́ пусто́го же́нскаго бо-
лѣ́зненно-слёзнаго сострада́нія, а дѣятель-
наго практи́ческаго уча́стія, то тамъ, то 25
сямъ, шага́я чрезъ ра́неныхъ, съ лѣка́р-
ствомъ, съ водо́й, бинта́ми, ко́рпіей, мель-
ка́ли ме́жду окрова́вленными шине́лями и
руба́хами. Доктора́, съ засу́ченными рука-
ва́ми, сто́я на колѣ́няхъ предъ ра́неными, 30

о́коло кото́рыхъ фельдшера́ держа́ли свѣчи, осма́тривали, ощу́пывали и зонди́ровали ра́ны, несмотря́ на ужа́сные сто́ны и мо́льбы страда́льцевъ. Оди́нъ изъ докторо́въ сидѣлъ о́коло две́ри за сто́ликомъ и, въ ту мину́ту, какъ въ ко́мнату вошёлъ Га́льцинъ, запи́сывалъ уже́ 532.

— Ива́нъ Бога́евъ, рядово́й 3-й ро́ты С. полка́, fractura femuris complicata!—крича́лъ друго́й изъ конца́ за́лы, ощу́пывая разби́тую но́гу.—Переверни́-ка его́.

— О-ой, отцы́ мои́, вы на́ши отцы́! — крича́лъ солда́тъ, умоля́я, чтобъ его́ не тро́гали.

— Perforatio capitis.

— Семёнъ Нефе́рдовъ, подполко́вникъ Н. пѣхо́тнаго полка́.

Вы немно́го потерпи́те, полко́вникъ? а то э́такъ нельзя́: я бро́шу,—говори́лъ тре́тій, ковыря́я каки́мъ-то крючко́мъ въ головѣ несча́стнаго подполко́вника.

— Ай, не на́до! Ой, ра́ди Бо́га, скорѣ́й, скорѣ́й, ради а-а-а-а-а!

— Perforatio pectoris... Севастья́нъ Середа́, рядово́й... како́го полка́? впро́чемъ, не пиши́те: moritur. Неси́те его́,—сказа́лъ до́кторъ, отходя́ отъ солда́та, кото́рый, закати́въ глаза́, хрипѣлъ уже́.

Человѣкъ со́рокъ солда́тъ-носи́льщиковъ, дожида́ясь но́ши перевя́занныхъ въ го́спиталь и мёртвыхъ въ часо́вню, стоя́ли у двере́й и, мо́лча, и́зрѣдка тяжело́ вздыха́я, смотрѣли на э́ту карти́ну...

IX.

По доро́гѣ къ бастіо́ну Калу́гинъ встрѣ́-
тилъ мно́го ра́неныхъ; но, по о́пыту зна́я,
какъ въ дѣ́лѣ ду́рно дѣ́йствуетъ на духъ
человѣ́ка э́то зрѣ́лище, онъ не то́лько не
остана́вливался разспра́шивать ихъ, но, на- 5
про́тивъ, стара́лся не обраща́ть на нихъ ника-
ко́го внима́нія. Подъ горо́й ему́ попа́лся
ордина́рецъ, кото́рый маршъ-маршъ скака́лъ
съ бастіо́на.

— Зо́бкинъ ! Зо́бкинъ ! посто́йте на 10
мину́тку.

— Ну, что?

— Вы отку́да?

— Изъ ложеме́нтовъ.

— Ну, какъ тамъ? жа́рко? 15

— Ахъ, ужа́сно!

И ордина́рецъ поскака́лъ да́льше.

Дѣ́йстви́тельно, хотя́ руже́йной стрѣ́льбы́
бы́ло ма́ло, канона́да завяза́лась съ но́вымъ
жа́ромъ и ожесточе́ніемъ. 20

„Ахъ, скве́рно!“ поду́малъ Калу́гинъ,
испы́тывая како́е-то непрія́тное чу́вство, и
ему́ то́же пришло́ предчу́вствіе, то-есть мысль
о́чень обыкнове́нная,—мысль о сме́рти. Но
Калу́гинъ былъ самолюби́въ и одарёнъ дере- 25
вя́нными не́рвами, то, что называ́ютъ храбръ,
одни́мъ сло́вомъ. Онъ не подда́лся́ пе́рвому
чу́вству и сталъ ободря́ть себя́, вспо́мнилъ
про одного́ адъюта́нта, ка́жется Наполео́на,
кото́рый, переда́въ приказа́нія, маршъ- 30

маршъ съ окровавленною головой подскакалъ къ Наполеону.

,,Vous êtes blessé"? сказалъ ему Наполеонъ.—,,Je vous demande pardon, sire, je
5 suis mort", и адъютантъ упалъ съ лощади
и умеръ на мѣстѣ.

Ему показалось это очень хорошо, и
онъ вообразилъ себя даже немножко этимъ
адъютантомъ, потомъ ударилъ лошадь
10 плетью, и принялъ ещё болѣе лихую
казацкую посадку, оглянулся на казака,
который, стоя на стременахъ, рысилъ за
нимъ, и совершеннымъ молодцомъ пріѣхалъ
къ тому мѣсту, гдѣ надо было слѣзать съ
15 лошади. Здѣсь онъ нашёлъ четырёхъ солдатъ, которые, усѣвшись на камешки,
курили трубки.

— Что вы здѣсь дѣлаете? — крикнулъ
онъ на нихъ.

20 — Раненаго отводили, ваше благородіе,
да отдохнуть присѣли,—отвѣчалъ одинъ изъ
нихъ, пряча за спину трубку, и снимая
шапку.

— То-то отдохнуть! — маршъ къ своимъ
25 мѣстамъ.

И онъ вмѣстѣ съ ними пошёлъ по траншеѣ
въ гору, на каждомъ шагу встрѣчая раненыхъ.
Поднявшись въ гору, онъ повернулъ налѣво
и, пройдя по ней нѣсколько шаговъ, очу-
30 тился совершенно одинъ. Близёхонько отъ
него прожужжалъ осколокъ и ударился въ
траншею. Другая бомба поднялась предъ
нимъ и, казалось, летѣла прямо на него.

Ему́ вдругъ сдѣ́лалось стра́шно: онъ ры́сью пробѣжа́лъ шаго́въ пять и прилёгъ на́ землю. Когда́ же бо́мба ло́пнула, и далёко́ отъ него́, ему́ ста́ло ужа́сно доса́дно на себя́, и онъ всталъ, огля́дываясь, не вида́лъ ли кто- 5 нибу́дь его́ паде́нія; но никого́ не́ было.

Ужъ разъ прони́кнувъ въ ду́шу, страхъ не ско́ро уступа́етъ мѣ́сто друго́му чу́вству. Онъ, кото́рый всегда́ хва́стался, что никогда́ не нагиба́ется, ускоренными шага́ми и чуть- 10 чуть не ползко́мъ пошёлъ по траншеѣ́. ,,Ахъ! не хорошо́!“—поду́малъ онъ, споткну́вшись, —непремѣ́нно убью́тъ“, и, чу́вствуя, какъ тру́дно дыша́лось ему́ и какъ потъ выступа́лъ по всему́ тѣ́лу, онъ удивля́лся самому́ себѣ́, 15 но уже́ не пыта́лся преодолѣва́ть своего́ чу́вства.

Вдругъ чьи-то шаги́ послы́шались впереди́ его́. Онъ бы́стро разогну́лся, по́днялъ го́лову и, бо́дро побря́кивая са́блей, пошёлъ 20 уже́ не таки́ми ско́рыми шага́ми, какъ пре́жде. Онъ не узнава́лъ себя́. Когда́ онъ сошёлся со встрѣ́тившимся ему́ сапёрнымъ офице́ромъ и матро́сомъ, и пе́рвый кри́кнулъ ему́: ,,ложи́тесь!“ ука́зывая на свѣ́т- 25 лую то́чку бо́мбы, кото́рая, свѣтлѣ́е и свѣтлѣ́е, быстрѣ́е и быстрѣ́е приближа́ясь, шлёпнулась о́коло траншѣ́и, онъ то́лько немно́го и нево́льно, подъ влія́ніемъ испу́ганнаго кри́ка, нагну́лъ го́лову и пошёлъ да́ль- 30 ше.

— Вишь како́й бра́вый!—сказа́лъ матро́съ, кото́рый преспоко́йно смотрѣ́лъ на па́давшую бо́мбу и о́пытнымъ гла́зомъ сра́зу разсчёлъ, что оско́лки ея́ не мо́гутъ задѣ́ть въ транше́ѣ:—и ложи́ться не хо́четъ.

Уже́ нѣ́сколько шаго́въ то́лько остава́-
5 лось Калу́гину перейти́ че́резъ площа́дку до блинда́жа команди́ра бастіо́на, какъ опя́ть на него́ нашли́ затме́ніе и э́тотъ глу́пый страхъ; се́рдце заби́лось сильнѣ́е, кровь хлы́нула въ го́лову, и ему́ ну́жно бы́ло уси́ліе
10 надъ собо́ю, что́бы пробѣжа́тъ до блинда́-
жа.

— Что вы такъ запыха́лись? — сказа́лъ генера́лъ, когда́ онъ ему́ переда́лъ прика-
за́нія.
15 — Шёлъ ско́ро о́чень, ва́ше превосхо-
ди́тельство!

— Не хоти́те ли вина́ стака́нъ?

Калугинъ вы́пилъ стака́нъ вина́ и заку-
ри́лъ папиро́су. Дѣ́ло уже́ прекрати́лось;
20 то́лько си́льная канона́да продолжа́лась съ обѣ́ихъ сторо́нъ. Въ блинда́жѣ сидѣ́ли генера́лъ N., команди́ръ бастіо́на и ещё человѣ́къ шесть офице́ровъ, въ числѣ́ кото́рыхъ былъ и Праску́хинъ, и говори́ли
25 про ра́зныя подро́бности дѣ́ла. Си́дя въ э́той ую́тной ко́мнатѣ, оби́той голубы́ми обо́ями, съ дива́номъ, крова́тью, столо́мъ, на кото́ромъ лежа́ли бума́ги, стѣ́нными часа́ми и о́бразомъ, предъ кото́рымъ горѣ́ла
30 лампа́да, гля́дя на э́ти при́знаки жилья́ и на то́лстыя арши́нныя ба́лки, соста-
вля́вшія потоло́къ, и слу́шая вы́стрѣлы, каза́вшіеся сла́быми въ блинда́жѣ, Калу́гинъ

рѣши́тельно поня́ть не могъ, какъ онъ два
ра́за позво́лилъ себя́ одолѣ́ть тако́й непро-
сти́тельной сла́бости. Онъ серди́лся на себя́,
и ему́ хотѣ́лось опа́сности, чтобы сно́ва
испыта́ть себя́.   5

— А вотъ я радъ, что и вы здѣсь,
капита́нъ,—сказа́лъ онъ морско́му офице́ру
въ штабъ-офице́рской шине́ли, съ больши́ми
уса́ми и Гео́ргіемъ, кото́рый вошёлъ въ это
вре́мя въ блинда́жъ и проси́лъ генера́ла дать 10
ему́ рабо́чихъ, чтобъ испра́вить на его́ батаре́ѣ
двѣ амбразу́ры, кото́рыя бы́ли засы́паны.—
Мнѣ генера́лъ приказа́лъ узна́ть,—продол-
жа́лъ Калу́гинъ, когда́ команди́ръ батаре́и
переста́лъ говори́ть съ генера́ломъ:—мо́гутъ 15
ли ва́ши ору́дія стрѣля́ть по транше́ѣ кар-
те́чью?

— Одно́ то́лько ору́діе мо́жетъ,—угрю́мо
отвѣча́лъ капита́нъ.

— Всё-таки пойдёмте, посмо́тримъ.   20
Капита́нъ нахму́рился и серди́то кря́к-
нулъ.

— Ужъ я всю ночь тамъ простоя́лъ,
пришёлъ хоть отдохну́ть немно́го,—сказа́лъ
онъ:—нельзя́ ли вамъ одни́мъ сходи́ть? Тамъ 25
мой помо́щникъ, лейтена́нтъ Карцъ, вамъ
всё пока́жетъ.

Капита́нъ уже́ шесть мѣсяцевъ кома́ндо-
валъ этою одно́ю изъ са́мыхъ опа́сныхъ
батаре́й,—и да́же, когда́ не́ было блинда́жей, 30
не выходя́, съ нача́ла оса́ды, жилъ на ба-
стіо́нѣ и ме́жду моряка́ми имѣ́лъ репута́цію
хра́брости. Поэ́тому-то отка́зъ его́ особенно

поразилъ и удивилъ Калугина. „Вотъ репу-
таціи!" подумалъ онъ.

— Ну, такъ я пойду одинъ, если вы
позволите,—сказалъ онъ нѣсколько насмѣш-
5 ливымъ тономъ капитану, который, однако,
не обратилъ на его слова никакого вниманія.

Но Калугинъ не сообразилъ того, что
онъ въ разныя времена всего на всего провёлъ часовъ пятьдесятъ на бастіонахъ, тогда
10 какъ капитанъ жилъ тамъ шесть мѣсяцевъ.
Калугина ещё возбуждали тщеславіе, желаніе блеснутъ, надежда на награды, на репутацію и прелесть риска; капитанъ же ужъ
прошёлъ черезъ всё это: сначала тщесла-
15 вился, храбрился, рисковалъ, надѣялся на
награды и репутацію и даже пріобрѣлъ ихъ,
но теперь уже всѣ эти побудительныя сред-
ства потеряли для него силу, и онъ смотрѣлъ на дѣло иначе: исполнялъ въ точности
20 свою обязанность; но, хорошо понимая,
какъ мало ему оставалось случайностей
жизни, послѣ шестимѣсячнаго пребыванія
на бастіонѣ, уже не рисковалъ этими случай-
ностями безъ строгой необходимости, такъ
25 что молодой лейтенантъ, съ недѣлю тому
назадъ поступившій на батарею и пока-
завшій теперь её Калугину, съ которымъ
они безполезно другъ предъ другомъ высо-
вывались въ амбразуры и вылѣзали на
30 банкеты, казался въ десять разъ храбрѣе
капитана.

Осмотрѣвъ батарею и направляясь назадъ
къ блиндажу, Калугинъ наткнулся въ тем-

нотѣ на генерала, который со своими орди-
нарцами шёлъ на вышку.

— Ротмистръ Праскухинъ! — сказалъ
генералъ:—сходите, пожалуйста, въ правый
ложементъ и скажите второму баталіону М* 5
полка, который тамъ на работѣ, чтобъ онъ
оставилъ работу, не шумя вышелъ оттуда
и присоединился къ своему полку, который
стоитъ подъ горой въ резервѣ...Понимаете?
сами отведите къ полку. 10

— Слушаю-съ.

И Праскухинъ рысью побѣжалъ къ ложе-
менту.

Стрѣльба становилась рѣже.

X.

— Это второй баталіонъ М* полка?— 15
спросилъ Праскухинъ, прибѣжавъ къ мѣсту
и наткнувшись на солдатъ, которые въ
мѣшкахъ носили землю.

— Такъ точно-съ.

— Гдѣ командиръ? 20

Михайловъ, полагая, что спрашиваютъ
ротнаго командира, вылѣзъ изъ своей ямки
и, принимая Праскухина за начальника,
держа руку у козырька, подошёлъ къ нему.

— Генералъ приказалъ... вамъ... изволь- 25
те итти... поскорѣе... и, главное, потише...
назадъ... не назадъ, а къ резерву,—говорилъ
Праскухинъ, искоса поглядывая по напра-
вленію огней непріятеля.

Узнáвъ Праскýхина, опустѝвъ рýку и разобрáвъ, въ чёмъ дѣ́ло, Михáйловъ передáлъ приказáніе, и баталіóнъ зашевелѝлся, забрáлъ рýжья, надѣ́лъ шинéли и двѝнулся.

5 Кто не испытáлъ, тотъ не мóжетъ вообразѝть себѣ́ того наслажденія, котóрое ощущáетъ человѣ́къ, уходя́, послѣ́ трёхъ часóвъ бомбардировáнія, изъ такóго опáснаго мѣ́ста, какъ ложемéнты. Михáйловъ

10 въ э́ти три часá, ужé нѣ́сколько разъ, не безъ основáнія, считáвшій свой *конéцъ* неизбѣ́жнымъ, успѣ́лъ свы́кнуться съ убѣжденіемъ, что его непремѣ́нно убью́тъ, и что онъ ужé не принадлежѝтъ э́тому міру. Несмотря́

15 на то, однáко емý большóго трудá стóило удержáть свои нóги, чтобъ онѣ́ не бѣжáли, когдá онъ предъ рóтой, ря́домъ съ Праскýхинымъ, вы́шелъ изъ ложемéнтовъ.

— До свидáнія,—сказáлъ емý майóръ,
20 командѝръ другóго баталіóна, котóрый оставáлся въ ложемéнтахъ и съ котóрымъ онѝ вмѣ́стѣ закýсывали сы́ромъ, сѝдя въ я́мочкѣ óколо брýствера,—счастлѝваго путѝ!

— И вамъ желáю счастлѝво отстоя́ть.
25 Тепéрь, кáжется, затѝхло.

Но тóлько что онъ успѣ́лъ сказáть э́то, какъ непрія́тель, должнó-быть замѣ́тивъ движéніе въ ложемéнтахъ, сталъ палѝть чáще и чáще. Нáши стáли отвѣчáть емý, и

30 опя́ть поднялáсь сѝльная канонáда. Звѣ́зды высóко, но не я́рко блестѣ́ли на нéбѣ. Ночь былá темнá хоть глазъ вы́коли; тóлько огнѝ вы́стрѣловъ и разры́ва бомбъ мгновéнно

освѣща́ли предме́ты. Солда́ты шли ско́ро и мо́лча и нево́льно перегоня́я другъ дру́га; то́лько слы́шны бы́ли за безпреста́нными раска́тами вы́стрѣловъ мѣ́рный звукъ ихъ шаго́въ по сухо́й доро́гѣ, зву́ки столкну́в- 5 шихся штыко́въ и́ли вздохъ и моли́тва како́го-нибу́дь солда́тика:—,,Го́споди, Го́споди! что э́то тако́е!" Иногда́ слы́шался стонъ ра́ненаго и кри́ки: ,,носи́лки!" (Въ ро́тѣ, кото́рою кома́ндовалъ Миха́йловъ, отъ одного́ артил- 10 лери́йскаго огня́ вы́было въ ночь 26 человѣ́къ). Вспы́хивала мо́лнія на мра́чномъ далёкомъ горизо́нтѣ, часово́й съ бастіо́на крича́лъ: ,,пу́-шка!", и ядро́, жужжа́ надъ ро́той, взрыва́ло зе́млю и выбра́сывало ка́мни. 15

,,Чортъ возьми́! какъ они́ ти́хо иду́тъ,— ду́малъ Праску́хинъ, безпреста́нно огля́дываясь наза́дъ, шага́я по́длѣ Миха́йлова;—пра́во, лу́чше побѣгу́ вперёдъ: вѣдь я пере́-да́лъ приказа́ніе...Впро́чемъ, нѣ́тъ: вѣдь 20 мо́гутъ разска́зывать пото́мъ, что я трусъ. Что бу́детъ, то бу́детъ: пойду́ ря́домъ".

,,И заче́мъ онъ идётъ за мной,—ду́малъ, съ свое́й стороны́, Миха́йловъ,—ско́лько я ни замѣча́лъ, онъ всегда́ прино́ситъ не- 25 сча́стіе. Вотъ она́ лети́тъ, пря́мо сюда́, ка́жется".

Пройдя́ нѣ́сколько сотъ шаго́въ, они́ столкну́лись съ Калу́гинымъ, кото́рый, бо́дро побря́кивая са́блей, шёлъ къ ложеме́нтамъ, 30 съ тѣ́мъ, чтобы по приказа́нію генера́ла узна́ть, какъ подви́нулись тамъ рабо́ты. Но, встрѣ́тивъ Миха́йлова, онъ поду́малъ, что чѣмъ ему́ самому́ подъ э́тимъ стра́шнымъ огнёмъ итти́ туда́, чего́ и не́ было ему́ прика́зано, онъ мо́жетъ разспроси́ть всё подро́бно у офице́ра, кото́рый былъ тамъ. И, дѣйстви́тельно, Миха́йловъ подро́бно разсказа́лъ про рабо́ты. Пройдя́ ещё немно́го съ нимъ, Калу́гинъ поверну́лъ въ траншéю, веду́щую къ блинда́жу.

— Ну, что но́венькаго?—спроси́лъ офице́ръ, кото́рый, у́жиная, оди́нъ сидѣ́лъ въ ко́мнатѣ.

— Да ничего́; ка́жется, что ужъ бо́льше дѣ́ла не бу́детъ.

— Какъ не бу́детъ? напро́тивъ, генера́лъ сейча́съ опя́ть пошёлъ на вы́шку. Ещё полкъ пришёлъ. Да вотъ она́... слы́шите? опя́ть пошла́ ружéйная. Вы не ходи́те. Зачѣ́мъ вамъ?—приба́вилъ офице́ръ, замѣ́тивъ движéніе, кото́рое сдѣ́лалъ Калу́гинъ.

,,А мнѣ по настоя́щему непремѣ́нно на́до тамъ быть,—поду́малъ Калу́гинъ,—но ужъ я и такъ ны́нче мно́го подверга́лъ себя́ опа́сности: стрѣльба́ ужа́сная‘‘.

— И въ са́момъ дѣ́лѣ, я ихъ лу́чше здѣсь подожду́,—сказа́лъ онъ.

Дѣйстви́тельно, мину́тъ че́резъ два́дцать генера́лъ. верну́лся вмѣ́стѣ съ офице́рами, кото́рые бы́ли при нёмъ; въ числѣ́ ихъ былъ и ю́нкеръ баро́нъ Пестъ, но Праску́хина не́ было. Ложемéнты бы́ли отби́ты и за́няты на́ми.

Получи́въ подро́бныя свѣдѣ́нія о дѣ́лѣ, Калу́гинъ вмѣ́стѣ съ Пе́стомъ вы́шелъ изъ блинда́жа.

XI.

— У васъ шине́ль въ крови́: неуже́ли вы дра́лись въ рукопа́шномъ?—спроси́лъ его́ Калу́гинъ.

— Ахъ, ужа́сно! мо́жете себѣ предста́вить... 5

И Пестъ сталъ разска́зывать, какъ вёлъ свою́ ро́ту, какъ ро́тный команди́ръ уби́тъ, какъ онъ заколо́лъ францу́за и какъ, е́сли бы не онъ, дѣло бы́ло бы прои́грано.

Основа́нія э́того разска́за, что ро́тный 10 команди́ръ былъ уби́тъ и что Пестъ уби́лъ францу́за, бы́ли справедли́вы; но, передава́я подро́бности, ю́нкеръ выду́мывалъ и хва́сталъ.

Хва́сталъ онъ нево́льно, потому́ что во 15 вре́мя всего́ дѣла находи́лся въ како́мъ-то тума́нѣ и забы́тьѣ до тако́й сте́пени, что всё, что случи́лось, каза́лось ему́ случи́вшимся гдѣ-то, когда́-то и съ кѣмъ-то. О́чень есте́ственно, онъ стара́лся воспроизвести́ э́ти 20 подро́бности съ вы́годной для себя́ стороны́. Но вотъ какъ э́то бы́ло дѣйстви́тельно:

Баталіо́нъ, къ кото́рому прикомандиро́ванъ былъ ю́нкеръ для вы́лазки, часа́ два подъ огнёмъ стоя́лъ о́коло како́й-то стѣнки; 25 пото́мъ баталіо́нный команди́ръ впереди́ сказа́лъ что-то,—ро́тные команди́ры зашевели́лись, баталіо́нъ тро́нулся, вы́шелъ изъ-за бру́ствера и, пройдя́ шаго́въ сто, остановился, постро́ясь въ ро́тныя коло́нны. Пе́сту сказа́ли, чтобъ онъ сталъ на пра́вомъ фла́нгѣ второ́й ро́ты.

Рѣши́тельно не отдава́я себѣ́ отчёта, гдѣ 5 и зачѣ́мъ онъ былъ, ю́нкеръ сталъ на мѣ́сто и, съ нево́льно сдѣ́ржаннымъ дыха́ніемъ и холо́дною дро́жью, пробѣга́вшей по спинѣ́, безсозна́тельно смотрѣ́лъ впередъ въ тёмную даль, ожида́я чего́-то стра́шнаго. Ему́, впро́- 10 чемъ, не сто́лько стра́шно бы́ло, потому́ что стрѣ́льбы́ нé бы́ло, ско́лько ди́ко, стра́нно бы́ло поду́мать, что онъ находи́лся внѣ́ крѣ́пости, въ по́лѣ. Опя́ть баталіо́нный команди́ръ впереди́ сказа́лъ что-то. Опя́ть 15 шо́потомъ заговори́ли офице́ры, передава́я приказа́нія, и чёрная стѣна́ пе́рвой ро́ты вдругъ опусти́лась. Прика́зано бы́ло лечь. Втора́я ро́та легла́ та́кже, и Пестъ, ложа́сь, наколо́лъ ру́ку на каку́ю-то колю́чку. Не 20 лёгъ то́лько оди́нъ команди́ръ второ́й ро́ты. Его́ невысо́кая фигу́ра, съ вы́тянутою шпа́- гой, кото́рою онъ разма́хивалъ не переста́ва́я говори́ть, дви́галась пе́редъ ро́той.

— Ребя́та! смотри́, молодца́ми у меня́! 25 Съ ру́жей не пали́ть, а штыка́ми ихъ, кана́- лій! Когда́ я кри́кну: „ура́“, за мной и не отстава́ть... дружнѣ́й, гла́вное дѣ́ло... пока́- жемъ себя́, не уда́римъ лицо́мъ въ грязь, а, ребя́та? За царя́-ба́тюшку!

30 — Какъ фами́лія на́шего ро́тнаго коман- ди́ра?—спроси́лъ Пестъ у ю́нкера, кото́рый лежа́лъ ря́домъ съ нимъ:—како́й онъ хра́- брый!

— Да, какъ въ дѣло, всегда...—отвѣчалъ юнкеръ.—Лисинковскій его фамилія.

Въ это время передъ самою ротой мгновенно вспыхнуло пламя, раздался трескъ, оглушившій всю роту, высоко въ воздухѣ зашуршали камни и осколки (по крайней мѣрѣ, секундъ черезъ пятьдесятъ одинъ камень упалъ сверху и отбилъ ногу солдату). Это была бомба съ элеваціоннаго станка, и то, что она попала въ роту, доказывало, что французы замѣтили колонну.

— Бомбами пускать!.. Дай только добраться, тогда попробуешь штыка трёхграннаго русскаго, проклятый!—заговорилъ ротный командиръ такъ громко, что баталіонный командиръ долженъ былъ приказать ему молчать и не шумѣть такъ много.

Вслѣдъ за этимъ первая рота встала, за ней вторая. Приказано было взять ружья наперевѣсъ, и баталіонъ пошёлъ впередъ.— Пестъ былъ въ такомъ страхѣ, что рѣшительно не помнилъ, долго ли, куда и кто что. Онъ шёлъ, какъ пьяный. Но вдругъ со всѣхъ сторонъ заблестѣлъ милліонъ огней, засвистѣло, затрещало что-то. Онъ закричалъ и побѣжалъ куда-то, потому что всѣ бѣжали и всѣ кричали. Потомъ онъ споткнулся и упалъ на что-то. Это былъ ротный командиръ (который былъ раненъ впереди роты и, принимая юнкера за француза, схватилъ его за ногу). Потомъ, когда онъ вырвалъ ногу и приподнялся, на него въ темнотѣ спиной наскочилъ какой-то че-

ловѣкъ и чуть опять не сбилъ съ ногъ; другой человѣкъ кричалъ: ,,коли его! что смотришь!" Кто-то взялъ ружьё и воткнулъ штыкъ во что-то мягкое. ,,Ah, Dieu!" за-
5 кричалъ кто-то страшнымъ, пронзительнымъ голосомъ, и тутъ только Пестъ понялъ, что онъ закололъ француза. Холодный потъ выступилъ у него по всему тѣлу, онъ затрясся, какъ въ лихорадкѣ, и бросилъ ружьё. Но
10 это продолжалось только одно мгновеніе: ему тотчасъ же пришло въ голову, что онъ герой. Онъ схватилъ ружьё, и, вмѣстѣ съ толпой крича ,,ура!", побѣжалъ прочь отъ убитаго француза. Пробѣжавъ шаговъ двад-
15 цать, онъ прибѣжалъ въ траншею. Тамъ были наши и баталіонный командиръ.

— А я закололъ одного!—сказалъ онъ баталіонному командиру.

— Молодцомъ, баронъ!

XII.

20 — А, знаете, Праскухинъ убитъ,—сказалъ Пестъ, провожая Калугина, который шёлъ къ нему.

— Не можетъ быть!

— Какъ же: я самъ его видѣлъ.

25 — Прощайте, однако: мнѣ надо скорѣе.

,,Я очень доволенъ,—думалъ Калугинъ, возвращаясь къ дому,—въ первый разъ на моё дежурство счастіе. Отличное дѣло: я и живъ, и цѣлъ, представленія будутъ отличныя и ужъ непремѣнно золотая сабля. Да, впрочемъ, я и стою ея".

Доложивъ генералу всё, что нужно было, онъ пришёлъ въ свою комнату, въ которой, ужъ давно вернувшись и дожидаясь его, сидѣлъ князь Гальцинъ, читая книгу, которую нашёлъ на столѣ Калугина.

Съ удивительнымъ наслажденіемъ Калугинъ почувствовалъ себя дома, внѣ опасности, и, надѣвъ ночную рубашку, уже лёжа въ постели, разсказалъ Гальцину подробности дѣла, передавая ихъ, весьма естественно, съ той точки зрѣнія, съ которой подробности эти доказывали, что онъ, Калугинъ, весьма дѣльный и храбрый офицеръ, на что, мнѣ кажется, излишне было бы намекать, потому что это всѣ знали и не имѣли никакого права и повода сомнѣваться, исключая, можетъ-быть, покойнаго ротмистра Праскухина, который, несмотря на то, что, бывало, считалъ за счастіе ходить подъ руку съ Калугинымъ, вчера только по секрету разсказывалъ одному пріятелю, что Калугинъ очень хорошій человѣкъ, но, между нами будь сказано, ужасно не любитъ ходить на бастіоны.

Только что Праскухинъ, идя рядомъ съ Михайловымъ, разошёлся съ Калугинымъ и, подходя къ менѣе опасному мѣсту, начиналъ уже оживать немного, какъ онъ увидѣлъ молнію, ярко блеснувшую сзади себя, услыхалъ крикъ часового: „маркела!"

и слова́ одного́ изъ солда́тъ, ше́дшихъ сза́ди:
,,какъ разъ на бастіо́нъ прилети́тъ!‘‘

Миха́йловъ огляну́лся. Свѣ́тлая то́чка
бо́мбы, каза́лось, останови́лась на своёмъ
5 зени́тѣ въ томъ положе́ніи, когда́ рѣши́-
тельно нельзя́ опредѣли́ть ея́ направле́ніе.
Но э́то продолжа́лось то́лько мгнове́ніе:
бо́мба быстрѣ́е и быстрѣ́е, бли́же и бли́же,
такъ что уже́ видны́ бы́ли и́скры тру́бки
10 и слы́шно рогово́е посви́стываніе, опуска́-
лась пря́мо въ среди́ну баталіо́на.

— Ложи́сь,—кри́кнулъ чей-то го́лосъ.

Миха́йловъ и Праску́хинъ прилегли́ къ
землѣ́. Праску́хинъ, зажму́рясь, слы́шалъ
15 то́лько, какъ бо́мба гдѣ́-то о́чень бли́зко
шлёпнулась на твёрдую зе́млю. Прошла́
секу́нда, показа́вшаяся ча́сомъ—бо́мбу не
рва́ло. Праску́хинъ испуга́лся: не напра́сно
ли онъ стру́силъ? мо́жетъ-быть, бо́мба упа́ла
20 далёко́, и ему́ то́лько каза́лось, что тру́бка
шипи́тъ тутъ же. Онъ откры́лъ глаза́ и
съ удово́льствіемъ увидѣ́лъ, что Миха́йловъ,
о́коло са́мыхъ ногъ его́, недви́жимо лежа́лъ
на землѣ́. Но тутъ же глаза́ его́ на мгнове́ніе
25 встрѣ́тились съ свѣтя́щеюся тру́бкой въ ар-
ши́нъ отъ него́ крути́вшейся бо́мбы.

У́жасъ,—холо́дный, исключа́ющій всѣ
други́я мы́сли и чу́вства,—у́жасъ объя́лъ
всё существо́ его́. Онъ закры́лъ лицо́ рука́ми.
30 Прошла́ ещё секу́нда,—секу́нда, въ кото́-
рую цѣ́лый міръ чувствъ, мы́слей, наде́ждъ,
воспомина́ній промелькну́лъ въ его́ вообра-
же́ніи.

,,Кого́ убьётъ—меня́ или Миха́йлова? и́ли
обо́ихъ вмѣстѣ? А коли́ меня́, то куда́? въ
го́лову, такъ всё ко́нчено; а е́сли въ но́гу, то
отрѣ́жутъ, и я попрошу́, чтобы непремѣ́нно
съ хлорофо́рмомъ,—и я могу́ ещё живъ 5
оста́ться. А мо́жетъ-быть, одного́ Миха́й-
лова убьётъ: тогда́ я бу́ду разска́зывать,
какъ мы ря́домъ шли, его́ уби́ло и меня́
кро́вью забры́згало. Нѣтъ, ко мнѣ бли́же...
меня́!" 10
Тутъ онъ вспо́мнилъ про двѣна́дцать
рубле́й, кото́рые онъ былъ до́лженъ Ми-
ха́йлову; вспо́мнилъ ещё про оди́нъ долгъ
въ Петербу́ргѣ, кото́рый давно́ на́до бы́ло
заплати́ть; цыга́нскій моти́въ, кото́рый онъ 15
пѣлъ ве́черомъ, пришёлъ ему́ въ го́лову.
Же́нщина, кото́рую онъ люби́лъ, яви́лась
ему́ въ воображе́ніи въ чепцѣ́ съ лило́выми
ле́нтами; человѣ́къ, кото́рымъ онъ былъ оскор-
блёнъ пять лѣтъ тому́ наза́дъ и кото́рому 20
не отплати́лъ за оскорбле́ніе; вспо́мнился
ему́, хотя́ вмѣстѣ́ неразлѣ́льно съ э́тимъ
и ты́сячами други́хъ воспомина́ній, чу́вство
настоя́щаго—ожида́ніе сме́рти—ни на мгно-
ве́ніе не покида́ло его́. ,,Впро́чемъ, мо́жетъ- 25
быть, не ло́пнетъ",—поду́малъ онъ и съ
отча́янною рѣши́мостью хотѣ́лъ откры́ть гла-
за́. Но въ э́то мгнове́ніе, ещё сквозь закры́-
тыя вѣ́ки, глаза́ его́ порази́лъ кра́сный
ого́нь; съ стра́шнымъ тре́скомъ что-то толк- 30
ну́ло его́ въ среди́ну груди́; онъ побѣжа́лъ
куда́-то, споткну́лся на подверну́вшуюся подъ
но́ги са́блю и упа́лъ на́ бокъ.

„Слáва Бóгу! я тóлько контýженъ‘‘, бы́ло егó пéрвою мы́слью, и онъ хотѣ́лъ рукáми дотрóнуться до грýди; но рýки егó казáлись привя́занными, и какíе-то тиски́ 5 сдави́ли гóлову. Въ глазáхъ егó мелькáли солдáты, и онъ безсознáтельно считáлъ ихъ: „оди́нъ, два, три солдáта; а вотъ, въ подвёрнутой шинéли, офицéръ‘‘, дýмалъ онъ. Потóмъ мóлнія блеснýла въ егó глазáхъ, и 10 онъ дýмалъ, изъ чегó э́то вы́стрѣлили: изъ морти́ры и́ли изъ пýшки? Должнó-быть, изъ пýшки. А вотъ ещё вы́стрѣлили; а вотъ ещё солдáты: пять, шесть, семь солдáтъ, идýтъ всё ми́мо. Емý вдругъ стáло стрáшно, 15 что они́ раздáвятъ егó. Онъ хотѣ́лъ кри́кнуть, что онъ контýженъ; но ротъ былъ такъ сухъ, что язы́къ прили́пъ къ нёбу, и ужáсная жáжда мýчила егó. Онъ чýвствовалъ, какъ мóкро бы́ло у негó óколо 20 грýди: э́то ощущéніе мокроты́ напоминáло емý о водѣ́, и емý хотѣ́лось бы дáже вы́пить то, чѣмъ э́то бы́ло мóкро. „Вѣ́рно, я въ кровь разби́лся, какъ упáлъ‘‘, подýмалъ онъ, и всё бóлѣе и бóлѣе начинáя под- 25 давáться стрáху, что солдáты, котóрые продолжáли мелькáть ми́мо, раздáвятъ егó, онъ собрáлъ всѣ си́лы и хотѣ́лъ закричáть: „возьми́те меня́!‘‘ Но вмѣ́сто э́того застонáлъ такъ ужáсно, что емý стрáшно стáло слýшать 30 себя́. Потóмъ какíе-то крáсные огни́ запры́гали у негó въ глазáхъ,—а емý показáлось, что солдáты кладýтъ на негó кáмни; огни́ всё пры́гали рѣ́же и рѣ́же, кáмни, котóрые на него́ накла́дывали, дави́ли его́ бо́льше и бо́льше. Онъ сдѣ́лалъ уси́ліе, что́бы раздви́нуть ка́мни, вы́тянулся и уже́ бо́льше не ви́дѣлъ, не слы́шалъ, не ду́малъ и не чу́вствовалъ. Онъ былъ уби́тъ на мѣ́стѣ 5 оско́лкомъ въ середи́ну гру́ди.

XIII.

Миха́йловъ, увида́въ бо́мбу, упа́лъ на́ землю и такъ же, какъ Праску́хинъ, необъя́тно мно́го переду́малъ и перечу́вствовалъ въ э́ти двѣ́ секу́нды, во вре́мя кото́рыхъ 10 бо́мба лежа́ла неразо́рванною. Онъ мы́сленно моли́лся Бо́гу и всё тверди́лъ: ,,да бу́детъ во́ля Твоя́! И заче́мъ я пошёлъ въ вое́нную слу́жбу,—вмѣ́стѣ съ тѣ́мъ ду́малъ онъ,—и ещё перешёлъ въ пѣхо́ту, чтобъ 15 уча́ствовать въ кампа́ніи. Не лу́чше ли бы́ло мнѣ́ остава́ться въ ула́нскомъ полку́ въ го́родѣ Т., проводи́ть вре́мя съ мои́мъ дру́гомъ Ната́шей? А тепе́рь вотъ что``. И онъ на́чалъ счита́ть: разъ, два, три, 20 четы́ре, зага́дывая, что е́сли разорвётъ въ чётъ, то онъ бу́детъ живъ, а въ не́четъ, то бу́детъ уби́тъ. ,,Всё ко́нчено: уби́тъ``, поду́малъ онъ, когда́ бо́мбу разорва́ло (онъ не по́мнилъ, въ чётъ и́ли не́четъ), и онъ почу́в- 25 ствовалъ уда́ръ и жесто́кую боль въ головѣ́. ,,Го́споди! прости́ мой согрѣше́нія``, проговори́лъ онъ, всплесну́въ рука́ми, припо́дня́лся и безъ чувствъ упа́лъ на́взничь.

Пе́рвое ощуще́ніе, когда́ онъ очну́лся, была́ кровь, кото́рая текла́ по́ носу, и боль въ голове́, станови́вшаяся гора́здо слабѣе „Это душа́ отхо́дитъ,—поду́малъ онъ,—что 5 бу́детъ *тамъ?* Го́споди! пріими́ духъ мой съ ми́ромъ. То́лько одно́ стра́нно, — разсужда́лъ онъ,—что умира́я, я такъ я́сно слы́шу шаги́ солда́тъ и зву́ки вы́стрѣловъ".
— Дава́й носи́лки... эй... ро́тнаго уби-
10 ло!—кри́кнулъ надъ его́ голово́й го́лосъ, кото́рый онъ нево́льно узна́лъ за го́лосъ бараба́нщика Игна́тьева.

Кто-то взялъ его́ за пле́чи. Онъ попро́бовалъ откры́ть глаза́ и увида́лъ надъ 15 голово́й темно-си́нее не́бо, гру́ппы звѣ́здъ и двѣ бо́мбы, кото́рыя летѣ́ли надъ нимъ, догоня́я одна́ другу́ю; увида́лъ Игна́тьева, солда́тъ съ носи́лками `и ру́жьями, валъ, транше́и и вдругъ повѣ́рилъ, что онъ ещё 20 не на томъ свѣ́тѣ.

Онъ былъ ка́мнемъ легко́ ра́ненъ въ го́лову. Са́мое пе́рвое впечатлѣ́ніе его́ бы́ло какъ бу́дто сожалѣ́ніе: онъ такъ бы́ло хорошо́ и споко́йно пригото́вился къ перехо́ду 25 *туда́,* что на него́ непрія́тно подѣ́йствовало возвраще́ніе къ дѣйстви́тельности, съ бо́мбами, транше́ями и кро́вью; второ́е впечатлѣ́ніе его́ была́ безсозна́тельная ра́дость, что онъ живъ, а тре́тье—жела́ніе уйти́ скорѣе 30 съ бастіо́на. Бараба́нщикъ платко́мъ завяза́лъ го́лову своему́ команди́ру и, взявъ его́ по́дъ руку, повёлъ къ перевя́зочному пу́нкту.

„Куда́ и зачѣ́мъ я иду́, одна́ко?—поду́-
малъ штабсъ-капита́нъ, когда́ онъ опо́-
мнился немно́го.—Мой долгъ остава́ться съ
ро́той, а не уходи́ть вперёдъ,—тѣ́мъ бо́лѣе,
что и ро́та ско́ро вы́йдетъ и́зъ-подъ огня́“, 5
шепну́лъ ему́ како́й-то го́лосъ.

— Не ну́жно, бра́тецъ,—сказа́лъ онъ,
вырыва́я ру́ку отъ услу́жливаго бараба́н-
щика:—я не пойду́ на перевя́зочный пунктъ;
я оста́нусь съ ро́той.   10

И онъ поверну́лъ наза́дъ.

— Вамъ бы лу́чше перевяза́ться, ва́ше
благоро́діе, какъ слѣ́дуетъ,—сказа́лъ Игна́-
тьевъ:—вѣ́дь э́то сгоряча́ она́ то́лько ока́-
зываетъ, что ничего́; а то ху́же бы не сдѣ́- 15
лать: вѣ́дь тутъ вонъ кака́я жарня́ идётъ...
пра́во, ва́ше благоро́діе!

Миха́йловъ останови́лся на мину́ту въ
нерѣши́мости и, ка́жется, послѣ́довалъ бы
совѣ́ту Игна́тьева, е́жели бы не вспо́мнилось, 20
какъ мно́го тяжело́ ра́неныхъ на перевя́-
зочномъ пу́нктѣ. „Мо́жетъ-быть, доктора́
улыбну́тся мое́й цара́пинѣ“, поду́малъ
штабсъ-капита́нъ и рѣши́тельно, несмотря́
на до́воды бараба́нщика, пошёлъ наза́дъ 25
къ ро́тѣ.

— А гдѣ ордина́рецъ Праску́хинъ, кото́-
рый шёлъ со мной?—спроси́лъ онъ пра́пор-
щика, кото́рый вёлъ ро́ту, когла́ они́ встрѣ́-
тились.   30

— Не зна́ю... уби́тъ, ка́жется,—неохо́т-
но отвѣча́лъ пра́порщикъ.

— Уби́тъ и́ли ра́ненъ, какъ же вы не

знáете? вѣдь онъ съ нáми шёлъ. И отчегó вы егó не взя́ли?

— Гдѣ тутъ бы́ло брать, когдá жарня́ э́такая!

— Ахъ, какъ же э́то вы, Михаи́лъ Ивá- нычъ,—сказáлъ Михáйловъ серди́то:—какъ же брóсить, éжели онъ живъ; да éсли и уби́тъ, такъ всё-таки тѣло нáдо бы́ло взять.

— Гдѣ живъ, когдá я вамъ говорю́, я самъ подходи́лъ и ви́дѣлъ!—сказáлъ прá- порщикъ.—Поми́луйте! тóлько бы свои́хъ уноси́ть. Вонъ, канáлья! я́драми тепéрь сталъ пускáть,—прибáвилъ онъ...

Михáйловъ присѣлъ и схвати́лся зá го- лову, котóрая отъ движéнія ужáсно забо- лѣла у негó.

— Нѣтъ, непремѣнно нáдо сходи́ть взять: мóжетъ-быть, онъ ещё живъ,—сказáлъ Ми- хáйловъ.—Это нашъ *долгъ*, Михаи́лъ Ивá- нычъ!

Михаи́лъ Ивáнычъ не отвѣчáлъ.

,,Вотъ онъ не взялъ тогдá, а тепéрь нáдо солдáтъ посылáть одни́хъ; а и посылáть какъ? подъ э́тимъ стрáшнымъ огнёмъ мó- гутъ уби́ть задáромъ‘‘, дýмалъ Михáйловъ.

— Ребя́та! нáдо сходи́ть назáдъ взять офицéра, что рáненъ тамъ въ канáвѣ,— сказáлъ онъ не сли́шкомъ грóмко и повели́- тельно, чýвствуя, какъ непрія́тно бýдетъ солдáтамъ исполня́ть э́то приказáніе, — и дѣйстви́тельно, такъ какъ онъ ни къ комý и́менно не обращáлся, никтó не вы́шелъ, чтобъ испóлнить егó.

,,И то́чно мо́жетъ онъ уже́ у́меръ и *не стóитъ* подверга́ть люде́й напра́сной опа́сности; а винова́тъ оди́нъ я, что не позабо́тился. Схожу́ самъ узна́ю, живъ ли онъ. Это мой *долгъ*", сказа́лъ самъ себѣ́ Миха́й- 5 ловъ.

— Миха́йлъ Ива́нычъ! веди́те ро́ту, а я васъ догоню́,—сказа́лъ онъ и, одно́ю руко́й подобра́въ шине́ль, друго́ю руко́й дотро́гиваясь безпреста́нно до о́браза Митрофа́нія- 10 уго́дника, въ кото́раго онъ имѣ́лъ осо́бенную вѣ́ру, ры́сью побѣжа́лъ по траншѣ́ѣ.

Убѣдя́сь въ томъ, что Праску́хинъ былъ у́битъ, Миха́йловъ, пыхтя́ и приде́рживая руко́й сби́вшуюся повя́зку и го́лову, ко- 15 то́рая си́льно начина́ла болѣ́ть у него́, потащи́лся наза́дъ. Баталіо́нъ былъ уже́ подъ горо́й на мѣ́стѣ и почти́ внѣ́ вы́стрѣловъ, когда́ Миха́йловъ догна́лъ его́. Я говорю́: *почти́* внѣ́ вы́стрѣловъ, потому́ что и́зрѣдка 20 залета́ли и сюда́ шальны́я бо́мбы.

,,Одна́ко, на́до бу́детъ за́втра сходи́ть на перевя́зочный пунктъ записа́ться", поду́малъ штабсъ-капита́нъ, въ то вре́мя, какъ прише́дшій фе́льдшеръ перевя́зывалъ его́.   25

XIV.

Со́тни све́жихъ окрова́вленныхъ те́лъ
люде́й, за́ два часа́ тому́ наза́дъ по́лныхъ
разнообра́зныхъ, высо́кихъ и ме́лкихъ на-
де́ждъ и жела́ній, съ окоченѣ́лыми чле́нами
5 лежа́ли на роси́стой цвѣту́щей доли́нѣ, отдѣ-
ля́ющей бастіо́нъ отъ транше́и, и на ро́в-
номъ полу́ часо́вни мёртвыхъ въ Севасто́-
полѣ, со́тни люде́й, съ прокля́тіями и моли́-
твами на пересо́хшихъ уста́хъ, ползли́, воро́-
10 чались и стона́ли, одни́ ме́жду тру́пами на
цвѣту́щей доли́нѣ, други́е на носи́лкахъ, на
ко́йкахъ и на окрова́вленномъ полу́ пере-
вя́зочнаго пу́нкта; а всё такъ же, какъ и въ
пре́жніе дни, загорѣ́лась зарни́ца надъ Са-
15 пу́нъ-горо́ю, поблѣднѣ́ли мерца́ющія звѣ́зды,
потяну́лъ бѣ́лый тума́нъ съ шумя́щаго тёмнаго мо́ря, зажгла́сь а́лая заря́ на восто́кѣ,
разбѣжа́лись багро́выя дли́нныя ту́чки по
свѣтло-лазу́рному горизо́нту, и всё такъ же,
20 какъ и въ пре́жніе дни, обѣща́я ра́дость,
любо́вь и сча́стіе всему́ ожи́вшему мі́ру,
выплыва́ло могу́чее прекра́сное свѣти́ло.

XV.

На другóй день вéчеромъ опя́ть éгерская
му́зыка игрáла на бульвáрѣ, и опя́ть офицéры, юнкерá, солдáты и молоды́я жéнщины
прáзднично гуля́ли óколо павильóна и по
ни́жнимъ аллéямъ изъ цвѣту́щихъ души́- 5
стыхъ бѣлыхъ акáцій.

Калу́гинъ, князь Гáльцинъ и какóй-то полкóвникъ ходи́ли пóдъ руки óколо павильóна
и говори́ли о вчерáшнемъ дѣлѣ. Глáвною
путеводи́тельною ни́тью разговóра, какъ 10
э́то всегдá бывáетъ въ подóбныхъ слу́чаяхъ,
бы́ло не сáмое дѣло, а то учáстіе, котóрое
принимáлъ разскáзывающій въ дѣлѣ. Ли́ца
и звукъ голосóвъ ихъ имѣли серьёзное,
почти́ печáльное выражéніе, какъ бу́дто по- 15
тéри вчерáшняго дня си́льно трóгали и
огорчáли кáждаго; но сказáть по прáвдѣ,
такъ какъ никтó изъ нихъ не потеря́лъ
óчень бли́зкаго человѣка, э́то выражéніе
печáли бы́ло выражéніе оффиціáльное, ко- 20
тóрое они́ тóлько считáли обя́занностью вы-
кáзывать. Напрóтивъ, Калу́гинъ и полкóвникъ бы́ли бы готóвы кáждый день ви́дѣть
такóе дѣло съ тѣмъ, чтóбы тóлько кáждый
разъ получáть золоту́ю сáблю и генерáлъ- 25
маіóра, несмотря́ на то, что они́ бы́ли пре-
крáсные лю́ди. Я люблю́, когдá называ́ютъ
и́звергомъ какóго-нибу́дь завоевáтеля, для
своегó честолю́бія гу́бящаго милліóны. Да
спроси́те по сóвѣсти прáпорщика Петрушóва 30
и подпору́чика Антóнова и т. д.: вся́кій изъ

насъ маленькій Наполеонъ, маленькій из-
вергъ и сейчасъ готовъ затѣять сраженіе,
убить человѣкъ сотню для того только,
чтобы получить лишнюю звѣздочку или
5 треть жалованья.

— Нѣтъ, извините,—говорилъ полковникъ:—прежде началось на лѣвомъ флангѣ.
Вѣдь я былъ тамъ.

— А можетъ-быть,—отвѣчалъ Калугинъ:
10 —*я больше былъ на правомъ; я два раза туда
ходилъ, одинъ разъ отыскивалъ генерала, а
другой разъ такъ, посмотрѣть ложементы
пошёлъ. Вотъ гдѣ жарко было.*

— Да ужъ, вѣрно, Калугинъ знаетъ,—
15 сказалъ полковнику князь Гальцинъ.—Ты
знаешь, *мнѣ* нынче В.... про тебя говорилъ,
что ты молодцомъ...

— Потери только, потери ужасныя,—
сказалъ полковникъ:—*у меня въ полку четы-
20 реста* человѣкъ выбыло. Удивительно, *какъ
я живъ вышелъ оттуда.*

Въ это время, навстрѣчу этимъ госпо-
дамъ, на другомъ концѣ бульвара пока-
залась фигура Михайлова, съ повязанною
25 головой.

— Что, вы ранены, капитанъ?—сказалъ
Калугинъ.

— Да, немножко, камнемъ,—отвѣчалъ
Михайловъ.

30 — Est-ce que le pavillon est baissé déjà?—
спросилъ князь Гальцинъ, глядя на фуражку
штабсъ-капитана и не обращаясь ни къ кому
въ особенности.

— Non, pas encore,—отвѣчалъ Михайловъ, которому хотѣлось показать, что онъ
знаетъ и поговорить по-французски.

— Неужели продолжается ещё переми-
ріе?—сказалъ Гальцинъ, учтиво обращаясь 5
къ нему по-русски и тѣмъ говоря—какъ это
показалось штабсъ-капитану — что вамъ,
должно-быть, тяжело будетъ говорить по-
французски, такъ не лучше ли ужъ просто?..
И съ этимъ адъютанты отошли отъ него. 10
Штабсъ-капитанъ такъ же, какъ и вчера,
почувствовалъ себя чрезвычайно одинокимъ
и, поклонясь съ разными господами—съ
одними не желая сходиться, а къ другимъ
не рѣшаясь подойти, сѣлъ около памятника 15
Казарскаго и закурилъ папиросу.

Баронъ Пестъ тоже пришёлъ на буль-
варъ. Онъ разсказывалъ, что былъ на перемиріи и говорилъ съ французскими офицѣ-
рами, что будто одинъ французскій офицеръ 20
сказалъ ему: s'il n'avait pas fait clair encore
pendant une demi-heure, les embuscades au-
raient été reprises, и какъ онъ отвѣчалъ ему:
monsieur! je ne dis pas non, pour ne pas vous
donner un démenti, и какъ это хорошо онъ 25
сказалъ и т. д.

Въ сущности же, хотя и былъ на перемиріи, онъ не успѣлъ сказать тамъ ничего
особеннаго, хотя ему и очень хотѣлось поговорить съ французами (вѣдь это ужасно 30
весело говорить съ французами). Юнкеръ
баронъ Пестъ долго ходилъ по линіи и
всё спрашивалъ французовъ, которые были

ближе къ нему: de quel régiment êtes-vous? Ему отвѣчали—и бóльше ничегó. Когдá же онъ зашёлъ слишкомъ далекó за линію, то французскій часовóй, не подозрѣвáя, что
5 этотъ солдáтъ знáетъ по-францýзски, въ трéтьемъ лицѣ выругалъ егó. ,,Il vient regarder nos travaux ce sacré...'' сказáлъ онъ, вслѣдствіе чегó, не находя́ бóльше интерéса на перемиріи, юнкеръ барóнъ Пестъ поѣхалъ
10 домóй и ужé дорóгой придýмалъ тѣ францýзскія фрáзы, котóрыя тепéрь разскáзывалъ. На бульвáрѣ были и капитáнъ Зóбовъ, котóрый грóмко разговáривалъ, и капитáнъ Обжóговъ въ растéрзанномъ видѣ,
15 и артиллерíйскій капитáнъ, котóрый ни въ комъ не заискиваетъ, и счастливый въ любви юнкеръ, и всѣ тѣ же вчерáшнія лица, и всё съ тѣми же вѣчными побуждéніями. Не доставáло тóлько Праскýхина, Нефéрдова и
20 ещё кой-когó, о котóромъ здѣсь едвá ли пóмнилъ и дýмалъ кто-нибýдь тепéрь, когдá тѣлá ихъ ещё не успѣли быть обмыты, ýбраны и зарыты въ зéмлю.

XVI.

На нáшемъ бастіóнѣ и на францýзской
25 траншéѣ выставлены бѣлые флáги, и мéжду ними, въ цвѣтýщей долинѣ, кýчами лежáтъ, безъ сапогóвъ, въ сѣрыхъ и синихъ одéждахъ, изурóдованные трýпы, котóрые снóсятъ рабóчіе и наклáдываютъ на повóзки.
30 Зáпахъ мёртваго тѣла наполняетъ вóздухъ.

Изъ Севастóполя и изъ францýзскаго лáгеря толпы̀ нарóда высыпáли смотрѣ́ть на э̀то зрѣ́лище и съ жáднымъ и благосклóннымъ любопы́тствомъ стремя́тся однѣ́ къ другѝмъ.

Послýшайте, что говоря́тъ мéжду собóй 5 э̀ти лю̀ди.

Вотъ въ кружкѣ́ собрáвшихся óколо негó рýсскихъ и францýзовъ, молóденькiй офицéръ, хотя̀ плóхо, но достáточно хорошó, чтобъ егó понимáли, говоря́щiй по-фран- 10 цýзски, разсмáтриваетъ гвардéйскую сýмку.

— Э сеси пуркуа се уазо лiе?—говорѝлъ онъ.

— Parce que c'est une giberne d'un régiment de la garde, monsieur, qui porte l'aigle 15 impérial.

— Э ву де ла гардъ?

— Pardon, monsieur, du 6-ème de ligne.

— Э сеси у аште?—спрáшиваетъ офицéръ, укáзывая на деревя́нную жёлтую сигá- 20 рочницу, въ котóрой францýзъ кýритъ папирóсу.

— A Balaclava, monsieur! C'est tout simple en bois de palme.

— Жóли,—говорѝтъ офицéръ, руковo- 25 дѝмый въ разговóрѣ не стóлько сóбственнымъ произвóломъ, скóлько словáми, котóрыя онъ знáетъ.

— Si vous voulez bien garder cela comme souvenir de cette rencontre, vous m'obligerez. 30

И учтѝвый францýзъ выдувáетъ папирóску и подаётъ офицéру сигáрочницу съ мáленькимъ поклóномъ. Офицéръ даётъ емý

свою, и всѣ присутствующіе въ группѣ какъ
французы, такъ и русскіе кажутся очень
довольными и улыбаются.

Вотъ пѣхотный бойкій солдатъ, въ розо-
5 вой рубашкѣ и шинели въ накидку, въ
сопровожденіи другихъ солдатъ, которые,
руки за спину, съ весёлыми любопытными
лицами стоятъ за нимъ, подошёлъ къ фран-
цузу и попросилъ у него огня закурить
10 трубку. Французъ разжигаетъ, расковы-
риваетъ трубочку и высыпаетъ огня русскому.

— Табакъ *бунъ*,—говорилъ солдатъ въ
розовой рубашкѣ,—и зрители улыбаются.

— Oui, bon tabac, tabac turc,—говоритъ
15 французъ:—et chez vous autres, tabac—
russe? bon?

— Русъ — бунъ, — говоритъ солдатъ въ
розовой рубашкѣ, при чёмъ присутствующіе покатываются со смѣху.—*Франце нѣтъ*
20 *бунъ, бонжуръ мусье!*—говоритъ солдатъ въ
розовой рубашкѣ, сразу ужъ выпуская весь
свой зарядъ знаній языка и треплетъ француза по животу и смѣётся. Французы тоже
смѣются.

25 — Ils ne sont pas jolis ces b... de Russes,—
говоритъ одинъ зуавъ изъ толпы французовъ.

— De quoi de ce qu'ils rient donc?—
говоритъ другой, чёрный, съ итальянскимъ
30 выговоромъ, подходя къ нашимъ.

— Кафтанъ бунъ,—говоритъ бойкій солдатъ, разсматривая шитыя полы зуава, и
опять смѣются.

— Ne sors pas de ta ligne, à vos places, sacré nom!—кричи́тъ францу́зскій капра́лъ, и солда́ты съ ви́димымъ неудово́льствіемъ расхо́дятся.

— А вотъ, въ кружкѣ францу́зскихъ 5 офице́ровъ, нашъ молодо́й кавалерíйскій офице́ръ такъ и разсыпа́ется. Рѣчь идётъ о како́мъ-то comte Sazonoff, que j'ai beaucoup connu, monsieur, — говори́тъ францу́зскій офице́ръ съ одни́мъ эполе́томъ—c'est un de 10 ces vrais comtes russes, comme nous les aimons.

— Il y a un Sazonoff, que j'ai connu,— говори́тъ кавалери́стъ:—mais il n'est pas comte, à moins, que je sâche, un petit brun 15 de votre âge à peu près.

— C'est ça, monsieur, c'est lui. Oh, que je voudrais le voir ce cher comte. Si vous le voyez, je vous prie bien de lui faire mes compliments.—Capitaine Latour,—говори́тъ 20 онъ кла́няясь.

— N'est-ce pas terrible la triste besogne, que nous faisons? Ça chauffait cette nuit, n'est-ce pas?—говори́тъ кавалери́стъ, жела́я поддержа́ть разгово́ръ и ука́зывая на тру́пы. 25

— Oh, monsieur, c'est affreux! Mais quels gaillards vos soldats, quels gaillards! C'est un plaisir, que de se battre avec des gaillards comme eux.

— Il faut avouer que les vôtres ne se 30 mouchent pas du pied non plus,—говори́тъ кавалери́стъ, кла́няясь и вообража́я, что онъ о́чень милъ.

Но довольно.

Посмотрите лучше на этого десятилѣтняго мальчишку, который, въ старомъ—должно-быть отцовскомъ—картузѣ, въ башмакахъ
5 на босу ногу и нанковыхъ штанишкахъ поддерживаемыхъ одною помочью, съ самаго начала перемирія вышелъ за валъ и всё ходилъ по лощинѣ, съ тупымъ любопытствомъ глядя на французовъ и на трупы,
10 лежащіе на землѣ, и набиралъ полевые голубые цвѣты, которыми усыпана эта долина. Возвращаясь домой съ большимъ букетомъ, онъ, закрывъ носъ отъ запаха, который наносило на него вѣтромъ, оста-
15 новился около кучки снесённыхъ тѣлъ и долго смотрѣлъ на одинъ страшный безголовый трупъ, бывшій ближе къ нему. Постоявъ довольно долго, онъ подвинулся ближе и дотронулся ногой до вытянутой окоченѣв-
20 шей руки трупа. Рука покачнулась немного. Онъ тронулъ её ещё разъ и крѣпче. Рука покачнулась немного и опять стала на своё мѣсто. Мальчикъ вдругъ вскрикнулъ, спряталъ лицо въ цвѣты и во весь
25 духъ побѣжалъ прочь, къ крѣпости.

Да, на бастіонѣ и на траншеѣ выставлены бѣлые флаги, цвѣтущая долина наполнена мёртвыми тѣлами, прекрасное солнце спускается къ синему морю, и синее море,
30 колыхаясь, блеститъ на золотыхъ лучахъ солнца. Тысячи людей толпятся, смотрятъ, говорятъ и улыбаются другъ другу. И эти люди,—христіане, исповѣдующіе одинъ ве-

ликій законъ любви и самоотверженія, глядя на то, что они сдѣлали, съ раскаяніемъ не упадутъ вдругъ на колѣни передъ Тѣмъ, Кто, давъ имъ жизнь, вложилъ въ душу каждаго, вмѣстѣ съ страхомъ смерти, 5 любовь къ добру и прекрасному, и со слёзами радости и счастія не обнимутся, какъ братья? Бѣлые флаги спрятаны, и снова свистятъ орудія смерти и страданій, снова льётся невинная кровь и слышатся стоны 10 и проклятія.

Вотъ я и сказалъ, что хотѣлъ сказать на этотъ разъ. Но тяжёлое раздумье одолѣваетъ меня. Можетъ, не надо было говорить этого, можетъ-быть, то, что я ска- 15 залъ, принадлежитъ къ одной изъ тѣхъ злыхъ истинъ, которыя, безсознательно таясь въ душѣ каждаго, не должны быть высказываемы, чтобы не сдѣлаться вредными, какъ осадокъ вина, который не надо 20 взбалтывать, чтобы не испортить его.

Гдѣ выраженіе зла, котораго должно избѣгать? гдѣ выраженіе добра, которому должно подражать въ этой повѣсти? Кто злодѣй, кто герой ея? Всѣ хороши и всѣ 25 дурны.

Ни Калугинъ съ своею блестящею храбростью—bravoure de gentilhomme—и тщеславіемъ, двигателемъ всѣхъ поступковъ, ни Праскухинъ, пустой, безвредный человѣкъ, 30 хотя и павшій на брани за вѣру, престолъ и отечество, ни Михайловъ съ своею застѣнчивостью, ни Пестъ, ребёнокъ безъ твёрдыхъ убѣжде́ній и пра́вилъ, не мо́гутъ быть ни злодѣями, ни геро́ями по́вѣсти.

Геро́й же мое́й по́вѣсти, кото́раго я люблю́ всѣми си́лами души́, кото́раго ста-
5 ра́лся воспроизвести́ во всей красотѣ его́, и кото́рый всегда́ былъ, есть и бу́детъ пре-кра́сенъ—пра́вда.

СЕВАСТОПОЛЬ

ВЪ АВГУСТѢ 1855 ГОДА

I.

Въ концѣ а́вгуста по большо́й ущелистой севасто́польской доро́гѣ, ме́жду Дува́нкой* и Бахчисара́емъ, ша́гомъ, въ густо́й и жа́ркой пыли́, ѣхала офице́рская телѣ́жка (та осо́бенная, бо́льше нигдѣ́ не встрѣча́емая те- 5 лѣ́жка, составля́ющая нѣ́что сре́днее ме́жду жидо́вскою бри́чкой, ру́сскою пово́зкою и корзи́нкой).

Въ пово́зкѣ, спе́реди, на ко́рточкахъ си- дѣ́лъ денщи́къ, въ на́нковомъ сюртукѣ́ и 10 сдѣ́лавшейся соверше́нно мя́гкою, бы́вшей офице́рской фура́жкѣ, подёргивавшій воз- жа́ми; сза́ди, на узла́хъ и вью́кахъ, по- кры́тыхъ солда́тскою шине́лью, сидѣ́лъ пѣхо́т- ный офице́ръ въ лѣ́тней шине́ли. Офице́ръ 15 былъ, ско́лько мо́жно бы́ло заключи́ть о нёмъ въ сидя́чемъ положе́ніи, не высо́къ ро́стомъ, но чрезвыча́йно широ́къ, и не сто́лько отъ плеча́ до плеча́, ско́лько отъ гру́ди до спины́; онъ былъ широ́къ и пло́тенъ, 20

* Послѣ́дняя ста́нція къ Севасто́полю.

шéя и затылокъ были у него óчень развиты
и напружены. Такъ называемой тáліи—
перехвáта въ срединѣ тýловища—у негó нé
было, но и животá тóже нé было; на-
5 прóтивъ, онъ былъ скорѣе худъ, осóбенно въ
лицѣ, покрытомъ нездорóвымъ желтовáтымъ
загáромъ. Лицó его было бы красиво, éсли
бы не какáя-то одутловáтость и мягкія,
нестáрческія, крýпныя морщины, сливáвшія
10 и увеличивавшія черты и давáвшія всемý лицý
óбщее выражéніе несвѣжести и грýбости.
Глазá у негó были небольшіе, кáріе, чрезвычáйно бóйкіе, дáже нáглые; усы óчень густые,
но не ширóкіе и обкýсанные; а подборóдокъ и
15 осóбенно скýлы покрыты были чрезвычáйно
крѣпкою, чáстою и чёрною двухднéвною
бородóй. Офицéръ былъ рáненъ 10 мáя
оскóлкомъ въ гóлову, на котóрой ещё до
сихъ поръ онъ носилъ повязку, и тепéрь,
20 чýвствуя себя ужé съ недѣлю совершéнно
здорóвымъ, изъ симферóпольскаго гóспиталя
ѣхалъ къ полкý, котóрый стоялъ гдѣ-то
тамъ, откýда слышались выстрѣлы,—но въ
самóмъ ли Севастóполѣ, на Сѣверной или
25 на Инкермáнѣ, онъ ещё ни отъ когó не могъ
узнáть хорошéнько. Выстрѣлы ужé слышались, осóбенно иногдá, когдá не мѣшáли
гóры или доносилъ вѣтеръ, чрезвычáйно ясно,
чáсто и, казáлось, близко: то какъ бýдто
30 взрывъ потрясáлъ вóздухъ и невóльно застав-
вляллъ вздрáгивать, то быстро другъ за дрý-
гомъ слѣдовали мéнѣе сильные звýки, какъ
барабáнная дробь, перебивáемая иногдá по-

разительнымъ гуломъ, то всё сливалось въ какой-то перекатывающійся трескъ, похожій на громовые удары, когда гроза во всёмъ разгарѣ и только что полилъ ливень. Всѣ говорили, да и слышно было, что 5 бомбардированіе идётъ ужасное. Офицеръ погонялъ денщика: ему, казалось, хотѣлось какъ можно скорѣй пріѣхать. Навстрѣчу шёлъ большой обозъ русскихъ мужиковъ, привозившихъ провіантъ въ Севастополь, и 10 теперь шедшій оттуда, наполненный больными и ранеными солдатами въ сѣрыхъ шинеляхъ, матросами въ чёрныхъ пальто, волонтёрами въ красныхъ фескахъ и ополченцами съ бородами. Офицерская повозка должна бы- 15 ла остановиться въ густомъ, неподвижномъ облакѣ пыли, поднятомъ обозомъ, и офицеръ, щурясь и морщась отъ пыли, набивавшейся ему въ глаза и уши, смотрѣлъ на лица больныхъ и раненыхъ, двигавшихся мимо 20 него.

— А это съ нашей роты солдатикъ слабый,—сказалъ денщикъ, оборачиваясь къ барину и указывая на повозку, наполненную ранеными, въ это время поровнявшуюся съ 25 ними.

На повозкѣ, спереди, сидѣлъ бокомъ русскій бородачъ, въ поярковой шляпѣ, и, локтемъ придерживая кнутовище, связывалъ кнутъ. За нимъ въ телѣгѣ тряслись человѣкъ 30 пять солдатъ, въ разныхъ положеніяхъ. Одинъ, съ подвязанной рукой, съ шинелью въ накидку на рубахѣ, хотя худой и блѣдный, сидѣлъ бо́дро въ среди́нѣ телѣги и взя́лся́ бы́ло за ша́пку, увида́въ офице́ра, но пото́мъ, вспо́мнивъ, вѣрно, что онъ ра́неный, сдѣлалъ видъ, какъ бу́дто то́лько хотѣлъ 5 почеса́ть го́лову. Друго́й ря́домъ съ нимъ лежа́лъ на са́момъ днѣ пово́зки; ви́дны бы́ли то́лько двѣ руки́, кото́рыми онъ держа́лся за гря́дки пово́зки, и по́днятыя колѣни, какъ моча́лы, мота́вшія́ся въ ра́зныя сто́роны. 10 Тре́тій съ опу́хшимъ лицо́мъ и обвя́занною голово́й, на кото́рой све́рху торча́ла солда́тская ша́пка, сидѣлъ съ бо́ку, спусти́въ но́ги къ колесу́, и, облокотя́сь рука́ми на колѣни, каза́лось, дрема́лъ. Къ нему́-то и 15 обрати́лся проѣзжій офице́ръ.

— Должнико́въ!—кри́кнулъ онъ.

— Я-о!—отвѣча́лъ солда́тъ, открыва́я глаза́ и снима́я фура́жку, таки́мъ густы́мъ и отры́вистымъ ба́сомъ, какъ-бу́дто человѣкъ 20 два́дцать солда́тъ кри́кнули вмѣстѣ.

— Когда́ ты ра́ненъ, бра́тецъ?

Оловя́нные заплы́вшіе глаза́ солда́та оживи́лись: онъ, ви́димо, узна́лъ своего́ офице́ра.

25 —Здра́вія жела́емъ, вашборо́діе!—тѣмъ же отры́вистымъ ба́сомъ проговори́лъ онъ.

— Гдѣ ны́нче полкъ стои́тъ?

— Въ Сивасто́полѣ стоя́ли, въ се́реду переходи́ть хотѣли, вашборо́діе.

30 —Ќуда́?

— Неизвѣстно... должно́, на Си́вѣрную, вашборо́діе! Ны́нче, вашборо́діе,—приба́вилъ онъ протя́жнымъ го́лосомъ и надѣва́я шáпку:—ужé скрость палѝть сталъ, всё бóльше съ бóмбовъ, áжно въ бýхту донóситъ; нѝнче такъ бьётъ, что бѣдá, áжно...

Дáльше нельзя́ было слы́шать, что говорѝлъ солдáтъ; но по выражéнію егó лицá и пóзы вѝдно бы́ло, что онъ, съ нѣ́которою злóбой страдáющаго человѣ́ка, говорѝлъ вéщи неутѣшѝтельныя.

Проѣ́зжій офицéръ, порýчикъ Козельцóвъ, былъ офицéръ недюжинный. Онъ былъ не изъ тѣхъ, котóрые живýтъ такъ-то и дѣ́лаютъ то-то потомý, что такъ живýтъ и дѣ́лаютъ другíе: онъ дѣ́лалъ всё, что емý хотѣ́лось, а другíе ужъ дѣ́лали то же сáмое и бы́ли увѣ́рены, что э́то хорошó. Егó натýра былá довóльно богáта мéлкими дарáми: онъ хорошó пѣлъ, игрáлъ на гитáрѣ, говорѝлъ óчень бóйко и писáлъ весьмá легкó особенно казённыя бумáги, на котóрыя набѝлъ рýку въ свою бы́тность баталіóннымъ адъютáнтомъ; но бóлѣе всегó замѣчáтельна былá егó натýра самолюбѝвою энéргіей, котóрая, хотя́ и бóлѣе всегó оснóванная на э́той мéлкой даровѝтости, былá самá по себѣ́ чертá рѣ́зкая и поразѝтельная. У негó бы́ло однó изъ тѣхъ самолюбíй, котóрое до такóй стéпени слилóсь съ жѝзнью и котóрое чáще всегó развивáется въ однѝхъ мужскѝхъ и особенно воéнныхъ кружкáхъ, что онъ не понимáлъ другóго вы́бора, какъ пéрвенствовáть ѝли уничтожáться, и что самолюбíе бы́ло двѝгателемъ дáже егó внýтреннихъ побуждéній: онъ самъ съ собóй

люби́лъ пе́рвенствова́ть надъ людьми́, съ
кото́рыми себя́ сра́внивалъ.

— Какъ же! о́чень бу́ду слу́шать, что
*москва́** болта́етъ!—пробормота́лъ пору́чикъ,
5 ощуща́я каку́ю-то тя́жесть апа́тіи на се́рдцѣ
и тума́нность мы́слей, оста́вленныхъ въ нёмъ
ви́домъ тра́нспорта ра́неныхъ и слова́ми сол-
да́та, значе́ніе кото́рыхъ нево́льно усили-
валось и подтвержда́лось зву́ками бомбар-
10 дирова́нія.—*Смѣшна́я э́та москва́*... Пошёлъ,
Никола́евъ! тро́гай же... Что ты засну́лъ!—
приба́вилъ онъ нѣсколько ворчли́во на ден-
щика́, поправля́я по́лы шине́ли.

Во́зжи задёргались, Никола́евъ зачмо́-
15 калъ, и пово́зка покати́лась ры́сью.

— То́лько поко́рмимъ мину́тку и сейча́съ,
ны́нче же... да́льше,—сказа́лъ офице́ръ.

II.

Уже́ въѣзжа́я въ у́лицу разва́ленныхъ
оста́тковъ ка́менныхъ стѣнъ тата́рскихъ до-
20 мо́въ Дува́нки, пору́чикъ Козельцо́въ былъ
заде́ржанъ тра́нспортомъ бомбъ и я́деръ,
ше́дшихъ въ Севасто́поль и столпи́вшихся
на доро́гѣ.

Два пѣхо́тныхъ солда́та сидѣ́ли въ са́мой
25 пыли́ на ка́мняхъ разва́леннаго забо́ра, о́коло
доро́ги, и ѣ́ли арбу́зъ съ хлѣ́бомъ.

---

* Во мно́гихъ арме́йскихъ полка́хъ офице́ры, полупрезри́-
тельно, полуласка́тельно, называ́ютъ солда́та „москва́“ и́ли
ещё „прися́га.“

— Далёче идёте, землячо́къ?—сказа́лъ оди́нъ изъ нихъ, пережёвывая хлѣбъ, солда́ту, кото́рый, съ небольши́мъ мѣшко́мъ за плеча́ми, останови́лся о́коло нихъ.

— Въ ро́ту идёмъ изъ губе́рніи,—отвѣ- 5 ча́лъ солда́тъ, гля́дя въ сто́рону отъ арбу́за и поправля́я мѣшо́къ за спино́й.—Мы вотъ, почита́й, что тре́тью недѣ́лю при сѣнѣ ро́тномъ находи́лись, а тепе́рь вишь потре́бовали всѣ́хъ; да не извѣ́стно, въ како́мъ 10 мѣ́стѣ полкъ нахо́дится въ тепе́решнее вре́мя. Ска́зываютъ, что на Корабе́льную заступи́ли на́ши въ про́шлой недѣ́лѣ. Вы не слыха́ли, господа́?

— Въ городу́, братъ, стои́тъ, въ городу́,— 15 проговори́лъ друго́й, ста́рый фуршта́дскій солда́тъ, копа́вшій складны́мъ ножо́мъ въ неспѣ́ломъ, бѣлёсомъ арбу́зѣ.—Мы вотъ то́лько съ по́лдня оттѣ́лѣ идёмъ. Така́я страсть, бра́тецъ ты мой. 20

— А что такъ, господа́?

— Ра́зи не слы́шишь, ны́нче круго́мъ пали́тъ, ажъ и мѣста цѣ́лаго нѣ́тъ. Что на́шего бра́та переби́лъ, и сказа́ть нельзя́!

И говори́вшій махну́лъ руко́й и по- 25 пра́вилъ ша́пку.

Прохо́жій солда́тъ заду́мчиво покача́лъ голово́й, почмо́калъ языко́мъ, пото́мъ доста́лъ изъ голени́ща тру́бочку, не накла́дывая, расковыря́лъ пригорѣ́лый таба́къ, зажёгъ 30 кусо́чекъ тру́та у кури́вшаго солда́та и припо́днялъ ша́почку.

— Никто́, какъ Богъ, господа́! проще́нья

про́симъ!—сказа́лъ онъ и, встряхну́въ за спино́ю мѣшо́къ, пошёлъ по доро́гѣ.

— Эхъ, обожда́лъ бы лу́чше!—сказа́лъ убѣди́тельно ковыря́вшій арбу́зъ.

5 — Всё одно́!—пробормота́лъ прохо́жій, пролѣза́я ме́жду колёсъ столпи́вшихся пово́зокъ.

III.

Ста́нція была́ полна́ наро́домъ, когда́ Козельцо́въ подъѣ́халъ къ ней. Пе́рвое
10 лицо́, встрѣ́тившееся ему́ ещё на крыльцѣ́, былъ худоща́вый, о́чень молодо́й человѣ́къ, смотри́тель, кото́рый продолжа́лъ перебра́ниваться съ слѣ́довавшими за нимъ двумя́ офице́рами.

15 — И не то, что тро́е су́токъ, и де́сятеро су́токъ подождёте! и генера́лы ждутъ, ба́тюшка!—говори́лъ смотри́тель, съ жела́ніемъ кольну́ть проѣзжа́ющихъ:—а я вамъ не запрягу́сь же.

20 — Такъ никому́ не дава́ть лошаде́й, коли́ нѣ́ту!.. А заче́мъ далъ како́му-то лаке́ю съ веща́ми?—крича́лъ ста́ршій изъ двухъ офице́ровъ, со стака́номъ ча́ю въ рука́хъ и ви́димо избѣга́я мѣстоиме́нія, но дава́я чу́в-
25 ствовать, что о́чень легко́ и *ты* сказа́ть смотри́телю.

— Вѣдь вы са́ми разсуди́те, господи́нъ смотри́тель,—говори́лъ съ запи́нками друго́й моло́денькій офице́ръ,—намъ не для своего́
30 удово́льствія ну́жно ѣ́хать. Вѣдь мы то́же, ста́ло быть, нужны́, коли́ насъ тре́бовали.

А то я, пра́во, генера́лу непреме́нно скажу́.
А то вѣдь э́то что жъ... вы, зна́читъ, не
уважа́ете офице́рскаго зва́нія.

— Вы всегда́ испо́ртите!—переби́лъ его́
съ доса́дою ста́ршій:—вы то́лько мѣша́ете 5
мнѣ; на́до умѣ́ть съ нимъ говори́ть. Вотъ
онъ и потеря́лъ уваже́ніе. Лошаде́й сію́
мину́ту!—я говорю́.

— И радъ бы, ба́тюшка, да гдѣ ихъ
взять-то?.. 10
Смотри́тель помолча́лъ немно́го и вдругъ
разгорячи́лся и, разма́хивая рука́ми, на́чалъ
говори́ть:

— Я, ба́тюшка, самъ понима́ю и всё
зна́ю; да что ста́нете дѣ́лать! Вотъ да́йте 15
мнѣ то́лько (на ли́цахъ офице́ровъ вы́рази-
лась наде́жда)... да́йте то́лько до конца́
мѣ́сяца дожи́ть—и меня́ здѣсь не бу́детъ.
Лу́чше на Мала́ховъ курга́нъ пойду́, чѣмъ
здѣсь остава́ться, ей-Бо́гу! Пусть дѣ́лаютъ, 20
какъ хотя́тъ. На всей ста́нціи тепе́рь ни
одно́й пово́зки крѣ́пкой нѣтъ, и клочка́
сѣна ужъ тре́тій день ло́шади не вида́ли.

И смотри́тель скры́лся въ воро́тахъ.
Козельцо́въ вмѣ́стѣ съ офице́рами вошёлъ 25
въ ко́мнату.

— Что жъ!—соверше́нно споко́йно ска-
за́лъ ста́ршій офице́ръ мла́дшему, хотя́ за
секу́нду предъ тѣмъ онъ каза́лся разъярён-
нымъ:—ужъ три мѣ́сяца ѣдемъ, подождёмъ 30
ещё. Не бѣда́—успѣ́емъ.

Ды́мная, гря́зная ко́мната была́ такъ
полна́ офице́рами и чемода́нами, что Козель-

цо́въ едва́ нашёлъ мѣ́сто на окнѣ́, гдѣ́ и
присѣ́лъ; вгля́дываясь въ ли́ца и вслу́ши-
ваясь въ разгово́ры, онъ на́чалъ дѣ́лать
папиро́ску. Напра́во отъ две́ри, о́коло кри-
5 во́го са́льнаго стола́, на кото́ромъ стоя́ло два
самова́ра съ позеленѣ́лою ко́е-гдѣ́ мѣ́дью и
разло́женъ былъ са́харъ въ ра́зныхъ бума́-
гахъ, сидѣ́ла гла́вная гру́ппа: молодо́й без-
у́сый офице́ръ, въ но́вомъ, стёганомъ ар-
10 халу́кѣ, налива́лъ ча́йникъ; человѣ́ка четы́ре
таки́хъ же моло́денькихъ офице́ровъ нахо-
ди́лись въ ра́зныхъ угла́хъ ко́мнаты: оди́нъ
изъ нихъ подложи́въ по́дъ го́лову каку́ю-то
шу́бу, спалъ на дива́нѣ; друго́й, стоя́ у
15 стола́, рѣ́залъ жа́реную бара́нину безру́кому
офице́ру, сидѣ́вшему у стола́. Два офице́ра,
оди́нъ—въ адъюта́нтской шине́ли, друго́й—
въ пѣхо́тной, но то́нкой и съ су́мкой че́резъ
плечо́, сидѣ́ли о́коло лежа́нки, и, по одному́
20 тому́, какъ они́ смотрѣ́ли на други́хъ и какъ
тотъ, кото́рый былъ съ су́мкой, кури́лъ
сига́ру, ви́дно бы́ло, что они́ не фронтовы́е
пѣхо́тные офице́ры, и что они́ дово́льны
э́тимъ. Не то, что́бы ви́дно бы́ло презрѣ́ніе
25 въ ихъ мане́рѣ, но како́е-то самодово́льное
споко́йствіе, осно́ванное ча́стью на де́ньгахъ,
ча́стью на бли́зкихъ сноше́ніяхъ съ гене-
ра́лами—созна́ніе превосхо́дства, доходя́-
щаго да́же до жела́нія скрыть его́. Ещё
30 молодо́й, губа́стый до́кторъ и артиллери́стъ
съ нѣме́цкою физіоно́міей сидѣ́ли почти́ на
нога́хъ молодо́го офице́ра, спа́вшаго на ди-
ва́нѣ, и счита́ли де́ньги. Человѣ́ка четы́ре

денщико́въ—одни́ дрема́ли, други́е вози́лись
съ чемода́нами и узла́ми о́коло две́ри. Ко-
зельцо́въ ме́жду все́ми ли́цами не нашёлъ
ни одного́ знако́маго; но онъ съ любопы́т-
ствомъ сталъ вслу́шиваться въ разгово́ры. 5
Молоды́е офице́ры, кото́рые, какъ онъ тот-
ча́съ же по одному́ ви́ду рѣши́лъ, то́лько
что ѣ́хали изъ ко́рпуса, понра́вились ему́ и,
гла́вное, напо́мнили, что братъ его́, то́же
изъ ко́рпуса, на-дня́хъ до́лженъ былъ прiѣ- 10
хать въ одну́ изъ батаре́й Севасто́поля. Въ
офице́рѣ же съ су́мкой, кото́раго лицо́ онъ
вида́лъ гдѣ-то, ему́ всё каза́лось проти́вно
и на́гло. Онъ да́же съ мы́слью: ,,осади́ть
его́, е́сли бъ онъ взду́малъ что-нибу́дь ска- 15
за́тъ“, перешёлъ отъ окна́ къ лежа́нкѣ и
сѣлъ на неё. Вообще́, какъ чи́стый фрон-
тово́й и хоро́шiй офице́ръ, не люби́лъ онъ
,,шта́бныхъ“, за кото́рыхъ съ пе́рваго взгля́-
да призна́лъ э́тихъ двухъ офице́ровъ. 20

IV

— Одна́ко, э́то ужа́сно какъ доса́дно,—
говори́лъ оди́нъ изъ молоды́хъ офице́ровъ,
что такъ уже́ бли́зко, а нельзя́ доѣ́хать.
Мо́жетъ быть, ны́нче бу́детъ дѣ́ло, а насъ
не бу́детъ. 25
Въ пискли́вомъ то́нѣ го́лоса и въ пятно-
ви́дномъ свѣ́жемъ румя́нцѣ, набѣжа́вшемъ
на молодо́е лицо́ э́того офице́ра въ то вре́мя,
какъ онъ говори́лъ, видна́ была́ э́та ми́лая
молода́я ро́бость человѣ́ка, кото́рый без- 30

престанно бойтся, что не такъ выходитъ
его каждое слово.

Безрукій офицеръ съ улыбкой посмотрѣлъ на него.

5 — Поспѣете ещё, повѣрьте, — сказалъ
онъ.

Молодой офицеръ съ уваженіемъ посмотрѣлъ на исхудалое лицо безрукаго, нео-
жиданно просвѣтлѣвшее улыбкою, замол-
10 чалъ и снова занялся чаемъ. Дѣйствительно, въ лицѣ безрукаго офицера, въ его позѣ
и особенно въ его пустомъ рукавѣ шинели
выражалось много того спокойнаго равнодушія, которое можно объяснить такъ, что
15 при всякомъ дѣлѣ или разговорѣ онъ смотрѣлъ, какъ-будто говоря: „всё это пре-
красно, всё это я знаю и всё это я могу
сдѣлать, если бъ я захотѣлъ только".

— Какъ же мы рѣшимъ,—сказалъ снова
20 молодой офицеръ своему товарищу въ ар-
халукѣ:—ночуемъ здѣсь или поѣдемъ на
своей лошади.

Товарищъ отказался ѣхать.

— Вы можете себѣ представить, капи-
25 танъ,—продолжалъ разливавшій чай, обращаясь къ безрукому и поднимая ножикъ,
который уронилъ тотъ,—намъ сказали, что
лошади ужасно дороги въ Севастополѣ, мы
и купили сообща лошадь въ Симферополѣ.

30 — Дорого, я думаю, съ васъ содрали?

— Право, не знаю, капитанъ; мы за-
платили съ повозкой девяносто рублей. Это
очень дорого?—прибавилъ онъ, обращаясь

ко всѣмъ и къ Козельцóву, котóрый смотрѣлъ на негó.

— Недóрого, колú молодáя лóшадь,— сказáлъ Козельцóвъ.

— Не прáвда ли? а намъ говорúли, что дóрого... Тóлько онá хромáя немнóжко, но это пройдётъ. Намъ говорúли, онá крѣпкая такáя.

— Вы изъ какóго кóрпуса?—спросúлъ Козельцóвъ, котóрый хотѣлъ узнáть о брáтѣ.

— Мы теперь изъ дворянскаго полкá, насъ шесть человѣкъ, мы всѣ ѣдемъ въ Севастóполь по сóбственному желáнію,— говорúлъ словоохóтливый офицéрикъ:— тóлько мы не знáемъ, гдѣ нáши батарéи: однú говорятъ, что въ Севастóполѣ, а вотъ онú говорúли, что въ Одéссѣ.

— Въ Симферóполѣ рáзвѣ нельзя бы́ло узнáть?—спросúлъ Козельцóвъ.

— Не знáютъ... Мóжете себѣ предстáвить, нашъ товáрищъ ходúлъ тамъ въ канцелярію: ему грýбостей наговорúли... мóжете себѣ предстáвить, какъ непріятно... Угóдно вамъ готóвую папирóску,—сказáлъ онъ въ это врéмя безрýкому офицéру, котóрый хотѣлъ достáть свою сигáрочницу.

Онъ съ какúмъ-то подобострáстнымъ востóргомъ услýживалъ ему.

— А вы тóже изъ Севастóполя?—продолжáлъ онъ.—Ахъ, Бóже мой, какъ это удивúтельно! Вѣдь какъ мы всѣ въ Петербýргѣ дýмали о васъ, о всѣхъ герóяхъ!—сказáлъ

онъ, обращаясь къ Козельцову съ уваже́-
ніемъ и добродушной ла́ской.

— Какъ же, вамъ, мо́жетъ, наза́дъ придётся ѣхать?—спроси́лъ пору́чикъ.

5 — Вотъ э́того-то мы и бои́мся. Мо́жете
себѣ предста́вить, что мы, какъ купи́ли
ло́шадь и обзавели́сь всѣмъ ну́жнымъ—ко-
фе́йникъ спиртово́й и ещё ра́зныя ме́лочи
необходи́мыя,—у насъ де́негъ совсѣмъ не
10 оста́лось,—сказа́лъ онъ ти́химъ го́лосомъ и
огля́дываясь на своего́ това́рища:—такъ что,
е́сли ѣхать наза́дъ, мы ужъ и не зна́емъ,
какъ быть.

— Ра́звѣ вы не получи́ли подъёмныхъ
15 де́негъ?—спроси́лъ Козельцо́въ.

— Нѣтъ,—отвѣча́лъ онъ шо́потомъ:—
то́лько намъ обѣща́ли тутъ дать.

— А свидѣ́тельство у васъ есть?

— Я зна́ю, что гла́вное—свидѣ́тельство,
20 но мнѣ въ Москвѣ сена́торъ оди́нъ—онъ мнѣ
дя́дя—какъ я у него́ былъ, сказа́лъ, что
тутъ даду́тъ: а то бы онъ самъ мнѣ далъ.
Такъ даду́тъ тамъ?

— Непремѣ́нно даду́тъ.

25 — И я ду́маю, что тамъ даду́тъ,—сказа́лъ
онъ таки́мъ то́номъ, кото́рый дока́зывалъ,
что, спра́шивая на тридцати́ ста́нціяхъ одно́
и то же и вездѣ́ получа́я разли́чные отвѣ́ты,
онъ уже́ никому́ не вѣ́рилъ хороше́нько.

V.

— Кто борщу́ тре́бовалъ?—провозгла-
си́ла дово́льно гря́зная хозя́йка, то́лстая
же́нщина лѣтъ сорока́, съ ми́ской щей входя́
въ ко́мнату.

Разгово́ръ тотча́съ же замо́лкъ, и всѣ, 5
бы́вшіе въ ко́мнатѣ, устреми́ли глаза́ на
харче́вницу. Оди́нъ офице́ръ да́же подмиг-
ну́лъ на неё друго́му.

— Ахъ, э́то Козельцо́въ спра́шивалъ,—
сказа́лъ молодо́й офице́ръ:—на́до его́ раз- 10
буди́ть. Встава́й обѣ́дать, сказа́лъ онъ, под-
ходя́ къ спа́вшему на дива́нѣ и толка́я его́
за плечо́.

Молодо́й ма́льчикъ лѣтъ семна́дцати, съ
весёлыми чёрными глаза́ми и румя́нцемъ во 15
всю щёку, вскочи́лъ энерги́чески съ дива́на
и, протира́я глаза́, останови́лся по середи́нѣ
ко́мнаты.

— Ахъ, извини́те, пожа́луйста,—сказа́лъ
онъ до́ктору, кото́раго, встава́я, толкну́лъ. 20

Пору́чикъ Козельцо́въ тотча́съ же узна́лъ
бра́та и подошёлъ къ нему́.

— Не узна́ешь?—сказа́лъ онъ, улыба́ясь.

— А-а-а!—закрича́лъ меньшо́й братъ:—
вотъ удиви́тельно!—и сталъ цѣлова́ть бра́та. 25

Они́ поцѣлова́лись три ра́за, но на тре́ть-
емъ ра́зѣ запну́лись, ка́къ-бу́дто обо́имъ
пришла́ мысль: заче́мъ же непремѣ́нно ну́ж-
но три ра́за?

— Ну, какъ я радъ,—сказа́лъ ста́рший, 30

вглядываясь въ брата.—Пойдёмъ на крыль-
цо—поговоримъ.

— Пойдёмъ, пойдёмъ. Я не хочу́ бор-
щу́... ѣшь ты, Фéдерсонъ!—сказáлъ онъ
5 товáрищу.

— Да вѣдь ты хотѣлъ ѣсть.

— Не хочу́ ничегó.

Когдá они́ вы́шли на крыльцó, меньшóй
всё спрáшивалъ у брáта: ,,ну, что ты, какъ,
10 разскажи́", и всё говори́лъ, какъ онъ радъ
егó ви́дѣть, но самъ ничегó не разскáзывалъ.

Когдá прошлó мину́тъ пять, во врéмя
котóрыхъ они́ успѣли помолчáть немнóго,
стáршій братъ спроси́лъ, отчегó меньшóй
15 вы́шелъ не въ гвáрдію, какъ э́того всѣ
ожидáли.

— Поскорѣе въ Севастóполь хотѣлось:
вѣдь éсли здѣсь счастли́во пойдётъ, такъ
мóжно ещё скорѣе вы́играть, чѣмъ въ гвáр-
20 діи: тамъ въ дéсять лѣтъ въ полкóвники, а
здѣсь Тóтлебенъ такъ въ два гóда изъ под-
полкóвниковъ въ генерáлы. Ну, а убью́тъ,
такъ что жъ дѣлать!

— Вотъ ты какóй!—сказáлъ братъ, улы-
25 бáясь.

— А глáвное, знáешь ли что, братъ,—
сказáлъ меньшóй, улыбáясь и краснѣя, какъ-
бу́дто сбирáлся сказáть что-нибу́дь óчень
сты́дное:—всё э́то пустяки́; глáвное я затѣмъ
30 проси́лся, что всё-таки кáкъ-то сóвѣстно
жить въ Петербу́ргѣ, когдá тутъ умирáютъ
за отéчество. Да и съ тобóй мнѣ хотѣлось
быть,—прибáвилъ онъ ещё застѣнчивѣе.

— Какой ты смѣшной,—сказалъ старшій братъ, доставая папиросницу и не глядя на него.—Жалко только, что мы не вмѣстѣ будемъ.

— А что, скажи по правдѣ, страшно на бастіонахъ?—спросилъ вдругъ младшій.

— Сначала страшно, потомъ привыкнешь—ничего. Самъ увидишь.

— А вотъ ещё что скажи: какъ ты думаешь, возьмутъ Севастополь? Я думаю, что ни за что не возьмутъ.

— Богъ знаетъ.

— Одно только досадно... Можешь вообразить, какое несчастіе; у насъ вѣдь дорогой цѣлый узелъ украли, и у меня въ нёмъ киверъ былъ, такъ что я теперь въ ужасномъ положеніи и не знаю, какъ я буду являться.

Козельцовъ второй, Владиміръ, былъ очень похожъ на брата Михайлу, но похожъ такъ, какъ похожъ распускающійся розанъ на отцвѣтшій шиповникъ. Волоса у него были тоже русые, но густые и вьющіеся на вискахъ. На бѣломъ, нѣжномъ затылкѣ у него была русая косичка—признакъ счастія, какъ говорятъ нянюшки. По нѣжному бѣлому цвѣту кожи лица не стоялъ, а вспыхивалъ, выдавая всѣ движенія души, полнокровный молодой румянецъ. Тѣ же глаза, какъ и у брата, были у него открытѣе и свѣтлѣе, что особенно казалось оттого, что они часто покрывались лёгкою влагой. Русый пушёкъ пробивался по щекамъ и надъ красными губами, весьма часто скла-

дывавшимися въ застѣнчивую улыбку и
открывавшими бѣлые блестящіе зубы. Строй-
ный, широкоплечій, въ разстёгнутой шинели, изъ-подъ которой виднѣлась крас-
5 ная рубашка съ косымъ воротомъ, съ папи-
роской въ рукахъ, облокотясь на перила
крыльца, съ наивной радостью въ лицѣ и
жестѣ, какъ онъ стоялъ передъ братомъ,
это былъ такой пріятно-хорошенькій маль-
10 чикъ, что всё бы такъ и смотрѣлъ на него.
Онъ чрезвычайно радъ былъ брату, съ уваженіемъ и гордостью смотрѣлъ на него,
воображая его героемъ; но въ нѣкоторыхъ
отношеніяхъ, именно въ разсужденіи свѣт-
15 скаго образованія, умѣнья говорить по-
французски, быть въ обществѣ важныхъ
людей, танцовать и т. д., онъ немножко
стыдился за него, смотрѣлъ свысока и даже
надѣялся, ежели можно, образовать его.
20 Всѣ впечатлѣнія его ещё были изъ Пе-
тербурга, изъ дома одной барыни, любившей
хорошенькихъ и бравшей его къ себѣ на
праздники, и изъ дома сенатора въ Москвѣ,
гдѣ онъ разъ танцовалъ на большомъ балѣ.

VI.

Наговоря́сь почти́ до́сыта и дойдя́ наконе́цъ до того́ чу́вства, кото́рое ча́сто испы́тываешь, что о́бщаго ма́ло, хотя́ и лю́бишь другъ дру́га, бра́тья помолча́ли дово́льно до́лго.   5

— Такъ бери́ же свои́ ве́щи и ѣ́демъ сейча́съ,—сказа́лъ ста́ршій.

Мла́дшій вдругъ покрасне́лъ и замя́лся.

— Пря́мо въ Севасто́поль ѣ́хать?—спроси́лъ онъ по́слѣ мину́ты молча́нія.   10

— Ну, да. Вѣдь у тебя́ немно́го веще́й, я ду́маю уло́жимъ.

— Прекра́сно! сейча́съ и поѣ́демъ,—сказа́лъ мла́дшій со вздо́хомъ и пошёлъ въ ко́мнату.   15

Но, не отворя́я две́ри, онъ останови́лся въ сѣ́няхъ, печа́льно опусти́въ го́лову, и на́чалъ ду́мать:

„Сейча́съ пря́мо въ Севасто́поль, подъ бо́мбы... ужа́сно! Одна́ко, всё равно́, когда́- 20
нибу́дь на́до же бы́ло. Тепе́рь, по кра́йней мѣ́рѣ, съ бра́томъ...‟

Дѣ́ло въ то́мъ, что то́лько тепе́рь, при мы́сли, что, сѣ́въ въ телѣ́жку, онъ, не вылѣза́я изъ нея́, бу́детъ въ Севасто́полѣ, и 25
что никака́я случа́йность уже́ не мо́жетъ задержа́ть его́, ему́ я́сно предста́вилась опа́сность, кото́рой онъ иска́лъ, и онъ смути́лся при одно́й мы́сли о бли́зости ея́. Ко́е-какъ успоко́ивъ себя́, онъ вошёлъ въ ко́мнату; 30
но прошло́ че́тверть часа́, а онъ всё не

выходи́лъ къ бра́ту, такъ что э́тотъ послѣ́дній отвори́лъ, наконе́цъ, дверь, что́бы вы́звать его́. Меньшо́й Козельцо́въ, въ положе́ніи провини́вшагося шко́льника, говори́лъ о 5 чёмъ-то съ офице́ромъ П. Когда́ братъ отвори́лъ дверь, онъ соверше́нно растеря́лся.

— Сейча́съ, сейча́съ я вы́йду! — заговори́лъ онъ, маха́я руко́й бра́ту.—Подожди́ меня́, пожа́луйста, тамъ.

10 Че́резъ мину́ту онъ вы́шелъ, дѣйстви́тельно, и съ глубо́кимъ вздо́хомъ подошёлъ къ бра́ту.

— Мо́жешь себѣ́ предста́вить, я не могу́ съ тобо́й ѣхать, братъ, сказа́лъ онъ.

15 — Какъ? что за вздоръ!

— Я тебѣ́ всю пра́вду скажу́, Ми́ша! У насъ ужъ ни у кого́ де́негъ нѣтъ, и мы всѣ́ должны́ э́тому штабсъ-капита́ну, что ты тамъ ви́дѣлъ. Ужа́сно сты́дно!

20 Ста́ршій братъ нахму́рился и до́лго не прерыва́лъ молча́нія.

— Мно́го до́лженъ?—спроси́лъ онъ, исподло́бья взгля́дывая на бра́та.

— Мно́го... нѣтъ, не о́чень мно́го; но 25 со́вѣстно ужа́сно. Онъ на трёхъ ста́нціяхъ за меня́ плати́лъ, и са́харъ всё его́ шёлъ... такъ что я не зна́ю... да и въ префера́нсъ мы игра́ли... я ему́ немно́жко оста́лся до́лженъ.

— Э́то скве́рно, Воло́дя! Ну, что бы ты 30 сдѣ́лалъ, е́сли бы меня́ не встрѣ́тилъ?— сказа́лъ стро́го, не гля́дя на бра́та, ста́ршій.

— Да я ду́малъ, бра́тецъ, что получу́ э́ти подъёмныя въ Севасто́полѣ, такъ отда́мъ.

Вѣдь мо́жно такъ сдѣлать; да и лу́чше ужъ за́втра я съ нимъ прiѣду.

Ста́ршiй братъ доста́лъ кошелёкъ и съ нѣ́которымъ дрожа́нiемъ па́льцевъ доста́лъ отту́да двѣ десятирублёвыя и одну́ трёх- 5 рублёвую бума́жку.

— Вотъ мои́ де́ньги, — сказа́лъ онъ. — Ско́лько ты до́лженъ?

Сказа́въ, что э́то бы́ли всѣ его́ де́ньги, Козельцо́въ говори́лъ не совсѣ́мъ пра́вду: у 10 него́ бы́ло ещё четы́ре золоты́хъ, заши́тыхъ на вся́кiй слу́чай въ обшла́гѣ, но кото́рыхъ онъ далъ себѣ́ сло́во ни за что не тро́гать.

Оказа́лось, что Козельцо́въ и съ префера́нсомъ, и са́харомъ былъ до́лженъ то́лько 15 во́семь рубле́й. Ста́ршiй братъ далъ ихъ ему́, замѣ́тивъ то́лько, что э́такъ нельзя́, когда́ де́негъ нѣтъ, ещё въ префера́нсъ игра́ть.

— На что жъ ты игра́лъ? 20

Мла́дшiй братъ не отвѣча́лъ ни сло́ва. Вопро́съ бра́та показа́лся ему́ сомнѣ́нiемъ въ его́ че́стности. Доса́да на самого́ себя́, стыдъ въ посту́пкѣ, кото́рый могъ подава́ть такiя подозрѣ́нiя, и оскорбле́нiе отъ бра́та, кото́- 25 раго онъ такъ люби́лъ, произвели́ на впечатли́тельную нату́ру тако́е си́льное, болѣ́зненное чу́вство, что онъ ничего́ не отвѣча́лъ. Чу́вствуя, что не въ состоя́нiи бу́детъ удержа́ться отъ слезли́выхъ зву́ковъ, кото́рые 30 подступа́ли ему́ къ го́рлу, онъ взялъ не гля́дя де́ньги и пошёлъ къ това́рищамъ.

VII.

Николаевъ, подкрѣпившій себя въ Дуванкѣ двумя крышками водки, купленными у солдата, продававшаго её на мосту, подёргивалъ возжами, повозка подпрыгивала по каменной, кое-гдѣ тѣнистой дорогѣ, ведущей вдоль Бельбека къ Севастополю, а братья, поталкиваясь нога объ ногу, хотя всякую минуту думали другъ о другѣ, упорно молчали.

„Зачѣмъ онъ меня оскорбилъ,—думалъ меньшой,—развѣ онъ не могъ не говорить про это? Точно какъ будто онъ думалъ, что я воръ, да и теперь, кажется, сердится, такъ что мы ужъ навсегда разстроились. А какъ бы намъ славно было вдвоёмъ въ Севастополѣ! Два брата, дружные между собой, оба сражаются съ врагомъ: одинъ старшій уже, хотя не очень образованный, но храбрый воинъ, и другой молодой... но тоже молодецъ... Черезъ недѣлю я бы всѣмъ доказалъ, что я ужъ не очень молоденькій! Я и краснѣть перестану, въ лицѣ будетъ мужество, да и усы небольшіе, но порядочные выростутъ къ тому времени,"—и онъ ущипнулъ себя за пушокъ, показавшійся у краёвъ рта. „Можетъ-быть, мы нынче пріѣдемъ и сейчасъ же попадёмъ въ дѣло вмѣстѣ съ братомъ. А онъ долженъ быть упорный и очень храбрый, такой, что много не говоритъ, а дѣлаетъ лучше другихъ. Я бы желалъ знать,—продолжалъ онъ,—нарочно

и́ли нѣтъ онъ прижима́етъ меня́ къ са́мому
кра́ю пово́зки. Онъ, вѣрно, чу́вствуетъ, что
мнѣ нело́вко, и дѣлаетъ видъ, что бу́дто не
замѣча́етъ меня́. Вотъ мы ны́нче прiѣдемъ,—
продолжа́лъ онъ разсужда́ть, прижима́ясь 5
къ кра́ю пово́зки и боя́сь пошевели́ться,
что́бы не дать замѣ́тить бра́ту, что ему́
нело́вко,—и вдругъ пря́мо на бастiо́нъ: я съ
ору́дiями, а братъ съ ро́той, и вмѣ́стѣ пойдёмъ. То́лько вдругъ францу́зы бро́сятся на 10
насъ. Я стрѣля́ть, стрѣля́ть: перебью ужа́с-
но мно́го; но они́ всё-таки бѣгу́тъ пря́мо
на меня́. Ужъ стрѣля́ть нельзя́ и, коне́чно,
мнѣ нѣтъ спасе́нiя; то́лько вдругъ братъ вы́бѣ-
житъ впередъ съ са́блей, и я схвачу́ ружьё, 15
и мы вмѣ́стѣ съ солда́тами побѣжи́мъ. Фран-
цу́зы бро́сятся на бра́та. Я побѣгу́, убью
одного́ францу́за, друго́го, и спаса́ю бра́та.
Меня́ ра́нятъ въ одну́ ру́ку, я схвачу́ ружьё
въ другу́ю и всё-таки бѣгу́. То́лько бра́та 20
убью́тъ пу́лей по́длѣ меня́; я остановлю́сь
на мину́тку, посмотрю́ на него́ э́такъ гру́стно,
подниму́сь и закричу́: ,,за мной! отмсти́мъ!
Я люби́лъ бра́та бо́льше всего́ на свѣ́тѣ,—
я скажу́,—и потеря́лъ его́. Отмсти́мъ, унич- 25
то́жимъ враго́въ и́ли всѣ умрёмъ ту́тъ!‘‘
Всѣ закрича́тъ, бро́сятся за мной. Ту́тъ
всё во́йско францу́зское вы́йдетъ, самъ Пе-
лиссье́. Мы всѣхъ перебьёмъ; но, наконе́цъ,
меня́ ра́нятъ друго́й разъ, тре́тiй разъ, и я 30
упаду́ при сме́рти. Тогда́ всѣ прибѣгу́тъ ко
мнѣ. Горчако́въ придётъ и бу́детъ спра́-
шивать, чего́ я хочу́. Я скажу́, что ничего

не хочу́,—то́лько чтобы меня́ положи́ли ря́-
домъ съ бра́томъ, что я хочу́ умере́ть съ
нимъ. Меня́ принесу́тъ и поло́жатъ по́длѣ
окрова́вленнаго тру́па бра́та. Я припод-
5 ниму́сь и скажу́ то́лько: ,,да, вы не умѣ́ли
цѣни́ть двухъ человѣ́къ, кото́рые и́стинно
люби́ли оте́чество; тепе́рь они́ о́ба па́ли...
да прости́тъ вамъ Богъ!‟ и умру́‟.

Кто зна́етъ, въ како́й мѣ́рѣ сбу́дутся
10 э́ти мечты́!

— Что, ты былъ когда́-нибу́дь въ схва́т-
кѣ?—спроси́лъ онъ вдругъ у бра́та, совер-
ше́нно забы́въ, что не хотѣ́лъ говори́ть съ
нимъ.

15 — Нѣ́тъ, ни ра́зу,—отвѣча́лъ ста́ршій,—
у насъ двѣ́ ты́сячи человѣ́къ изъ полка́
вы́было, всё на рабо́тахъ, и я ра́ненъ то́же
на рабо́тѣ. Война́ совсѣ́мъ не такъ дѣ́лается,
какъ ты ду́маешь, Воло́дя!

20 Сло́во ,,Воло́дя‟ тро́нуло меньшо́го бра́-
та: ему́ захотѣ́лось объясни́ться съ бра́томъ,
кото́рый во́все и не ду́малъ, что оскорби́лъ
Воло́дю.

— Ты на меня́ не се́рдишься, Ми́ша?—
25 сказа́лъ онъ, по́слѣ мину́тнаго молча́нія.

— За что?

— Нѣ́тъ, такъ... что у насъ бы́ло такъ...
ничего́.

— Ниско́лько,—отвѣча́лъ ста́ршій, по-
30 вора́чиваясь къ нему́ и похло́пывая его́ по
ногѣ́.

— Такъ ты меня́ извини́, Ми́ша, е́сли я
тебя́ огорчи́лъ.

И меньшой братъ отвернулся, чтобы скрыть слёзы, которыя вдругъ выступили у него изъ глазъ.

VIII.

— Неужели это уже Севастополь?—спро- 5
силъ меньшой братъ, когда они поднялись
на́ гору.

И передъ ними открылись бухта съ ма́-
чтами кораблей, море съ непрія́тельскимъ
далёкимъ флотомъ, бѣлыя примо́рскія батареи, казармы, водопроводы, доки и стро- 10
енія города, и бѣлыя, лиловыя облака дыма,
безпрестанно поднимавшіяся по жёлтымъ горамъ, окружающимъ городъ и стоявшимъ
въ синемъ небѣ, при розоватыхъ лучахъ
солнца, уже съ блескомъ отражавшагося и 15
спускавшагося къ горизонту тёмнаго моря.

Володя безъ малѣйшаго содроганія увидѣлъ это страшное мѣсто, про которое онъ
такъ много думалъ; напротивъ, онъ съ эсте-
тическимъ наслажденіемъ и геройческимъ 20
чувствомъ самодовольства, что вотъ и онъ
черезъ полчаса будетъ тамъ, смотрѣлъ на
это, дѣйствительно, прелестно-оригинальное
зрѣлище, и смотрѣлъ съ сосредоточеннымъ
вниманіемъ до самого того времени, пока 25
они не пріѣхали на Сѣверную, въ обозъ
полка брата, гдѣ должны были узнать навѣрное о мѣстѣ расположенія полка и батареи.

Офицеръ, завѣдывавшій обозомъ, жилъ около такъ называемаго новаго городка,— досчатыхъ бараковъ, построенныхъ матросскими семействами, въ палаткѣ, соединённой съ довольно большимъ балаганомъ, построеннымъ изъ зелёныхъ дубовыхъ вѣтокъ, не успѣвшихъ ещё совершенно засохнуть.

Братья застали офицера передъ грязнымъ столомъ, на которомъ стоялъ стаканъ холоднаго чаю, подносъ съ водкой и крошками сухой икры и хлѣба, въ одной желтовато-грязной рубашкѣ, считающаго на большихъ счётахъ огромную кипу ассигнацій. Но прежде, чѣмъ говорить о личности офицера и его разговорѣ, необходимо пристально взглянуть на внутренность его балагана и познакомиться хотя немного съ его образомъ жизни и занятіями. Новый балаганъ былъ такъ великъ, прочно заплетёнъ и удобно построенъ, со столиками и лавочками, плетёными изъ дёрна, какъ строятъ только для генераловъ или полковыхъ командировъ; бока и верхъ, чтобъ листъ не сыпался, были завѣшены тремя коврами, хотя весьма уродливыми, но новыми и, вѣрно, дорогими. На желѣзной кровати, стоявшей подъ главнымъ ковромъ, съ изображённою на ней амазонкой, лежали плюшевое, ярко красное одѣяло, грязная прорванная подушка и енотовая шуба; на столѣ стояло зеркало въ серебряной рамѣ, серебряная, ужасно грязная щётка, изломанный, набитый масляными волосами роговой гребень, серебряный подсвѣчникъ, бутылка ликёра, съ золотымъ, краснымъ, огромнымъ ярлыкомъ, золотые часы съ изображеніемъ Петра I, два золотыя пера, коробочка съ какими-то капсюлями, корка хлѣба и набросанныя ста- 5 рыя карты, и пустыя и полныя бутылки подъ кроватью. Офицеръ этотъ завѣдывалъ обозомъ полка и продовольствіемъ лошадей. Съ нимъ вмѣстѣ жилъ его большой пріятель, комиссіонеръ, занимающійся операціями. 10 Онъ въ то время, какъ вошли братья, спалъ въ палаткѣ, обозный же офицеръ дѣлалъ счёты казённыхъ денегъ передъ концомъ мѣсяца. Наружность обознаго офицера была очень красивая и воинственная: большой 15 ростъ, большіе усы, благородная плотность. Непріятны были въ нёмъ только какая-то потность и опухлость всего лица, почти скрывавшая маленькіе сѣрые глаза (какъ-будто онъ весь былъ налитъ портеромъ), и 20 чрезвычайная нечистоплотность, отъ жидкихъ масляныхъ волосъ до большихъ босыхъ ногъ въ какихъ-то горностаевыхъ туфляхъ.

— Денегъ-то, денегъ-то! — сказалъ Козельцовъ 1-й, входя въ балаганъ и съ невольною жадностью устремляя глаза на кучу ассигнацій:—хоть бы половину взаймы дали, Василій Михайлычъ!

Обозный офицеръ покоробился, увидавъ гостя и, сбирая деньги, не поднимаясь, 30 поклонился.

— Охъ, коли бы мои были! казённыя, батюшка... А это кто съ вами?—сказалъ онъ, укла́дывая де́ньги въ шкату́лку, кото́рая стоя́ла о́коло него́, и гля́дя на Воло́дю.

— Э́то мой братъ, изъ ко́рпуса прiѣ́халъ. Да вотъ мы заѣ́хали узна́ть у васъ, гдѣ 5 полкъ стои́тъ.

— Сади́тесь, господа́, — сказа́лъ онъ, встава́я, не обраща́я внима́нiя на госте́й и уходя́ въ пала́тку.—Вы́пить не хоти́те ли? портерку́, мо́жетъ-быть?—сказа́лъ онъ.

10 — Не мѣша́етъ, Васи́лiй Миха́йлычъ!

Воло́дя былъ пораже́нъ вели́чiемъ обо́знаго офице́ра, его́ небре́жною мане́рой и уваже́нiемъ, съ кото́рымъ обраща́лся къ нему́ братъ.

15 „Должно́-быть, э́то о́чень хоро́шiй у нихъ офице́ръ, кото́раго всѣ́ почита́ютъ: вѣ́рно, просто́й, но гостепрiи́мный и хра́брый", поду́малъ онъ, скро́мно и ро́бко садя́сь на дива́нъ.

20 — Такъ гдѣ́ же нашъ полкъ стои́тъ?— спроси́лъ че́резъ пала́тку ста́ршiй братъ.

— Что?

Онъ повтори́лъ вопро́съ.

— Ны́нче у меня́ Зе́йферъ былъ: онъ раз-25 ска́зывалъ, что перешли́ на пя́тый бастiо́нъ.

— Навѣ́рное?

— Коли́ я говорю́, ста́ло-быть вѣ́рно; а впро́чемъ, чортъ его́ зна́етъ! Онъ и совра́ть не до́рого возьмётъ. Что жъ, бу́дете по́р-30 теръ пить?—сказа́лъ обо́зный офице́ръ всё изъ-за пала́тки.

— А пожа́луй, вы́пью,—сказа́лъ Козельцо́въ.

А вы вы́пьете, О́сипъ Игна́тьевичъ?—
продолжа́лъ го́лосъ въ пала́ткѣ, вѣ́рно, обра-
ща́ясь къ спа́вшему комиссіоне́ру.

— По́лноте спать: ужъ пя́тый часъ.

— Что вы пристаёте ко мнѣ! я не сплю,— 5
отвѣча́лъ лѣни́вый то́ненькій голосо́къ.

— Ну, встава́йте: мнѣ безъ васъ ску́чно.
И обо́зный офице́ръ вы́шелъ къ гостя́мъ.

— Дай по́ртеру симферо́польскаго! —
кри́кнулъ онъ.   10

Денщи́къ, съ го́рдымъ выраже́ніемъ лица́,
какъ показа́лось Воло́дѣ, вошёлъ въ бала-
га́нъ и, толкну́въ Воло́дю, доста́лъ по́ртеръ
изъ-подъ ла́вки.

Буты́лка по́ртера уже́ была́ вы́пита и 15
разгово́ръ продолжа́лся дово́льно до́лго въ
томъ же ро́дѣ, когда́ по́лы пала́тки распах-
ну́лись, и изъ ней вы́ступилъ невысо́кій,
свѣ́жій мужчи́на, въ си́немъ хала́тѣ съ ки-
сточками, въ фура́жкѣ съ кра́снымъ око- 20
лышемъ и кока́рдой.   Онъ яви́лся, попра-
вля́я свои́ чёрные у́сики, и, гля́дя куда́-то
на ковёръ, едва́ замѣ́тнымъ движе́ніемъ пле-
ча́ отвѣ́тилъ на покло́ны офице́ровъ.

— Дай-ка и я вы́пью стака́нчикъ!—ска- 25
за́лъ онъ, садя́сь по́длѣ стола́.—Что э́то,
вы изъ Петербу́рга ѣ́дете, молодо́й чело-
вѣ́къ?—сказа́лъ онъ, ла́сково обраща́ясь къ
Воло́дѣ.

— Да-съ, въ Севасто́поль ѣ́ду.   30

— Са́ми проси́лись?

— Да-съ.

— И что вамъ за охо́та, господа́! я не

понима́ю! — продолжа́лъ комиссіоне́ръ. — Я
бы тепе́рь, ка́жется, пѣшко́мъ гото́въ уйти́,
е́сли бы пусти́ли, въ Петербу́ргъ. Опосты́-
лѣла, ей-Бо́гу, э́та жизнь прокля́тая!

5   — Чѣмъ же тутъ пло́хо вамъ?—сказа́лъ
ста́ршій Козельцо́въ, обраща́ясь къ нему́:—
ещё вамъ бы не жизнь здѣсь!

Комиссіоне́ръ посмотрѣ́лъ на него́ и от-
верну́лся.

10   — Э́та опа́сность, лише́нія, ничего́ до-
ста́ть нельзя́,—продолжа́лъ онъ, обраща́ясь
къ Воло́дѣ.—И что вамъ за охо́та, я рѣши́-
тельно васъ не понима́ю, господа́! Хоть бы
вы́годы каки́я-нибудь бы́ли, а то такъ. Ну,
15 хорошо́ ли э́то, въ ва́ши лѣта́, вдругъ оста́-
нетесь калѣ́кой на всю жизнь?

— Кому́ нужны́ дохо́ды, а кто изъ че́сти
слу́житъ!—съ доса́дой въ го́лосѣ опя́ть вмѣ-
ша́лся Козельцо́въ ста́ршій.

20   — Что за честь, когда́ не́чего ѣсть!—
презри́тельно смѣя́сь, сказа́лъ комиссіоне́ръ,
обраща́ясь къ обо́зному офице́ру, кото́рый
то́же засмѣя́лся при э́томъ.—Заведи́-ка изъ
„Лу́чіи": мы послу́шаемъ,—сказа́лъ онъ,
25 ука́зывая на коро́бочку съ му́зыкой:—я лю-
блю́ её.

— Что, онъ хоро́шій человѣ́къ, э́тотъ
Васи́лій Миха́йловичъ?—спроси́лъ Воло́дя у
бра́та, когда́ они́, уже́ въ су́мерки, вы́шли изъ
30 балага́на и поѣ́хали да́льше къ Севасто́полю.

— Ничего́, то́лько такъ скупъ, что у́жасъ!
А комиссіоне́ра э́того я ви́дѣть не могу́, я
его́ побью́ когда́-нибу́дь.

IX.

Володя не то чтобъ былъ не въ дýхѣ, когда, ужé почти нóчью подъѣзжáлъ къ большóму мостý чрезъ бýхту, но онъ ощущáлъ какýю-то тя́жесть на сéрдцѣ. Всё, что онъ вѝдѣлъ и слы́шалъ, бы́ло такъ мáло 5 сообрáзно съ егó прошéдшими, недáвними впечатлѣ́ніями: паркéтная свѣ́тлая, большáя зáла экзáмена, весёлые, дóбрые голосá и смѣхъ товáрищей, нóвый мундѝръ, люби́мый царь, котóраго онъ семь лѣтъ привы́къ 10 вѝдѣть, и котóрый, прощáясь съ ни́ми, со слёзáми называ́лъ ихъ дѣтьми́ своѝми,—и такъ мáло всё, что онъ вѝдѣлъ, бы́ло похóже на егó прекрáсныя, рáдужныя, великодýшныя мечты́. 15

— Ну, вотъ мы и пріѣхали!—сказáлъ стáршій братъ, когдá они́ подъѣхали къ Михáйловской батарéѣ, вы́йдя изъ повóзки.—Éсли насъ пропýстятъ по мостý, мы сейчáсъ же пойдёмъ въ Николáевскія ка- 20 зáрмы. Ты тамъ остáнься до утрá, а я пойдý въ полкъ—узнáю, гдѣ твоя́ батарéя стои́тъ, и зáвтра придý за тобóй.

— Зачѣмъ же? лýчше вмѣ́стѣ пойдёмъ,— сказáлъ Володя.—И я пойдý съ тобóй на 25 бастіóнъ. Вѣдь ужé всё равнó: привыкáть нáдо. Éсли ты пойдёшь, и я могý.

— Лýчше не ходи́ть.

— Нѣтъ, пожáлуйста: я по крáйней мѣ́рѣ, узнáю, какъ... 30

— Мой совѣтъ: не ходить, а пожалуй...

Небо было чисто и темно; звѣзды и безпрестанно движущіеся огни бомбъ и выстрѣловъ уже ярко свѣтились во мракѣ.
5 Большое бѣлое зданіе батареи и начало моста выдавались изъ темноты. Буквально; каждую секунду нѣсколько орудійныхъ выстрѣловъ и взрывовъ, быстро слѣдуя другъ за другомъ, или вмѣстѣ, громче и отчётливѣе
10 потрясали воздухъ. Изъ-за этого гула, какъ-будто вторя ему, слышалось пасмурное ворчаніе бухты. Съ моря тянулъ вѣтерокъ и пахло сыростью. Братья подошли къ мосту. Какой-то ополченецъ стукнулъ не-
15 ловко ружьёмъ на руку и крикнулъ:

— Кто идётъ?

— Солдатъ.

— Не велѣно пущать!

— Да какъ же? намъ нужно.

20 — Офицера спросите.

Офицеръ, дремавшій, сидя на якорѣ, приподнялся и велѣлъ пропустить.

— Туда можно, оттуда нельзя. Куда лѣзешь? всѣ разомъ!—крикнулъ онъ на
25 полковыя повозки, высоко наложенныя турами, которыя толпились у выѣзда.

Спускаясь на первый понтонъ, братья столкнулись съ солдатами, которые, громко разговаривая, шли оттуда.

30 — Когда онъ аммуничныя получилъ, значитъ онъ въ расчётѣ съ полностью— вотъ что.

— Эхъ, братцы! — сказалъ другой го-

лосъ:—какъ на Сѣверную перевалишь, свѣтъ
увидишь, ей-Богу! совсѣмъ воздухъ другой.
— Говори больше!—сказалъ первый:—
намеднись тутъ же прилетѣла окаянная:
двумъ матросамъ ноги пооборвала, такъ... 5
Братья прошли первый понтонъ, дожидаясь повозки, и остановились на второмъ,
который мѣстами уже заливало водой. Вѣтеръ, казавшійся слабымъ въ полѣ, здѣсь
былъ весьма силёнъ и порывистъ; мостъ 10
качало, и волны, съ шумомъ ударяясь о
брёвна и разрѣзаясь на якоряхъ и канатахъ,
заливали доски. Направо туманно-враж-
дебно шумѣло и чернѣло море, отдѣляясь
безконечною, ровною, чёрной линіей отъ 15
звѣзднаго, свѣтло-сѣроватаго въ сіяніи
горизонта ; далёко гдѣ-то свѣтились огни
на непріятельскомъ флотѣ; налѣво чер-
нѣла тёмная масса нашего корабля и
слышались удары волнъ о борта его: вид- 20
нѣлся пароходъ, шумно и быстро двигающійся отъ Сѣверной. Огонь разорвавшейся
около него бомбы освѣтилъ мгновенно высоко наваленныя туры на палубѣ, двухъ
человѣкъ, стоящихъ на верху и бѣлую пѣну 25
и брызги зеленоватыхъ волнъ, разрѣзан-
ныхъ пароходомъ. У края моста сидѣлъ,
опустивъ ноги въ воду, какой-то человѣкъ
въ одной рубахѣ и чинилъ что-то въ понтонѣ.
Впереди, надъ Севастополемъ носились тѣ 30
же огни, и громче, и громче долетали
страшные звуки. Набѣжавшая волна съ
моря разлилась по правой сторонѣ моста и

замочи́ла но́ги Воло́дѣ; два солда́та, шлёпая
нога́ми по водѣ́, прошли́ ми́мо него́. Что-то
вдругъ съ тре́скомъ освѣти́ло мостъ впереди́,
ѣ́дущую по нёмъ повозку и верхова́го, и
5 оско́лки, со свистомъ поднима́я бры́зги, по-
пада́ли въ во́ду.

— А, Михайло Семёнычъ!—сказа́лъ вер-
хово́й, остана́вливая ло́шадь про́тивъ ста́р-
шаго Козельцо́ва:—что, уже́ совсѣ́мъ по-
10 пра́вились?

— Какъ ви́дите. Куда́ васъ Богъ несётъ?

— На Сѣ́верную за патро́нами: вѣдь я
ны́нче за полкова́го адъюта́нта... шту́рма
ждёмъ съ ча́су на́ часъ.

15 — А гдѣ́ же Ма́рцовъ?

— Вчера́ но́гу оторва́ло... въ го́родѣ, въ
ко́мнатѣ спалъ... Мо́жетъ, вы его́ зна́ете?

— Полкъ на пя́томъ, пра́вда?

— Да, на мѣ́сто м....цовъ заступи́ли.
20 Вы зайдёте на перевя́зочный пунктъ: тамъ
на́ши есть—васъ проводя́тъ.

— Ну, а кварти́рка моя́ на Морско́й
цѣла́?

— И, ба́тюшка! ужъ давно́ всю разби́ли
25 бо́мбами. Вы не узна́ете тепе́рь Севасто́-
поля: ужъ же́нщинъ ни души́ нѣтъ, ни
тракти́ровъ, ни му́зыки; вчера́ послѣ́днее за-
веде́ніе перее́хало. Тепе́рь ужа́сно гру́стно
ста́ло... Проща́йте!

30 И офице́ръ ры́сью пое́халъ да́льше.

Воло́дѣ вдругъ сдѣ́лалось ужа́сно стра́ш-
но: ему́ всё каза́лось, что сейча́съ пролети́тъ
ядро́ или оско́локъ и уда́ритъ его́ пря́мо въ

голову. Этотъ сырой мракъ, всѣ звуки эти, особенно ворчливый плескъ волнъ, казалось, всё говорило ему, чтобъ онъ не шёлъ дальше, что не ждётъ его здѣсь ничего добраго, что нога его ужъ никогда больше не ступитъ на 5 землю по ту сторону бухты, чтобы сейчасъ же онъ вернулся и бѣжалъ куда нибудь какъ можно дальше отъ этого страшнаго мѣста смерти. „Но, можетъ, ужъ поздно, ужъ рѣшено теперь", подумалъ онъ, содрогаясь 10 частью отъ этой мысли, частью оттого, что вода прошла ему сквозь сапоги и мочила ноги.

Володя глубоко вздохнулъ и отошёлъ немного въ сторону отъ брата. 15

„Господи! неужели же меня убьютъ, именно меня? Господи, помилуй меня?"— сказалъ онъ шопотомъ и перекрестился.

— Ну, пойдёмъ, Володя!—сказалъ старшій братъ, когда повозочка въѣхала на 20 мостъ.—Видѣлъ бомбу?

На мосту встрѣчались братьямъ повозки съ ранеными, съ турами, одна съ мебелью, которую везла какая-то женщина. На той же сторонѣ никто не задержалъ ихъ. 25

Инстинктивно, придерживаясь стѣнки Николаевской батареи, братья, молча, прислушиваясь къ звукамъ бомбъ, лопавшихся уже тутъ надъ головами, и къ рёву осколковъ, валившихся сверху, пришли къ тому 30 мѣсту батареи, гдѣ образъ. Тутъ узнали они, что пятая лёгкая, въ которую былъ назначенъ Володя, стоитъ на Корабельной,

и рѣшили вмѣстѣ, несмотря на опасность, идти ночевать къ старшему брату на пятый бастіонъ, а оттуда завтра въ батарею. По-вернувъ въ коридоръ, шагая черезъ ноги
5 спящихъ солдатъ, которые лежали вдоль всей стѣны батареи, они, наконецъ, пришли на перевязочный пунктъ.

X.

Войдя въ первую комнату, обставленную койками, на которыхъ лежали раненые, и про-
10 питанную тяжёлымъ, отвратительно-ужас-нымъ госпитальнымъ запахомъ, они встрѣ-тили двухъ сестёръ милосердія, выходив-шихъ имъ навстрѣчу.

Одна женщина, лѣтъ пятидесяти, съ чёр-
15 ными глазами и строгимъ выраженіемъ лица, несла бинты и корпію и отдавала при-казанія молодому мальчику, фельдшеру, ко-торый шёлъ за ней; другая, весьма хоро-шенькая дѣвушка, лѣтъ двадцати, съ блѣд-
20 нымъ и нѣжнымъ бѣлокурымъ личикомъ, какъ-то особенно мило-безпомощно смотрѣв-шимъ изъ-подъ бѣлаго чепчика, руки въ карманахъ передничка, шла подлѣ старшей и, казалось, боялась отставать отъ нея.
25 Козельцовъ обратился къ нимъ съ во-просомъ, не знаютъ ли онѣ, гдѣ Марцовъ, которому вчера оторвало ногу.

— Это, кажется, П. полка? — спросила старшая.—Что онъ вамъ родственникъ?

— Нѣтъ-съ, товарищъ.

— Проводите ихъ,—сказала она молодой сестрѣ по французски:—вотъ сюда,—и сама подошла съ фельдшеромъ къ раненому.

— Пойдёмъ же... что ты смотришь! — сказалъ Козельцовъ Володѣ, который, поднявъ брови съ какимъ-то страдальческимъ выраженіемъ, не въ силахъ оторваться, смотрѣлъ на раненыхъ.—Пойдёмъ же.

Володя пошёлъ съ братомъ, но всё продолжая оглядываться и безсознательно повторяя:

— Ахъ, Боже мой! Ахъ, Боже мой!

— Вѣрно, они недавно здѣсь?—спросила сестра у Козельцова, указывая на Володю, который, ахая и вздыхая, шёлъ за ними по коридору.

— Только что пріѣхалъ.

Хорошенькая сестра посмотрѣла на Володю и вдругъ заплакала. „Боже мой, Боже мой! когда это всё кончится?“ сказала она, съ отчаяніемъ въ голосѣ. Они вошли въ офицерскую палату. Марцовъ лежалъ навзничь, закинувъ жилистыя, обнажённыя до локтей руки за голову, съ выраженіемъ на жёлтомъ лицѣ человѣка, который стиснулъ зубы, чтобы не кричать отъ боли. Цѣлая нога была въ чулкѣ высунута изъподъ одѣяла, и видно было, какъ онъ на ней судорожно перебиралъ пальцами.

— Ну, что, какъ вамъ?—спросила сестра, своими тоненькими нѣжными пальцами, на одномъ изъ которыхъ Володя

замѣтилъ золотое кольцо́, поднима́я его́ не-
мно́го плѣши́вую го́лову и поправля́я по-
ду́шку.—Вотъ ва́ши това́рищи пришли́ васъ
провѣдать.

5 — Разумѣется, бо́льно, — серди́то ска-
за́лъ онъ.—Оста́вьте! такъ хорошо́,—па́льцы
въ чулкѣ зашевели́лись ещё быстрѣе.—
Здра́вствуйте! Какъ васъ зову́тъ? Извини́те
...—сказа́лъ онъ, обраща́ясь къ Козельцо́ву
10 —Ахъ, да! винова́тъ! тутъ всё забу́дешь,—
сказа́лъ онъ, когда́ тотъ сказа́лъ ему́ свою́
фами́лію.—Вѣдь мы съ тобо́й вмѣстѣ жи́ли,
—приба́вилъ онъ, безъ вся́каго выраже́нія
удово́льствія вопроси́тельно гля́дя на Во-
15 ло́дю.

— Э́то мой братъ, ны́нче пріѣхалъ изъ
Петербу́рга.

— Гм! А я-то вотъ и по́лный вы́служилъ,
—сказа́лъ онъ, мо́рщась.—Ахъ, какъ бо́ль-
20 но!... Да ужъ лу́чше бы коне́цъ скорѣе.

Онъ вздёрнулъ но́ги и, продолжа́я съ
уси́ленною быстрото́й шевели́ть па́льцами,
закры́лъ лицо́ рука́ми.

— Его́ на́до оста́вить,—сказа́ла шо́по-
25 томъ сестра́, со слёза́ми на глаза́хъ:—ужъ
онъ о́чень плохъ.

Бра́тья ещё на Сѣверной рѣши́ли итти́
на 5 бастіо́нъ; но, выходя́ изъ Никола́евской
батаре́и, они́ какъ-бу́дто усло́вились не под-
30 верга́ться напра́сной опа́сности и, ничего́
не говоря́ объ э́томъ предме́тѣ, рѣши́ли итти́
ка́ждому по́рознь.

— То́лько какъ ты найдёшь, Воло́дя?—

сказа́лъ ста́ршій.—Впро́чемъ, Никола́евъ
тебя́ прово́дитъ на Корабе́льную, а я пойду́
оди́нъ и за́втра у тебя́ бу́ду.

Бо́льше ничего́ не́ было ска́зано въ э́то
посла́днее проща́нье ме́жду двумя́ бра́тьями. 5

XI.

Громъ пу́шекъ продолжа́лся съ то́ю же
си́лой, но Екатери́нинская у́лица, по кото́рой
шёлъ Воло́дя, со сла́довавшимъ за ни́мъ
молчали́вымъ Никола́евымъ, была́ пусты́нна
и тиха́. Во мра́кѣ видна́лась ему́ то́лько 10
широ́кая у́лица, съ бѣ́лыми, во мно́гихъ
мѣста́хъ разру́шенными, стѣна́ми больши́хъ
домо́въ, и ка́менный тротуа́ръ, по кото́рому
онъ шёлъ; изрѣ́дка встрѣча́лись солда́ты и
офице́ры. Проходя́ по лѣ́вой сторонѣ́ о́коло 15
адмиралте́йства, при свѣ́тѣ како́го-то я́ркаго
огня́, горѣ́вшаго за стѣно́й, онъ увида́лъ
наса́женныя вдоль тротуа́ра ака́ціи, съ зе-
лёными подпо́рками, и жа́лкіе запы́лённые
ли́стья э́тихъ ака́цій. Шаги́ свои́ и Нико- 20
ла́ева, тяжело́ дыша́ ше́дшаго за ни́мъ, онъ
слы́шалъ я́вственно. Онъ ничего́ не ду́малъ:
хоро́шенькая сестра́ милосе́рдія, нога́ Ма́р-
цова съ дви́жущимися въ чулкѣ́ па́льцами,
мракъ, бо́мбы и разли́чные о́бразы сме́рти 25
сму́тно носи́лись въ его́ воображе́ніи. Вся
его́ молода́я впечатли́тельная душа́ сжа́лась
и ны́ла подъ влія́ніемъ созна́нія одино́чества

и всеобщаго равнодушія къ его участи въ
опасности. ,,Убьютъ, буду мучиться, стра-
дать и никто не заплачетъ!" И всё это
вмѣсто исполненной энергіи и сочувствія
5 жизни героя, о которой онъ мечталъ такъ
славно. Бомбы лопались и свистали всё
ближе и ближе, Николаевъ вздыхалъ чаще,
не нарушая молчанія. Проходя черезъ
мостъ, ведущій на Корабельную, онъ уви-
10 дѣлъ, какъ что-то, свистя, влетѣло недалёко
отъ него въ бухту, на секунду багрово
освѣтило лиловыя волны, исчезло и потомъ
съ брызгами поднялось оттуда.

— Вишь, не задохлась!—сказалъ хрипло
15 Николаевъ.

— Да,—отвѣчалъ онъ, невольно и нео-
жиданно для себя, какимъ-то тоненькимъ,
пискливымъ голоскомъ.

Встрѣчались носилки съ ранеными, опять
20 полковыя повозки съ турами; какой-то полкъ
встрѣтился на Корабельной; верховые про-
ѣзжали мимо. Одинъ изъ нихъ былъ офицеръ съ казакомъ. Онъ ѣхалъ рысью, но
увидавъ Володю, пріостановилъ лошадь око-
25 ло него, вглядѣлся ему въ лицо, отвернулся
и поѣхалъ прочь, ударивъ плетью по лошади.
,,Одинъ, одинъ; всѣмъ всё равно, есть ли я
или нѣтъ", подумалъ мальчикъ, и ему безъ
шутокъ захотѣлось плакать.

30 Поднявшись на гору, мимо какой-то вы-
сокой бѣлой стѣны, онъ вошёлъ въ улицу
разбитыхъ маленькихъ домиковъ, безпрестанно освѣщаемыхъ бомбами. Пьяная, рас-

те́рзанная же́нщина, выходя́ изъ кали́тки съ матро́сомъ, наткну́лась на него́.

— Потому́, коли́ бы онъ былъ благоро́дный чуае́къ,—пробормота́ла она́,—пардо́нъ, ва́ше благоро́діе офице́ръ! 5

Се́рдце всё бо́льше и бо́льше ны́ло у бѣ́днаго ма́льчика; а на чёрномъ горизо́нтѣ ча́ще и ча́ще вспы́хивала мо́лнія и бо́мбы ча́ще и ча́ще свистѣ́ли и ло́пались о́коло него́. Никола́евъ вздохну́лъ и вдругъ на́чалъ го- 10 вори́ть каки́мъ-то, какъ показа́лось Воло́дѣ, испу́ганно-сдѐржаннымъ го́лосомъ.

— Вотъ всё торопи́лись изъ губе́рніи ѣхать. Ѣхать да ѣхать. Есть куда́ торопи́ться! 15

— Да что жъ, коли́ братъ ужъ здоро́въ тепе́рь,—отвѣча́лъ Воло́дя, надѣ́ясь хоть разгово́ромъ разогна́ть ужа́сное чу́вство, овладѣ́вшее имъ.

— Здоро́въ! Како́е его́ здоро́вье, когда́ 20 онъ во́все бо́ленъ! Кото́рые и настоя́ще здоро́вые-то, и тѣмъ лу́чше бы жить въ о́шпиталѣ въ э́такое вре́мя. Что ту́тъ-то ра́дости мно́го, что ли? Ли́бо но́гу, ли́бо ру́ку оторвётъ—вотъ те и всё! До́лго ли 25 до грѣха́! Ужъ на что здѣсь, въ городу́, не то, что на бакстіо́нѣ, и то страсть кака́я. Идёшь—моли́твы всѣ перечи́тываешь. Ишь, бе́стія, такъ ми́мо тебя́ и дзя́нкнетъ!—приба́вилъ онъ, обраща́я внима́ніе на звукъ 30 бли́зко прожужжа́вшаго оско́лка. — Вотъ тепе́рича, — продолжа́лъ Никола́евъ: — велѣлъ ва́ше благоро́діе проводи́ть. На́ше дѣло извѣстно, что прикáзано, то дóлженъ исполнять; а вѣдь повóзку такъ на какóго-то солдатишку брóсили, и ýзелъ развязанъ... Иди да иди; а что изъ имѣнія пропадётъ, 5 Николáевъ отвѣчáй.

Пройдя ещё нѣсколько шагóвъ, они вышли на плóщадь. Николáевъ молчáлъ и вздыхáлъ.

— Вонъ антилéрія вáша стоитъ, вáше 10 благорóдіе!—сказáлъ онъ вдругъ:—у часовóго спросите: онъ вамъ покáжетъ.

И Волóдя, пройдя нѣсколько шагóвъ, перестáлъ слышать за собóй звýки вздóховъ Николáева.

15 Онъ вдругъ почýвствовалъ себя совершéнно, окончáтельно однимъ. Это сознáніе одинóчества въ опáсности пéредъ смéртью, какъ емý казáлось, ужáсно тяжёлымъ холóднымъ кáмнемъ леглó емý на сéрдце. Онъ 20 остановился посреди плóщади, оглянýлся, не видитъ-ли егó кто-нибýдь, схватился зá голову и съ ýжасомъ проговорилъ и подýмалъ: ,,Гóсподи! неужéли я трусъ, пóдлый, гáдкій, ничтóжный трусъ... неужéли за отé- 25 чество, за царя, за котóраго съ наслаждéніемъ мечтáлъ умерéть недáвно? Нѣтъ! я несчáстное, жáлкое создáніе!'' И Волóдя, съ истиннымъ чýвствомъ отчáянія и разочарованія въ самóмъ себѣ, спросилъ у 30 часовóго домъ батарéйнаго командира и пошёлъ по укáзанному направлéнію.

XII.

Жили́ще батаре́йнаго команди́ра, кото́рое указа́лъ ему́ часово́й, былъ небольшо́й двухъэта́жный до́микъ, со вхо́домъ со двора́. Въ одно́мъ изъ о́конъ, залѣ́пленномъ бума́гой, свѣти́лся сла́бый огонёкъ свѣ́чки. Денщи́къ 5 сидѣ́лъ на крыльцѣ́ и кури́лъ тру́бку. Онъ пошёлъ доложи́ть батаре́йному команди́ру и ввёлъ Воло́дю въ ко́мнату. Въ ко́мнатѣ ме́жду двухъ о́конъ, подъ разби́тымъ зе́ркаломъ, стоя́лъ столъ, зава́ленный казёнными бума́- 10 гами, нѣ́сколько сту́льевъ и желѣ́зная кро́вать съ чи́стою посте́лью и ма́ленькимъ ко́врикомъ о́коло нея́.

О́коло са́мой две́ри стоя́лъ краси́вый мужчи́на съ больши́ми уса́ми — фельдфе́- 15 бель,—въ теса́кѣ и шине́ли, на кото́рой висѣ́ли крестъ и венге́рская меда́ль. По середи́нѣ ко́мнаты взадъ и вперёдъ ходи́лъ невысо́кій, лѣтъ сорока́ штабъ-офице́ръ, съ подвя́занною распу́хшею щеко́й, въ то́нкой 20 ста́ренькой шине́ли.

— Честь имѣ́ю яви́ться, прикомандиро́ванный въ 5-ю лёгкую, прапорщикъ Козель- цо́въ 2-й,—проговори́лъ Воло́дя зау́ченную фра́зу, входя́ въ ко́мнату. 25

Батаре́йный команди́ръ су́хо отвѣ́тилъ на покло́нъ и, не подава́я руки́, пригласи́лъ его́ сади́ться.

Воло́дя ро́бко опусти́лся на стулъ по́длѣ пи́сьменнаго стола́, и сталъ перебира́ть въ 30

пальцахъ ножницы, попавшіяся ему въ руки.
Батарейный командиръ, заложивъ руки за
спину и опустивъ голову, только изрѣдка
поглядывая на руки, вертѣвшія ножницы,
5 молча продолжалъ ходить по комнатѣ, съ
видомъ человѣка, припоминающаго что-то.

Батарейный командиръ былъ довольно
толстый человѣкъ, съ большою плѣшью на
маковкѣ, густыми усами, пущенными прямо
10 и закрывавшими ротъ, и пріятными карими
глазами. Руки у него были красивыя,
чистыя и пухлыя, ножки очень вывернутыя
и ступавшія съ увѣренностью и нѣкоторымъ
щегольствомъ, показывавшимъ, что бата-
15 рейный командиръ былъ человѣкъ незастѣн-
чивый.

— Да, — сказалъ онъ, останавливаясь
противъ фельдфебеля:—ящичнымъ надо будетъ съ завтрашняго дня ещё по гарнцу при-
20 бавить: а то онѣ у насъ худы. Какъ ты
думаешь?

— Что жъ, прибавить можно, ваше высокоблагородіе! Теперь всё подешевле овёсъ
сталъ,—отвѣчалъ фельдфебель, шевеля паль-
25 цы на рукахъ, которые онъ держалъ по
швамъ, но которые очевидно любили жé-
стомъ помогать разговору.—А ещё фуражиръ
нашъ Франчукъ вчера мнѣ изъ обоза записку
прислалъ, ваше высокоблагородіе, что осей
30 непремѣнно намъ нужно будетъ тамъ купить
—говорятъ, дёшевы. Такъ какъ изволите
приказать?

— Что жъ, купить: вѣдь у него деньги

есть.—И батарейный командиръ снова сталъ ходить по комнатѣ.—А гдѣ ваши вещи?— спросилъ онъ вдругъ у Володи, останавливаясь противъ него.

Бѣднаго Володю такъ одолѣвала мысль, 5 что онъ трусъ, что въ каждомъ взглядѣ, въ каждомъ словѣ онъ находилъ презрѣніе къ себѣ, какъ къ жалкому трусу. Ему показалось, что батарейный командиръ уже проникъ его тайну и подтруниваетъ надъ нимъ. 10 Онъ, смутившись, отвѣчалъ, что вещи на Графской и что завтра братъ обѣщалъ ихъ доставить ему.

Но подполковникъ не дослушалъ его и, обратясь къ фельдфебелю, спросилъ: 15

— Гдѣ бы намъ помѣстить прапорщика?

— Прапорщика-съ? — сказалъ фельдфебель, ещё больше смущая Володю бѣглымъ, брошеннымъ на него взглядомъ, выражавшимъ какъ-будто вопросъ: „что это за 20 прапорщикъ?“ — Да вотъ-съ внизу, ваше высокоблагородіе, у штабсъ-капитана могутъ помѣститься ихъ благородіе, — продолжалъ онъ, подумавъ немного: — теперь штабсъ-капитанъ на баксіонѣ, такъ ихняя 25 койка пустая остаётся.

— Такъ вотъ не угодно ли-съ покамѣстъ? —сказалъ батарейный командиръ.—Вы, я думаю, устали, а завтра лучше устроимъ.

Володя всталъ и поклонился.   30

— Не угодно ли чаю? — сказалъ батарейный командиръ, когда онъ уже подходилъ къ двери.—Можно самоваръ поставить.

Володя поклони́лся и вы́шелъ. Полко́вничій денщи́къ провёлъ его́ внизъ и ввёлъ въ го́лую гря́зную ко́мнату, въ кото́рой валя́лся ра́зный хламъ и стоя́ла желѣ́зная
5 крова́ть безъ бѣлья́ и одѣя́ла. На крова́ти, накры́вшись то́лстою шине́лью, спалъ како́йто человѣ́къ въ ро́зовой руба́шкѣ.
Володя при́нялъ его́ за солда́та.
— Пётръ Никола́ичъ! — сказа́лъ ден
10 щи́къ, толка́я за плечо́ спя́щаго. — Тутъ пра́порщикъ ля́гутъ... Это нашъ ю́нкеръ,— приба́вилъ онъ, обраща́ясь къ пра́порщику.
— Ахъ, не безпоко́йтесь, пожа́луйста!— сказа́лъ Володя; но ю́нкеръ, высо́кій, пло́т
15 ный, молодо́й мужчи́на, съ краси́вою, но весьма́ глу́пою физіоно́міей, всталъ съ крова́ти, наки́нулъ шине́ль и, ви́димо, не просну́вшись ещё хороше́нько, вы́шелъ изъ ко́мнаты.
20 — Ничего́, я на дворѣ́ ля́гу, — пробормота́лъ онъ.

XIII.

Оста́вшись наединѣ́ съ свои́ми мы́слями, пе́рвымъ чу́вствомъ Володи былъ страхъ того́ безпоря́дочнаго, безотра́днаго состоя́
25 нія, въ кото́ромъ находи́лась душа́ его́. Ему́ захотѣ́лось засну́ть и забы́ть всё окружа́ющее и, гла́вное, самого́ себя́. Онъ потуши́лъ свѣ́чку, лёгъ на посте́ль и, снявъ съ себя́ шине́ль, закры́лся е́ю съ голово́ю, чтобъ

избáвиться отъ стрáха темноты́, котóрому онъ ещё съ дѣ́тства былъ подвéрженъ. Но вдругъ емý пришлá мысль, что прилетѝтъ бóмба, пробьётъ кры́шу и убьётъ егó. Онъ сталъ вслýшиваться; надъ сáмою его головóй 5 слы́шались шагѝ батарéйнаго командѝра.

„Впрóчемъ, éсли и прилетѝтъ,—подý- малъ онъ,—то прéжде убьётъ наверхý, а потóмъ меня́; по крáйней мѣ́рѣ не меня́ одногó". Эта мысль успокóила его немнóго; 10 онъ сталъ бы́ло засыпáть. „Ну что, éсли вдругъ нóчью возьмýтъ Севастóполь, и фран- цýзы ворвýтся сюдá? Чѣ́мъ я бýду защи- щáться?"—Онъ опя́ть всталъ и походѝлъ по кóмнатѣ. Страхъ дѣйствѝтельной опáсности 15 подавѝлъ тáинственный страхъ мрáка. Кро- мѣ́ сѣдлá и самовáра въ кóмнатѣ ничегó твёрдаго нé было. „Я подлéцъ, я трусъ, мéрзкій трусъ!" вдругъ подýмалъ онъ и снóва перешёлъ къ тя́жкому чýвству пре- 20 зрѣ́нія, отвращéнія дáже къ самомý себѣ́. Онъ снóва лёгъ и старáлся не дýмать. Тогдá впечатлѣ́нія дня невóльно возникáли въ воображéніи, при неперестаю́щихъ звý- кахъ, заставля́ющихъ дрожáть стёкла въ 25 едѝнственномъ окнѣ́, и снóва напоминáли объ опáсности: то емý грéзились рáненые и кровь, то бóмбы и оскóлки, котóрые вле- тáютъ въ комнáту, то хорóшенькая сестрá милосéрдія, дѣ́лающая емý, умирáющему, 30 перевя́зку и плáчущая надъ нимъ, то мать егó, провожáющая егó въ уѣ́здномъ гóродѣ и горячó со слезáми моля́щаяся пéредъ

чудотворною иконой, и снова сонъ кажется
ему невозможенъ. Но вдругъ мысль о Богѣ
всемогущемъ, который всё можетъ сдѣлать
и услышать всякую молитву, ясно пришла
5 ему въ голову. Онъ сталъ на колѣни,
перекрестился и сложилъ руки такъ, какъ
его въ дѣтствѣ ещё учили молиться. Этотъ
жестъ вдругъ перенёсъ его къ давно забы-
тому отрадному чувству.

10   „Если нужно умереть, нужно, чтобы
меня не было, сдѣлай это, Господи,—подумалъ онъ,—поскорѣе сдѣлай это; но если
нужна храбрость, нужна твёрдость, которыхъ у меня нѣтъ, дай мнѣ ихъ, избави отъ
15 стыда и позора, которыхъ я не могу пере-
носить, но научи, что мнѣ дѣлать, чтобъ
исполнить Твою волю".

Дѣтская, запуганная, ограниченная душа
вдругъ возмужала, просвѣтлѣла и увидѣла
20 новые, обширные, свѣтлые горизонты. Много ещё передумалъ и перечувствовалъ онъ
въ то короткое время, пока продолжалось
это чувство. Онъ заснулъ скоро покойно
и безпечно, подъ звуки продолжавшагося
25 гула бомбардированія и дрожанія стёколъ.

Господи Великій! только Ты одинъ слы-
шалъ и знаешь тѣ простыя, но жаркія и
отчаянныя мольбы невѣдѣнія, смутнаго рас-
каянія, просьбы исцѣленія тѣла и просвѣт-
30 лѣнія души, которыя восходили къ Тебѣ
изъ этого страшнаго мѣста смерти, отъ
генерала, за секунду передъ этимъ думав-
шаго о Георгіи на шею и со страхомъ

чу́ющаго бли́зость Твою́, до просто́го солда́та, повали́вшагося на го́ломъ полу́ Никола́ев-ской батаре́и и прося́щаго Тебя́ дать ему́ тамъ безсозна́тельно предчу́вствуемую имъ награ́ду за всѣ страда́нія!... 5

XIV.

Ста́ршій Козельцо́въ, встрѣ́тивъ на у́лицѣ солда́та своего́ полка́, съ нимъ вмѣ́стѣ на-пра́вился пря́мо къ 5-му бастіо́ну.

— Подъ стѣ́нкой держи́тесь, ва́ше бла-горо́діе!—сказа́лъ солда́тъ. 10

— А что?

— Опа́сно, ва́ше благоро́діе: вонъ она́ ужъ че́резъ несётъ,—сказа́лъ солда́тъ, при-слу́шиваясь къ зву́ку просвистѣ́вшаго ядра́, уда́рившагося о суху́ю доро́гу по той сторонѣ́ 15 у́лицы.

Козельцо́въ, не слу́шая солда́та, бо́дро пошёлъ посреди́нѣ у́лицы.

Всё тѣ же бы́ли у́лицы, тѣ же, да́же бо́лѣе ча́стые огни́, зву́ки, сто́ны, встрѣ́чи 20 съ ра́неными и тѣ же батаре́и, бруствера́ и транше́и, каки́е бы́ли весно́ю, когда́ онъ былъ въ Севасто́полѣ; но всё э́то почему́-то бы́ло тепе́рь грустнѣ́е и вмѣ́стѣ энерги́чнѣе; про-бо́инъ въ дома́хъ бо́льше, огне́й въ о́кнахъ 25 уже́ совсѣ́мъ нѣтъ, исключа́я Ку́щина до́ма (го́спиталя), же́нщины ни одно́й не встрѣ́-ча́ется, на всёмъ лежи́тъ не пре́жній характеръ привычки и безпечности, а какая-то печать тяжёлаго ожиданія и усталости.

Но вотъ уже послѣдняя траншея, вотъ и голосъ солдатика П. полка, узнавшаго 5 своего прежняго ротнаго командира, вотъ и третій баталіонъ стоитъ въ темнотѣ, прижавшись у стѣнки, изрѣдка, на мгновеніе освѣщаемый выстрѣлами и слышный сдержаннымъ говоромъ, побрякиваніемъ ружей.

10 — Гдѣ командиръ полка?—спросилъ Козельцовъ.

— Въ блиндажѣ, у флотскихъ, ваше благородіе!—отвѣчалъ услужливый солдатикъ.—Пожалуйте, я васъ провожу.

15 Изъ траншей въ траншею солдатъ привёлъ Козельцова къ канавкѣ въ траншеѣ. Въ канавкѣ сидѣлъ матросъ, покуривая трубочку; за нимъ виднѣлась дверь, въ щели которой просвѣчивалъ огонь.

20 — Можно войти?

— Сейчасъ доложу,—и матросъ вошёлъ въ дверь.

Два голоса говорили за дверью.

— Если Пруссія будетъ продолжать дер- 25 жать нейтралитетъ, — говорилъ одинъ голосъ:— то Австрія тоже...

— Да что Австрія, — говорилъ другой,— когда славянскія земли... ну, проси.

Козельцовъ никогда не былъ въ этомъ 30 блиндажѣ. Онъ поразилъ его своею щеголеватостью. Полъ былъ паркетный, ширмочки закрывали дверь. Двѣ кровати стояли

по стѣнáмъ, въ углý стоя́ла большáя, въ
золотóй ри́зѣ, икóна Бóжіей Мáтери и пéредъ
ней горѣ́ла рóзовая лампáдка. На однóй
изъ кровáтей спалъ моря́къ, совершéнно
одѣ́тый, на другóй, пéредъ столóмъ, на 5
котóромъ стоя́ли двѣ бутьíлки нáчатаго винá,
сидѣ́ли разговáривавшіе—нóвый полковóй
командúръ и адъютáнтъ. Хотя́ Козельцóвъ
далёкó былъ не трусъ и рѣши́тельно ни въ
чёмъ нé былъ виновáтъ ни пéредъ прави́тель- 10
ствомъ, ни пéредъ полковьíмъ командúромъ,
но онъ робѣ́лъ при ви́дѣ полкóвника, бьíв-
шаго недáвняго своегó товáрища: такъ гóрдо
всталъ ́этотъ полкóвникъ и вьíслушалъ егó.
,,Стрáнно,—подýмалъ Козельцóвъ, гля́дя на 15
своегó командúра, — тóлько семь недѣ́ль,
какъ онъ при́нялъ полкъ, а какъ ужъ во
всёмъ егó окружáющемъ, въ егó одéждѣ,
осáнкѣ, взгля́дѣ виднá власть полковóго
командúра. Давнó ли, дýмалъ онъ, ́этотъ 20
сáмый Батри́щевъ кýчивалъ съ нáми, носи́лъ
по недѣ́лямъ си́тцевую немáркую рубáшку
и ѣдáлъ, никогó не приглашáя къ себѣ́,
вѣ́чные битки́ и варéники? а тепéрь! и въ
глазáхъ ́это выражéніе холóдной гóрдости, 25
котóрая говори́тъ вамъ: хотя́ я тебѣ́ и
товáрищъ, потомý что я полковóй командúръ
нóвой шкóлы, но повѣ́рь, что я знáю, какъ
ты готóвъ бы полъ жи́зни отдáть за то
тóлько, чтобы быть на моёмъ мѣ́стѣ!‟ 30
— Вы долгóнько лѣчи́лись, — сказáлъ
полкóвникъ Козельцóву хóлодно, гля́дя на
негó.

— Бо́ленъ былъ, полко́вникъ! ещё и теперь ра́на хороше́нько не закры́лась.

— Такъ вы напра́сно прiѣ́хали,—гля́дя съ недовѣ́рчивымъ взгля́домъ на по́лную фигу́ру офице́ра, сказа́лъ полко́вникъ.—Вы мо́жете, одна́ко, исполня́ть слу́жбу?

— Какъ же-съ, я могу́-съ.

— Ну, я о́чень радъ-съ. Такъ вы прими́те отъ пра́порщика За́йцева девя́тую ро́ту —ва́шу пре́жнюю; сейча́съ же вы полу́чите прика́зъ.

— Слу́шаю-съ.

— Потруди́тесь, когда́ вы пойдёте, посла́ть ко мнѣ́ полково́го адъюта́нта,—заключи́лъ полково́й команди́ръ, лёгкимъ покло́номъ дава́я чу́вствовать, что аудiе́нцiя ко́нчена.

Вы́йдя изъ блинда́жа, Козельцо́въ нѣ́сколько разъ промыча́лъ что́-то и подёрнулъ плеча́ми, какъ-бу́дто ему́ бы́ло отчего́-то бо́льно, нело́вко и́ли доса́дно, и доса́дно не на полково́го команди́ра (не́ за что), а самъ собо́ю, всѣ́мъ окружа́ющимъ онъ былъ какъ-бу́дто недово́ленъ.

XV.

Козельцо́въ, пре́жде че́мъ итти́ къ свои́мъ
офице́рамъ, пошёлъ поздоро́ваться съ свое́ю
ро́той и посмотре́ть, где́ она́ стои́тъ. Бруст-
вера́ изъ ту́ровъ, фигу́ры транше́й, пу́шки,
ми́мо кото́рыхъ онъ проходи́лъ, да́же ос- 5
ко́лки, бо́мбы, на кото́рые онъ спотыка́лся
по доро́ге,—всё э́то, безпреста́нно освѣ-
ща́емое огня́ми вы́стрѣловъ, бы́ло ему́ хоро-
шо́ знако́мо; всё э́то жи́во врѣ́залось у него́
въ па́мяти, три мѣ́сяца тому́ наза́дъ, въ про- 10
долже́ніе двухъ недѣ́ль, кото́рыя онъ без-
вы́ходно провёлъ на э́томъ са́момъ бастіо́нѣ.
Хотя́ мно́го бы́ло ужа́снаго въ э́томъ вос-
помина́ніи, но кака́я-то пре́лесть проше́д-
шаго примѣ́шивалась къ нему́, и онъ съ 15
удово́льствіемъ, какъ-бу́дто прія́тны бы́ли
проведённыя здѣсь двѣ недѣ́ли, узнава́лъ
знако́мые мѣста́ и предме́ты. Ро́та была́
располо́жена по оборони́тельной стѣнкѣ къ
6-му бастіо́ну. 20
Козельцо́въ вошёлъ въ дли́нный, совер-
ше́нно откры́тый со стороны́ вхо́да блинда́жъ,
въ кото́ромъ, ему́ сказа́ли, стои́тъ 9-я ро́та.
Буква́льно но́ги не́куда бы́ло поста́вить во
всёмъ блинда́жѣ: такъ онъ отъ са́маго вхо́да 25
напо́лненъ былъ солда́тами. Въ одно́й сторонѣ его́ свѣти́лась са́льная крива́я свѣ́чка,
кото́рую лёжа держа́лъ солда́тикъ, освѣща́я
кни́гу, кото́рую по склада́мъ чита́лъ друго́й.
О́коло свѣ́чки, въ смра́дномъ полусвѣ́тѣ 30

блиндáжа, вѝдны бы́ли по́днятыя гóловы, жáдно слу́шающія чтецá. Кнѝжка былá áзбука. Входя́ въ блиндáжъ, Козельцóвъ услы́шалъ слѣ́дующее:

5 „Мо-лѝ-тва пóслѣ́ учé-нія. Благодарю́ Те-бя́ Соз-дá-телю...“

— Снимѝте со свѣ́чки-то! — сказáлъ гóлосъ.—Кнѝжка слáвная.—Богъ... мой...— продолжáлъ чтецъ.

10 Когдá Козельцóвъ спросѝлъ фельдфé-беля, чтецъ замóлкъ, солдáты зашевелѝлись, закáшляли, засморкáлись, какъ всегдá пóслѣ́ сдéржаннаго молчáнія, фельдфéбель, застё-гиваясь, подня́лся́ óколо гру́ппы чтецá и, 15 шагáя чéрезъ и по ногáмъ тѣ́хъ, котóрымъ нéкуда бы́ло убрáть ихъ, вы́шелъ къ офицéру.

— Здрáвствуй, братъ? Что, э́то всё нáша рóта?

20 — Здрáвія желáемъ! съ прiѣ́здомъ, вáше благорóдіе—отвѣчáлъ фельдфéбель, вéсело и дружелю́бно гля́дя на Козельцóва.—Какъ здорóвьемъ попрáвились, вáше благорóдіе? Ну и слáва Бóгу. А то мы безъ васъ соску́-25 чились.

Вѝдно бы́ло сейчáсъ, что Козельцóва любѝли въ рóтѣ.

Въ глубинѣ́ блиндáжа послы́шались голосá: „стáрый рóтный прiѣ́халъ, что рáненый 30 былъ, Козельцóвъ Михаи́лъ Семёнычъ“, и т. п.; нѣ́которые дáже пододвѝнулись къ нему́, барабáнщикъ поздорóвался.

— Здрáвствуй, Обанчу́къ!—сказáлъ Ко-

зельцо́въ: — цѣлъ?—Здоро́во, ребя́та!—ска-
за́лъ онъ пото́мъ, возвыша́я го́лосъ.

— Здра́вія жела́емъ!—загудѣ́ло въ блин-
да́жѣ.

— Какъ пожива́ете, ребя́та? 5

— Пло́хо, ва́ше благоро́діе: одолѣва́етъ
францу́зъ,—такъ ду́рно бьётъ изъ-за ша́н-
цевъ, да и шаба́шъ! а въ по́ле не выхо́дитъ.

— Аво́сь, на моё сча́стіе, Богъ дастъ и
вы́йдутъ въ по́ле, ребя́та!—сказа́лъ Козель- 10
цо́въ.—Ужъ мнѣ съ ва́ми не въ пе́рвый разъ:
опя́ть поколо́тимъ.

— Ра́ды стара́ться, ва́ше благоро́діе!—
сказа́ло нѣ́сколько голосо́въ.

— Что́ же, они́, то́чно смѣ́лые,—ска- 15
за́лъ го́лосъ.

— Ужа́сно каки́е смѣ́лые!—сказа́лъ ба-
раба́нщикъ, не гро́мко, но такъ, что слы́шно
бы́ло, обраща́ясь къ друго́му солда́ту, какъ-
бу́дто опра́вдываясь пе́редъ нимъ въ слова́хъ 20
ро́тнаго команди́ра и убѣжда́я его́, что въ
э́тихъ слова́хъ ничего́ нѣ́ было хвастли́ваго
и неправдоподо́бнаго.

Отъ солда́тиковъ Козельцо́въ перешёлъ
въ оборони́тельную каза́рму, къ това́рищамъ 25
офице́рамъ.

XVI.

Въ большо́й ко́мнатѣ каза́рмы бы́ло про́пасть наро́да: морскі́е, артиллері́йскіе и пѣхо́тные офице́ры. Одни́ спа́ли, другі́е разгова́ривали, си́дя на како́мъ-то я́щикѣ
5 и лафе́тѣ крѣпостно́й пу́шки; тре́тьи, составля́я са́мую большу́ю и шу́мную гру́ппу за сво́домъ, сидѣ́ли на полу́, на двухъ разо́стланныхъ бу́ркахъ, пи́ли по́ртеръ и игра́ли въ ка́рты.
10 — А! Козельцо́въ, Козельцо́въ! хорошо́, что прiѣ́халъ, молоде́цъ!.. Что ра́на?— послы́шалось съ ра́зныхъ сторо́нъ.—И здѣсь ви́дно бы́ло, что его́ лю́бятъ и ра́ды его́ прiѣ́зду.
15 Пожа́въ ру́ки знако́мымъ, Козельцо́въ присоедини́лся къ шу́мной гру́ппѣ, соста́вившейся изъ нѣ́сколькихъ офице́ровъ, игра́вшихъ въ ка́рты. Ме́жду ни́ми бы́ли то́же его́ знако́мые. Краси́вый худоща́вый брю-
20 не́тъ, съ дли́ннымъ сухи́мъ но́сомъ и больши́ми уса́ми, продолжа́вшимися отъ щёкъ, мета́лъ ба́нкъ бѣ́лыми сухи́ми па́льцами, на одно́мъ изъ кото́рыхъ былъ большо́й золото́й пе́рстень съ гербо́мъ. Онъ мета́лъ пря́мо
25 и неаккура́тно, ви́димо чѣмъ-то взволно́ванный,—то́лько жела́я каза́ться небре́жнымъ. Подлѣ него́, по пра́вую ру́ку, лежа́лъ, облокотя́сь, сѣдо́й майо́ръ и съ афекта́ціей хладнокро́вія понтирова́лъ по полти́ннику и
30 тотча́съ же распла́чивался. По лѣ́вую ру́ку,

на кóрточкахъ, сидѣлъ крáсный, съ пóтнымъ лицóмъ офицéрикъ, принуждённо улыбáлся и шутúлъ. Когдá бúли егó кáрты, онъ шевелúлъ безпрестáнно однóй рукóй въ пустóмъ кармáнѣ шаровáръ. Онъ игрáлъ большóй мáркой, но очевúдно ужé не на чúстыя, что úменно и корóбило красúваго брюнéта. По кóмнатѣ, держá въ рукáхъ большýю кúпу ассигнáцій, ходúлъ плѣшúвый, съ огрóмнымъ нóсомъ и ртомъ, худóй и блѣдный офицéръ и всё стáвилъ вабáнкъ на налúчныя дéньги и выúгрывалъ.

Козельцóвъ выпилъ вóдки и подсѣлъ къ игрáющимъ.

— Понтирнúте-ка, Михаúлъ Семёновичъ, —сказáлъ емý банкомётъ:—дéнегъ прóпасть, я чай, привезлú.

— Откýда у меня дéньгамъ быть! напрóтивъ, послѣднія въ гóродѣ спустúлъ.

— Какъ же! вздýли ужъ вѣрно когó-нибýдь въ Симферóполѣ.

— Прáво, мáло,—сказáлъ Козельцóвъ, но, вúдимо не желáя, чтобъ емý вѣрили, разстегнýлся и взялъ въ рýки стáрыя кáрты.

— Попытáться нéчто: чѣмъ чортъ не шýтитъ! и комáръ бывáетъ, что, знáете, какія штýки дѣлаетъ. Выпить тóлько нáдо для хрáбрости.

И въ непродолжúтельномъ врéмени онъ, выпивъ другýю рюмочку вóдки и нѣсколько пóртера, проúгрывалъ послѣдніе три рубля.

На мáленькомъ вспотѣвшемъ офицéрѣ было напúсано полторáста рублéй.

— Нѣтъ, не везётъ,—сказалъ онъ, не-
брежно приготавливая новую карту.

— Потрудитесь прислать,—сказалъ ему
банкомётъ, на минуту останавливаясь метать
5 и взглядывая на него.

— Позвольте завтра прислать, — отвѣчалъ потный офицеръ, вставая и усиленно
перебирая рукой въ пустомъ карманѣ.

— Гм!—промычалъ банкомётъ и злостно
10 бросая направо, налѣво, дометалъ талію.—
Однако, этакъ нельзя,—сказалъ онъ, положивъ карты:—я бастую. Этакъ нельзя,
Захаръ Иванычъ, — прибавилъ онъ: — мы
играли на чистыя, а не на мѣлокъ.

15 — Что жъ, развѣ вы во мнѣ сомнѣ-
ваетесь? Странно, право!

— Съ кого прикажете получить?—про-
бормоталъ майоръ, выигравшій что-то рублей восемь.—Я прислалъ уже больше двад-
20 цати рублей, а выигралъ,—ничего не по-
лучаю.

— Откуда же и я заплачу?—сказалъ
банкомётъ:—когда на столѣ денегъ нѣтъ.

— Я знать не хочу!—закричалъ майоръ,
25 поднимаясь:—я играю съ вами, а не съ
ними.

Потный офицеръ вдругъ разгорячился.

— Я говорю, что заплачу завтра: какъ
же вы смѣете мнѣ говорить дерзость?

30 — Я говорю, что хочу! такъ не дѣлаютъ
—вотъ что!—кричалъ майоръ.

— Полноте, Ѳедоръ Ѳедоровичъ!—заго-
ворили всѣ, удерживая майора.

Но опу́стимъ скоре́е за́навѣсу надъ э́тою сце́ной. За́втра, ны́нче же, мо́жетъ-быть, ка́ждый изъ э́тихъ люде́й ве́село и го́рдо пойдётъ навстре́чу сме́рти и умрётъ твёрдо и епоко́йно; но одна́ отра́да жи́зни въ тѣхъ, 5 ужаса́ющихъ са́мое холо́дное воображе́ніе, усло́віяхъ, отсу́тствія всего́ человѣ́ческаго и безнаде́жности вы́хода изъ нихъ, одна́ отра́да есть забве́ніе, уничтоже́ніе созна́нія. На днѣ души́ ка́ждаго лежи́тъ та благоро́д- 10 ная и́скра, кото́рая сдѣ́лаетъ изъ него́ геро́я; но и́скра э́та устаётъ горѣ́ть я́рко—придётъ рокова́я мину́та, она́ вспы́хнетъ пла́менемъ и освѣ́титъ вели́кія дѣла́.

XVII.

На друго́й день бомбарди́рова́ніе про- 15 дожа́лось съ то́ю же си́лою. Часо́въ въ оди́ннадцать утра́, Воло́дя Козельцо́въ си- дѣ́лъ въ кружкѣ́ батаре́йныхъ офице́ровъ и, уже́ успѣ́въ немно́го привы́кнуть къ нимъ, всма́тривался въ но́выя ли́ца, наблюда́лъ, 20 разспра́шивалъ и разска́зывалъ. Скро́мная, нѣ́сколько притяза́тельная на учёность, бе- сѣ́да артиллері́йскихъ офице́ровъ внуша́ла ему́ уваже́ніе и нра́вилась. Стыдли́вая же, неви́нная и краси́вая нару́жность Воло́ди 25 располага́ла къ нему́ офице́ровъ. Ста́ршій офице́ръ въ батаре́ѣ, капита́нъ, невысо́кій, рыжева́тый мужчи́на, съ хохолко́мъ и гла- денькими височками, воспи́танный по ста́-

рымъ преда́ніямъ артилле́ріи, да́мскій кава-
ле́ръ и бу́дто бы учёный, разспра́шивалъ
Воло́дю о зна́ніяхъ его́ въ артилле́ріи, но́-
выхъ изобрѣте́ніяхъ, ла́сково подтру́нивая
5 надъ его́ мо́лодостью и хоро́шенькимъ ли́чи-
комъ и вообще́ обраща́ясь съ нимъ, какъ
оте́цъ съ сы́номъ, что о́чень прія́тно бы́ло
Воло́дѣ. Подпору́чикъ Дя́денко, молодо́й
офице́ръ, говори́вшій хохла́цкимъ вы́гово-
10 ромъ, въ обо́рванной шине́ли и съ взъеро́-
шенными волоса́ми, хотя́ и говори́лъ весьма́
гро́мко и безпреста́нно лови́лъ слу́чаи о
чёмъ-нибу́дь жёлчно поспо́рить и имѣ́лъ
рѣ́зкія движе́нія, всё-таки нра́вился Воло́дѣ,
15 кото́рый подъ э́тою гру́бою внѣ́шностью не
могъ не ви́дѣть въ нёмъ о́чень хоро́шаго и
чрезвыча́йно до́браго человѣ́ка. Дя́денко
предлага́лъ безпреста́нно Воло́дѣ свои́ у-
слу́ги и дока́зывалъ ему́, что всѣ ору́дія въ
20 Севасто́полѣ поста́влены не по пра́виламъ.
Пору́чикъ Черновѝцкій, съ высокопо́дня-
тыми бровя́ми, хотя́ и былъ учти́вѣе всѣхъ и
одѣ́тъ въ сюрту́къ дово́льно чи́стый, хотя́ и
не но́вый, но тща́тельно запла́танный и вы-
25 ка́зывалъ золоту́ю цѣпо́чку на атла́сномъ
жиле́тѣ, не нра́вился Воло́дѣ. Онъ всё
разспра́шивалъ, что дѣ́лаютъ госуда́рь и
вое́нный мини́стръ, и разска́зывалъ ему́ съ
ненатура́льнымъ восто́ргомъ по́двиги хра́-
30 брости, совершённые въ Севасто́полѣ, жа-
лѣ́лъ о томъ, какъ ма́ло бы́ло и́стинныхъ
патріо́товъ, вообще́ выка́зывалъ мно́го зна́-
нія, ума́ и благоро́дныхъ чувствъ; но почему́-

то всё это казáлось Волóдѣ непрiя́тнымъ и
неестéственнымъ. Глáвное, онъ замѣчáлъ,
что прóчiе офицéры почтú не говорúли съ
Черновúцкимъ. Ю́нкеръ Влангъ, котóраго
онъ разбудúлъ вчерá, тóже былъ тутъ. Онъ 5
ничегó не говорúлъ, но, скрóмно сúдя въ
уголкѣ, смѣя́лся, когдá бы́ло что-нибýдь
смѣшнóе, вспоминáлъ, когдá забывáли что-
нибýдь, подавáлъ вóдку и дѣлалъ папирóсы
для всѣхъ офицéровъ. Скрóмныя ли, учти- 10
выя манéры Волóди, котóрый обращáлся съ
нимъ такъ же, какъ и съ офицéромъ, и не
помыкáлъ имъ, какъ мальчúшкой, úли
прiя́тная нарýжность плѣнúли Влáнгу, какъ
называ́ли егó солдáты, склоня́я почемý-то 15
въ жéнскомъ рóдѣ егó фамúлiю, тóлько онъ
не спускáлъ свoúхъ дóбрыхъ большúхъ глазъ
съ лицá нóваго офицéра, предугáдывалъ и
предупреждáлъ всѣ егó желáнiя и всё врéмя
находúлся въ какóмъ-то любóвномъ экстáзѣ, 20
котóрый, разумѣется, замѣтили и пóдняли
на смѣхъ офицéры.

Пéредъ обѣдомъ смѣнúлся штабсъ капитáнъ съ бастióна и присоединúлся къ
ихъ óбществу. Штабсъ-капитáнъ Краутъ 25
былъ бѣлокýрый, красúвый, бóйкiй офицéръ,
съ большúми ры́жими усáми и бакенбáрдами;
онъ говорúлъ по-рýсски отлúчно, но слúш-
комъ прáвильно и красúво для рýсскаго.
Въ слýжбѣ и въ жúзни онъ былъ такъ же, 30
какъ въ языкѣ: онъ служúлъ прекрáсно,
былъ отлúчный товáрищъ, сáмый вѣрный
человѣкъ по дéнежнымъ отношéнiямъ; но

просто, какъ человѣкъ, именно оттого, что всё было какъ-то хорошо, чего-то не доставало. Какъ всѣ русскіе нѣмцы, по странной противоположности съ идеальными нѣмецкими нѣмцами, онъ былъ „praktisch" въ высшей степени.

— Вотъ онъ, нашъ герой является!— сказалъ капитанъ, въ то время, какъ Краутъ, размахивая руками и побрякивая шпорами, входилъ въ комнату.—Чего хотите, Фридрихъ Крестьянычъ: чаю или водки?

— Я ужъ приказалъ себѣ чайку поставить,—отвѣчалъ онъ:—а водочки покамѣстъ хватить можно для услажденія души. Очень пріятно познакомиться; прошу насъ любить и жаловать,—сказалъ онъ Володѣ, который, вставъ, поклонился ему:—штабскапитанъ Краутъ... Мнѣ на бастіонѣ фейерверкеръ сказывалъ, что вы прибыли ещё вчера.

— Очень вамъ благодаренъ за вашу постель: я ночевалъ на ней.

— Покойно ли вамъ только было? тамъ одна ножка сломана; да всё некому починить—въ осадномъ-то положеніи,—её подкладывать надо.

— Ну, что, счастливо отдежурили?— спросилъ Дяденко.

— Да, ничего; только Скворцову достало́сь, да лафетъ одинъ вчера починили. Вдребезги разбили станину.

Онъ всталъ съ мѣста и началъ ходить: видно было, что онъ весь находился подъ вліяніемъ пріятнаго чувства человѣка, только что вышедшаго изъ онасности.

— Что, Дмитрій Гаврилычъ,—сказалъ онъ, потрясая капитана за колѣнки:—какъ поживаете, батюшка? что ваше представленіе—молчитъ ещё. 5

— Ничего ещё нѣтъ.

— Да и не будетъ ничего, — заговорилъ Дяденко:—я вамъ доказывалъ это прежде.

— Отчего же не будетъ? 10

— Оттого, что не такъ написали реляцію.

— Ахъ вы, спорщикъ, спорщикъ! — сказалъ Краутъ, весело улыбаясь:—настоящій хохолъ неуступчивый! Ну, вотъ вамъ на зло же, выйдетъ вамъ поручика. 15

— Нѣтъ, не выйдетъ.

— Влангъ! принесите-ка мнѣ мою трубочку, да набейте,—сказалъ онъ, обратясь къ юнкеру, который тотчасъ же охотно побѣжалъ за трубкой. 20

Краутъ всѣхъ оживилъ: разсказывалъ про бомбардированіе, разспрашивалъ, что безъ него дѣлалось, заговаривалъ со всѣми.

XVIII.

— Ну, какъ? вы ужъ устроились у насъ?—спросилъ Краутъ у Володи...—Извините, какъ ваше имя и отчество? у насъ, 25 вы знаете, ужъ такой обычай въ артиллеріи. Лошадку верховую пріобрѣли?

— Нѣтъ,—сказалъ Володя:—я не знаю, какъ быть. Я капитану говорилъ; у меня 30 лóшади нѣтъ, да и дéнегъ тóже нѣтъ, покýда я не получý фурáжныхъ и подъёмныхъ. Я хочý просѝть покамѣстъ лóшади у батарéйнаго командѝра, да боюсь, какъ бы онъ 5 не отказáлъ мнѣ.

— Аполлóнъ Сергѣичъ-то!—онъ произвёлъ губáми звукъ, выражáющій сѝльное сомнѣніе, и посмотрѣлъ на капитáна: — врядъ!

10 — Что жъ? откáжетъ, не бѣдá,—сказáлъ капитáнъ:—тýтъ-то лóшади, по прáвдѣ, и не нýжно, а всё попытáть мóжно; я спрошý нынче.

— Какъ! вы егó не знáете,—вмѣшáлся 15 Дяденко,—другóе что откáжетъ, а имъ ни за что... хотѝте парѝ?..

— Ну, да вѣдь ужъ извѣстно, вы всегдá противорѣчите.

— Оттогó противорѣчу, что я знáю: онъ 20 на другóе скупъ, а лóшадь дастъ, потомý что емý нѣтъ разсчёта отказáть.

— Какъ нѣтъ разсчёта, когдá емý здѣсь по восьмѝ рублéй овёсъ обхóдится!—сказáлъ Крáутъ:—разсчётъ-то есть не держáть 25 лѝшней лóшади!

— Вы просѝте себѣ Скворцá, Владѝміръ Семёнычъ!—сказáлъ Влангъ, вернýвшійся съ трýбкой Крáута:—отлѝчная лошáдка.

— Съ котóрой вы въ Сорóкахъ въ канáву 30 упáли? А? Влáнга?—замѣтилъ штабсъ-капитáнъ.

— Нѣтъ, да что жъ вы говорѝте, по восьмѝ рублéй овёсъ,—продолжáлъ спóрить

Дяденко:—когда у него справка по десяти съ полтиной; разумѣется не разсчётъ.

— А ещё бы у него ничего не оставалось! Небось вы будете батарейнымъ командиромъ, такъ въ городъ не дадите лошади съѣздить! 5

— Когда я буду батарейнымъ командиромъ, у меня будутъ, батюшка, лошади по четыре гарнчика кушатъ, доходовъ не буду собирать, не бойтесь.

— Поживёмъ, посмотримъ, — сказалъ 10 штабсъ-капитанъ:—и вы будете такъ же поступать, и они, какъ будутъ батареей командовать, тоже,—прибавилъ онъ указывая на Володю.

— Отчего же вы думаете, Фридрихъ 15 Крестьянычъ, что и они захотятъ воспользоваться? — вмѣшался Черновицкій; — можетъ у нихъ состояніе есть: такъ зачѣмъ же они станутъ пользоваться?

— Нѣтъ-съ, ужъ я... извините меня, 20 капитанъ,—сказалъ Володя покраснѣвъ до ушей,—ужъ я это считаю неблагородно.

— Эгé! какой онъ бѣдовый!—сказалъ Краутъ.

— Да это всё равно: я только думаю, что 25 если не мои деньги, то я не могу ихъ брать.

— А я вамъ вотъ что скажу, молодой человѣкъ,—началъ болѣе серьёзнымъ тономъ штабсъ-капитанъ:—вы знаете ли, что когда вы командуете батареей, то вы, если 30 хорошо поведёте дѣла, ну и ладно; въ солдатское продовольствіе батарейный командиръ не вмѣшивается: ужъ это такъ искони́ ведётся въ артилле́ріи. Е́сли вы дурно́й хозя́инъ, у васъ ничего́ не оста́нется. Тепе́рь, вы должны́ изде́рживать, про́тивъ положе́нія, на ко́вку разъ (онъ загну́лъ 5 оди́нъ па́лецъ), на апте́ку—два (онъ загну́лъ друго́й па́лецъ), на канцеля́рію—три, на подру́чныхъ лошаде́й по пяти́сотъ це́лко́выхъ пла́тятъ, ба́тюшка—э́то четы́ре, вы должны́ воротники́ переме́ни́ть солда́тамъ, на у́голь 10 у васъ мно́го выхо́дитъ, столъ вы де́ржите для офице́ровъ. Е́сли батаре́йный команди́ръ, вы должны́ жить прили́чно: вамъ и коля́ску ну́жно, и шу́бу, и друго́е, и тре́тье, и деся́тое... да что и говори́ть.

15 — А гла́вное, — подхвати́лъ капита́нъ, молча́вшій всё вре́мя,—вотъ что, Влади́міръ Семёнычъ: вы предста́вьте себе́, что челове́къ, какъ я, наприме́ръ, слу́житъ два́д-цать ле́тъ сперва́ на двухъ, а пото́мъ на 20 трёхста́хъ рубля́хъ жа́лованья: какъ не дать ему́ хоть за его́ слу́жбу кусо́къ хле́ба подъ ста́рость?

— Э! да что тутъ!—сно́ва заговори́лъ штабсъ-капита́нъ:—вы не торопи́тесь суди́ть, 25 а поживи́те-ка да послужи́те.

Воло́де́ ужа́сно ста́ло со́ве́стно и сты́дно за то, что онъ такъ необду́манно сказа́лъ, и онъ пробормота́лъ что-то и мо́лча продолжа́лъ слу́шать, какъ Дя́денко съ вели- 30 ча́йшимъ аза́ртомъ приня́лся́ спо́рить и дока́зывать проти́вное.

Споръ былъ пре́рванъ прихо́домъ денщика́ полко́вника, кото́рый звалъ ку́шать.

— А вы нынче скажите Аполлону Сергѣевичу, чтобъ онъ вина поставилъ,—сказалъ Черновицкій, застёгиваясь, капитану.—
И что онъ скупится? убьютъ, никому не достанется!   5
— Да вы сами скажите.
— Нѣтъ ужъ. Вы старшій офицеръ: надо порядокъ во всёмъ.

XIX.

Столъ былъ отодвинутъ отъ стѣны и грязною скатертью накрытъ въ той самой 10 комнатѣ, въ которой вчера Володя являлся полковнику. Батарейный командиръ нынче подалъ ему руку и разспрашивалъ про Петербургъ и про дорогу.
— Ну-съ, господа, кто водку пьётъ, ми- 15 лости просимъ.—Прапорщики не пьютъ,— прибавилъ онъ, улыбаясь.
Вообще батарейный командиръ казался нынче вовсе не такимъ суровымъ, какъ вчера; напротивъ, онъ имѣлъ видъ добраго 20 гостепріимнаго хозяина и старшаго товарища между офицерами. Но, несмотря на то, всѣ офицеры, отъ стараго капитана до прапорщика Дяденки, по одному тому, какъ они говорили, учтиво глядя въ глаза коман- 25 диру, и какъ робко подходили другъ за другомъ пить водку, показывали къ нему большое уваженіе.

Обѣдъ состоялъ изъ большой миски щей,
въ которой плавали жирные куски говядины
и огромное количество перцу и лавроваго
листа, польскихъ зразовъ съ горчицей и
5 колдуновъ съ не совсѣмъ свѣжимъ масломъ.
Салфётокъ не было, ложки были жестяныя
и деревянныя, стакановъ было два, и на
столѣ стоялъ только графинъ воды съ от-
битымъ горлышкомъ; но обѣдъ былъ не
10 скученъ: разговоръ не умолкалъ. Сначала
рѣчь шла объ инкерманскомъ сраженіи, въ
которомъ участвовала батарея, и изъ котораго каждый разсказывалъ свой впечатлѣнія
и соображенія о причинахъ неудачи, и умол-
15 калъ, когда начиналъ говорить самъ батарейный командиръ; потомъ разговоръ естественно перешёлъ къ недостаточности ка-
либра лёгкихъ орудій, къ новымъ облегчён-
нымъ пушкамъ, при чёмъ Володя успѣлъ
20 показать свой знанія въ артиллеріи. Но на
настоящемъ ужасномъ положеніи Севасто́-
поля разговоръ не останавливался, какъ-
будто каждый слишкомъ много думалъ объ
этомъ предметѣ, чтобъ ещё говорить о нёмъ.
25 Тоже объ обязанностяхъ службы, которыя
долженъ былъ нести Володя, къ его удивле́-
нію и огорченію, совсѣмъ не было рѣчи,
какъ-будто онъ пріѣхалъ въ Севастополь
только затѣмъ, чтобы разсказывать объ об-
30 легчённыхъ орудіяхъ и обѣдать у бата-
рейнаго командира. Во время обѣда, недалёко отъ дома, въ которомъ они сидѣли,
упала бомба. Полъ и стѣны задрожали,

какъ отъ землетрясе́нія, и о́кна застла́ло
порохо́вымъ ды́момъ.

— Вы э́того, я ду́маю, въ Петербу́ргѣ не
вида́ли; а здѣсь ча́сто быва́ютъ такі́е сюр-
при́зы,—сказа́лъ батаре́йный команди́ръ.   5

— Посмотри́те, Влангъ, гдѣ э́то ло́пнуло.
Влангъ посмотрѣ́лъ и донёсъ, что на
пло́щади, и о бо́мбѣ бо́льше рѣ́чи не́ было.

Пе́редъ са́мымъ концо́мъ обѣ́да, стари-
чо́къ, батаре́йный пи́сарь, вошёлъ въ ко́м-   10
нату съ тремя́ запеча́танными конве́ртами и
по́далъ ихъ батаре́йному команди́ру. „Вотъ
э́тотъ весьма́ ну́жный, сейча́съ каза́къ при-
вёзъ отъ нача́льника артилле́ріи". Всѣ
офице́ры съ нетерпѣли́вымъ ожида́ніемъ смо-   15
трѣ́ли на о́пытные въ э́томъ дѣ́лѣ па́льцы
батаре́йнаго команди́ра, сла́мывавшіе печа́ть
конве́рта и достава́вшіе *весьма́ ну́жную* бу-
ма́гу. „Что э́то могло́ быть?" дѣ́лалъ себѣ́
вопро́съ ка́ждый. Могло́ быть совсѣ́мъ вы-   20
ступле́ніе на о́тдыхъ изъ Севасто́поля, могло́
быть назначе́ніе всей батаре́и на бастіо́ны.

— Опя́ть!—сказа́лъ батаре́йный командиръ, серди́то швырну́въ на столъ бума́гу.

— О чёмъ, Аполло́нъ Сергѣ́ичъ?—спро-   25
си́лъ ста́ршій офице́ръ.

— Тре́буютъ офице́ра съ прислу́гой на
каку́ю-то тамъ морти́рную батаре́ю. У меня́
и такъ всего́ четы́ре человѣ́ка офице́ровъ и
прислу́ги по́лной въ строй не выхо́дитъ,—   30
ворча́лъ батаре́йный команди́ръ:—а тутъ
тре́буютъ ещё.—Одна́ко, на́до кому́-нибу́дь
итти́, господа́,—сказа́лъ онъ, помолча́въ не-

мно́го:—прика́зано въ семь часо́въ быть на
рога́ткѣ... Посла́ть фельдфе́беля! Кому́ же
итти́, господа́? рѣша́йте,—повтори́лъ онъ.

— Да вотъ они́ ещё нигдѣ́ не́ были,—
5 сказа́лъ Черновицкій, ука́зывая на Воло́дю.

Батаре́йный команди́ръ ничего́ не отвѣ́-
тилъ.

— Да я жела́лъ бы,—сказа́лъ Воло́дя,
чу́вствуя, какъ холо́дный потъ выступа́лъ у
10 него́ на спинѣ́ и шеѣ́.

— Нѣтъ, заче́мъ!—переби́лъ капита́нъ.—
Разумѣ́ется, никто́ не отка́жется, но и на-
пра́шиваться неслѣ́дъ; а коли́ Аполло́нъ
Сергѣ́ичъ предоставля́етъ э́то намъ, то
15 ки́нуть жре́бій, какъ и тотъ разъ дѣ́лали.

Всѣ согласи́лись. Краутъ нарѣ́залъ бу-
ма́жекъ, ската́лъ ихъ и насы́палъ въ фу-
ра́жку. Капита́нъ шути́лъ и да́же рѣши́лся
при э́томъ случа́ѣ проси́ть вина́ у полко́в-
20 ника, для хра́брости, какъ онъ сказа́лъ.
Дя́денко сидѣ́лъ мра́чный, Воло́дя улыба́лся
чему́-то. Черновицкій увѣря́лъ, что непре-
мѣ́нно ему́ доста́нется, Краутъ былъ совер-
ше́нно споко́енъ.

25 Воло́дѣ пе́рвому да́ли выбира́ть. Онъ
взялъ одну́ бума́жку, кото́рая была́ подлиннѣе, но тутъ же ему́ пришло́ въ го́лову
перемѣни́ть,—взялъ другу́ю, поме́ньше и
то́ньше, и, развернувъ, прочёлъ на ней:
30 „итти́“.

— Мнѣ,—сказа́лъ онъ, вздохну́въ.

— Ну, и съ Бо́гомъ. Вотъ вы и обстрѣ́-
ля́етесь сра́зу, — сказа́лъ батаре́йный, съ

доброю улыбкой глядя на смущённое лицо
прапорщика:—только поскорѣй собирайтесь.
А чтобы вамъ веселѣе было, Влангъ пойдётъ
съ вами за орудійнаго фейерверкера.

XX.

Влангъ былъ чрезвычайно доволенъ 5
своимъ назначеніемъ, живо побѣжалъ собираться и, одѣтый, пришёлъ помогать Володѣ
и всё уговаривалъ его взять съ собой и
койку, и шубу, старыя „Отечественныя записки“, и кофейникъ спиртовой, и другія 10
ненужныя вещи. Капитанъ посовѣтовалъ
Володѣ прочесть сначала по „Руковод-
ству“* о стрѣльбѣ изъ мортиръ и выписать
тотчасъ же оттуда таблицы. Володя тотчасъ же принялся за дѣло и, къ удивленію 15
и радости своей, замѣтилъ, что хотя чувства
страха опасности и ещё болѣе того, что онъ
будетъ трусомъ, безпокоили ещё его немного,
но далёко не въ той степени, въ какой это
было наканунѣ. Отчасти причиной тому 20
было вліяніе дня и дѣятельности, отчасти, и,
главное то, что страхъ, какъ и каждое
сильное чувство, не можетъ въ одной степени
продолжаться долго. Однимъ словомъ, онъ
уже успѣлъ перебояться. Часовъ въ семь, 25
только что солнце начинало прятаться за
Николаевскою казармой, фельдфебель во-

* „Руководство для артиллерійскихъ офицеровъ.“

шёлъ къ нему́ и объяви́лъ, что лю́ди гото́вы и дожида́ются.

— Я *Влангъ* спи́сокъ о́тдалъ. Вы у него́ изво́льте спроси́ть, ва́ше благоро́дiе!— 5 сказа́лъ онъ.

Челове́къ два́дцать артиллерíйскихъ солда́тъ, въ тесака́хъ безъ принадле́жности, стоя́ли за угло́мъ до́ма. Воло́дя вме́стѣ съ ю́нкеромъ подошли́ къ нимъ. „Сказа́ть 10 ли имъ ма́ленькую рѣчь, и́ли про́сто сказа́ть: здоро́во, ребя́та! и́ли ничего́ не сказа́ть?" поду́малъ онъ.—„Да и отчего́ жъ не сказа́ть: здоро́во, ребя́та! э́то должно́ да́же". И онъ смѣ́ло кри́кнулъ свои́мъ зву́чнымъ голос- 15 ко́мъ: „здоро́во, ребя́та!" Солда́ты ве́село отозва́лись: молодо́й, свѣ́жiй го́лосъ прiя́тно прозвуча́лъ въ уша́хъ ка́ждаго. Воло́дя бо́дро шёлъ впередъ солда́тъ, и, хотя́ се́рдце у него́ стуча́ло такъ, какъ бу́дто онъ про- 20 бѣжа́лъ во весь духъ нѣ́сколько вёрстъ, похо́дка у него́ была́ лёгкая и лицо́ весёлое. Подходя́ уже́ къ са́мому Мала́хову курга́ну, поднима́ясь на́ гору, онъ замѣ́тилъ, что Влангъ, ни на шагъ не отстава́вшiй отъ 25 него́ и до́ма каза́вшiйся таки́мъ хра́брымъ, безпреста́нно сторони́лся и нагиба́лъ го́лову, какъ бу́дто всѣ бо́мбы и я́дра, уже́ о́чень ча́сто свистѣ́вшiя тутъ, лета́ли пря́мо на него́. Нѣ́которые изъ солда́тиковъ дѣ́лали 30 то же, и вообще́, на большо́й ча́сти ихъ лицъ выража́лась е́сли не боя́знь, то безпоко́йство. Э́ти обстоя́тельства оконча́тель- но успоко́или и ободри́ли Воло́дю.

„Такъ вотъ и я на Малаховомъ кур-
ганѣ, который я воображалъ въ тысячу
разъ страшнѣе! И я могу итти, не кланяясь
ядрамъ, и трушу даже гораздо меньше другихъ! Такъ я не трусъ?" подумалъ онъ съ 5
наслажденіемъ и даже нѣкоторымъ восто́р-
гомъ самодовольства.

Однако, это чувство было скоро поко-
лѣблено зрѣлищемъ, на которое онъ наткнулся въ сумеркахъ на Корниловской ба- 10
тареѣ, отыскивая начальника бастіона. Четыре человѣка матросовъ, около бруствера,
за ноги и за руки держали окровавленный
трупъ какого-то человѣка безъ сапогъ и
шинели и раскачивали, желая перекинуть 15
черезъ брустверъ. (На второй день бомбардированія не вездѣ успѣвали убирать тѣла
на бастіонахъ и выкидывали ихъ въ ровъ,
чтобъ они не мѣшали на батареяхъ.) Володя
съ минуту остолбенѣлъ, увидалъ какъ трупъ 20
ударился на вершину бруствера и потомъ
скатился оттуда въ канаву; но на его счастіе
тутъ же начальникъ бастіона встрѣтился
ему, отдалъ приказанія и далъ проводника
на батарею и въ блиндажъ, назначенный 25
для прислуги. Не будемъ разсказывать,
сколько ещё опасностей, разочарованій ис-
пыталъ нашъ герой въ тотъ же вечеръ: какъ,
вмѣсто такой стрѣльбы, которую онъ видѣлъ
на Волковомъ полѣ, при всѣхъ условіяхъ 30
точности и порядка, которыя онъ надѣялся
найти здѣсь, онъ нашёлъ двѣ разбитыя
мортирки, изъ которыхъ одна была смята

ядро́мъ въ ду́лѣ, а друга́я стоя́ла на ще́пкахъ
разби́той платфо́рмы, какъ онъ не могъ до
утра́ доби́ться рабо́чихъ, что́бы почини́ть
платфо́рму, какъ ни оди́нъ заря́дъ не́ былъ
5 того́ вѣ́са, кото́рый озна́ченъ былъ въ „Руко-
во́дствѣ", какъ ра́нили двухъ солда́тъ его́
кома́нды, и какъ два́дцать разъ онъ былъ
на волоскѣ́ отъ сме́рти. По сча́стію, въ
по́мощь ему́ назна́ченъ былъ огро́мнаго ро́ста
10 комендо́ръ, моря́къ, снача́ла оса́ды бы́вшій
при морти́рахъ и убѣди́вшій его́ въ возмо́ж-
ности дѣ́йствовать изъ нихъ, съ фонарёмъ
води́вшій его́ но́чью по всему́ бастіо́ну,
то́чно какъ по своему́ огоро́ду, и обѣща́вшій
15 къ за́втрему всё устро́ить. Блинда́жъ, къ
кото́рому привёлъ его́ проводни́къ, была́
вы́рытая въ ка́менномъ гру́нтѣ, въ двѣ́ ку-
би́ческія са́жени, продолгова́тая я́ма, на-
кры́тая арши́нными дубо́выми брёвнами. Въ
20 ней-то онъ помѣсти́лся со всѣ́ми свои́ми
солда́тами. Влангъ пе́рвый, какъ то́лько
увида́лъ въ арши́нъ ни́зенькую дверь блин-
да́жа, о́прометью, пре́жде всѣ́хъ, вбѣжа́лъ
въ неё и, чуть не разби́вшись о ка́менный
25 полъ, заби́лся въ у́голъ, изъ кото́раго уже́
не выходи́лъ бо́льше. Воло́дя же, когда́
всѣ́ солда́ты помѣсти́лись вдоль стѣ́нъ на
полу́, и нѣ́которые закури́ли тру́бочки, раз-
би́лъ свою́ крова́ть въ углу́, зажёгъ свѣ́чку
30 и, закури́въ папиро́ску, лёгъ на ко́йку.
Надъ блинда́жемъ слы́шались безпреста́нные
вы́стрѣлы, но не сли́шкомъ гро́мко, исклю-
ча́я одно́й пу́шки, стоя́вшей ря́домъ и по-

трясавшей блиндажъ своимъ громомъ. Въ самомъ блиндажѣ было тихо; только солдаты, ещё дичась новаго офицера, изрѣдка переговаривались, прося одинъ другого посторониться или огоньку трубочку закурить, 5 крыса скреблась гдѣ-то между камнями, или Влангъ, не пришедшій ещё въ себя и ещё дико смотрѣвшій кругомъ, вздыхалъ вдругъ громкимъ вздохомъ. Володя на своей кровати, въ набитомъ народомъ ти- 10 хомъ уголкѣ и освѣщённомъ одною свѣчкой, испытывалъ то чувство уютности, которое было у него, когда ребёнкомъ, играя въ прятки, бывало, онъ залѣзалъ въ шкапъ или подъ юбку матери и, не переводя дыханія, 15 слушалъ, боялся мрака и вмѣстѣ наслаждался чѣмъ-то. Ему было и жутко немножко, и весело.

XXI.

Минутъ черезъ десять солдатики поосмѣлились и поразговорились. Поближе къ 20 огню и кровати офицера расположились люди позначительнѣе:—два фейерверкера— одинъ сѣдой, старый, со всѣми медалями и крестами, исключая георгіевскаго; другой— молодой изъ кантонистовъ, курившій вер- 25 ченыя папиросы. Барабанщикъ, какъ и всегда, взялъ на себя обязанность прислуживать офицеру. Бомбардиры и кавалеры сидѣли поближе, а ужъ тамъ, въ тѣни

около входа, помѣстились *покорные.* Между
ними-то и начался разговоръ. Поводомъ къ
нему былъ шумъ быстро ввалившагося въ
блиндажъ человѣка.

5   — Что, братъ, на улицѣ не посидѣлъ?
или не весело дѣвки играютъ?—сказалъ
одинъ голосъ.

    — Такія пѣсни играютъ чудныя, что въ
деревнѣ никогда не слыхивали,—сказалъ,
10 смѣясь, тотъ, который вбѣжалъ въ блиндажъ.

    — А не любитъ Васинъ бомбовъ, ахъ,
не любитъ!—сказалъ одинъ изъ аристокра-
тическаго угла.

15   — Что жъ! когда нужно, совсѣмъ другая
статья!—сказалъ медленно голосъ Васина,
который когда говорилъ, то всѣ другіе
замолкали.—24-го числа такъ палили по
крайности; а то что жъ дурно-то? даромъ
20 убьётъ, и начальство за это нашему брату
спасибо не говоритъ.

    При этихъ словахъ Васина всѣ засмѣя-
лись.

    — Вотъ Мельниковъ, тотъ, небось, всё
25 на дворѣ сидитъ,—сказалъ кто-то.

    — А пошлите его сюда, Мельникова-то,—
прибавилъ старый фейерверкеръ:—и въ самомъ дѣлѣ убьютъ такъ, понапрасну.

    — Что это за Мельниковъ?—спросилъ
30 Володя.

    — А такой у насъ, ваше благородіе,
глупый солдатикъ есть. Онъ ничего какъ
есть не боится и теперь всё на дворѣ ходитъ.

Вы его изволите посмотрѣть: онъ и изъ себя-то на *ведмѣдя* похожъ.

— Онъ заговоръ знаетъ,—сказалъ медлительный голосъ Васина изъ другого угла.

Мельниковъ вошёлъ въ блиндажъ. Это былъ толстый (что чрезвычайная рѣдкость между солдатами), рыжій, красный мужчина, съ огромнымъ выпуклымъ лбомъ и выпуклыми ясно-голубыми глазами.

— Что, ты бойшься бомбъ?—спросилъ Володя.

— Чего бояться бомбовъ-то!—отвѣчалъ Мельниковъ, пожимаясь и почёсываясь:— меня изъ бомбы не убьютъ, я знаю.

— Такъ ты бы захотѣлъ тутъ жить?

— А, извѣстно, захотѣлъ бы. Тутъ весело!—сказалъ онъ, вдругъ расхохотавшись.

— О, такъ тебя надо на вылазку взять! хочешь, я скажу генералу?—сказалъ Володя, хотя онъ не зналъ здѣсь ни одного генерала.

— А какъ не хотѣть! хочу!

И Мельниковъ спрятался за другихъ.

— Давайте въ носки, ребята! У кого карты есть?—послышался его торопливый голосъ.

Дѣйствительно, скоро въ заднемъ углу завязалась игра,—слышались удары по носу, смѣхъ и козырянье. Володя напился чаю изъ самовара, который поставилъ ему барабанщикъ, угощалъ фейерверкеровъ, шутилъ, разговаривалъ съ ними, желая заслужить

популя́рность, и о́чень дово́льный тѣмъ ува-
же́ніемъ, кото́рое ему́ ока́зывали. Солда́-
тики то́же, замѣ́тивъ, что ба́ринъ просто́й,
поразговори́лись. Оди́нъ разска́зывалъ, какъ
5 ско́ро ко́нчится оса́дное положе́ніе Сева-
сто́поля, потому́ что ему́ вѣ́рный флотскій
человѣ́къ разска́зывалъ, какъ Константи́нъ,
царёвъ братъ, съ мерика́нскимъ флотомъ
идётъ къ намъ на вы́ручку, и ещё какъ
10 ско́ро угово́ръ бу́детъ, что́бы не пали́ть двѣ
недѣ́ли и о́тдыхъ дать, а коли́ кто вы́палитъ,
то за ка́ждый вы́стрѣлъ се́мьдесятъ-пять
копе́екъ плати́ть бу́детъ.

Ва́синъ, кото́рый, какъ успѣ́лъ разсмо-
15 трѣ́ть Воло́дя, былъ ма́ленькій, съ бо́ль-
ши́ми до́брыми глаза́ми, бакенба́рдистъ, раз-
сказа́лъ, при о́бщемъ снача́ла молча́ніи, а
пото́мъ хо́хотѣ, какъ, пріѣ́хавъ въ о́тпускъ,
снача́ла ему́ бы́ли ра́ды, а пото́мъ оте́цъ его́
20 сталъ посыла́ть на рабо́ту, а за жено́й
лѣсни́чій пору́чикъ дро́жки присыла́лъ. Всё
э́то чрезвыча́йно забавля́ло Воло́дю. Онъ
не то́лько не чу́вствовалъ ни малѣ́йшаго
стра́ха и́ли неудово́льствія отъ тѣсноты́ и
25 тяжёлаго за́паха въ блинда́жѣ, но ему́ чрез-
выча́йно ве́село и пріятно бы́ло.

Уже́ мно́гіе солда́ты храпѣ́ли. Влангъ
то́же растяну́лся на полу́, и ста́рый фе́йер-
ве́ркеръ, разостла́въ шине́ль, крестя́сь, бор-
30 мота́лъ моли́твы пе́редъ сномъ, когда́ Во-
ло́дѣ захотѣ́лось вы́йти изъ блинда́жа—
посмотрѣ́ть, что на дворѣ́ дѣ́лается.

— Подбира́й но́ги! — закрича́ли другъ

другу солдаты, только что онъ всталъ, и ноги, поджимаясь, дали ему дорогу.

Влангъ, казавшійся спящимъ, вдругъ поднялъ голову и схватилъ Володю за полу шинели. 5

— Ну полноте, не ходите, какъ можно!— заговорилъ онъ слезливо убѣдительнымъ тономъ:—вы ещё не знаете: тамъ безпрестанно падаютъ ядра; лучше здѣсь.

Но, несмотря на просьбы Вланга, Володя 10 выбрался изъ блиндажа и сѣлъ на порогѣ, на которомъ уже сидѣлъ Мельниковъ.

Воздухъ былъ чистый и свѣжій,—особенно послѣ блиндажа,—ночь была ясная и тихая. За гуломъ выстрѣловъ слышались: 15 звукъ колёсъ телѣгъ, привозившихъ туры, и говоръ людей, работающихъ на пороховомъ погребѣ. Надъ головами стояло высокое звѣздное небо, по которому безпрестанно пробѣгали огненныя полосы бомбъ; налѣво, 20 въ аршинъ, маленькое отверстіе вело въ другой блиндажъ, изъ котораго виднѣлись ноги и спины матросовъ, жившихъ тамъ, и слышались голоса ихъ; впереди виднѣлось возвышеніе пороховаго погреба, мимо кото- 25 раго мелькали фигуры согнувшихся людей и на которомъ, на самомъ верху, подъ пулями и бомбами, которыя безпрестанно свистѣли въ этомъ мѣстѣ, стояла какая-то высокая фигура въ чёрномъ пальто, съ ру- 30 ками въ карманахъ, и ногами притаптывала землю, которую мѣшками носили туда другіе люди. Часто бомба пролетала и рвалась

весьма́ бли́зко отъ по́греба. Солда́ты, носи́в-
шіе зе́млю, пригиба́лись, сторони́лись; чёрная же фигу́ра не дви́галась, споко́йно ута́п-
тывая зе́млю нога́ми и всё въ томъ же
5 положе́ніи остава́лась на мѣ́стѣ.

— Кто э́то чёрный?—спроси́лъ Воло́дя у
Ме́льникова.

— Не могу́ знать; пойду́ посмотрю́.

— Не ходи́: не ну́жно.

10 Но Ме́льниковъ, не слу́шая, всталъ, подошёлъ къ чёрному челове́ку и весьма́ до́лго
та́кже равноду́шно и неподви́жно стоя́лъ
о́коло него́.

Э́то погребно́й, ва́ше благоро́діе!—ска-
15 за́лъ онъ, возвратя́сь.—Погребо́къ про́би́ло
бо́мбой, такъ пѣхо́тные зе́млю но́сятъ.

Изрѣ́дка бо́мбы летѣ́ли пря́мо, каза́лось,
въ две́ри блинда́жа. Тогда́ Воло́дя при-
жима́лся за́ уголъ и сно́ва высо́вывался,
20 гля́дя наве́рхъ, не лети́тъ ли ещё сюда́.
Хотя́ Влангъ нѣ́сколько разъ изъ блинда́жа
умоля́лъ Воло́дю верну́ться, онъ часа́
три просидѣ́лъ на поро́гѣ, находя́ како́е-
то удово́льствіе въ испы́тываніи судьбы́ и
25 наблюде́ніи за полётомъ бомбъ. Подъ ко-
не́цъ ве́чера ужъ онъ зналъ, отку́да ско́лько
стрѣля́етъ ору́дій и куда́ ложа́тся ихъ сна-
ря́ды.

XXII.

На другóй день, 27-го числá, пóслѣ деся-
тичасовóго сна, Волóдя, свѣжій, бóдрый,
рáно ýтромъ вы́шелъ на порóгъ блиндáжа.
Влангъ тóже бы́ло вы́лѣзъ вмѣстѣ съ нимъ,
но, при пéрвомъ звýкѣ пýли, стремглáвъ, 5
пробивáя себѣ головóй дорóгу, брóсился
назáдъ въ отвéрстіе блиндáжа, при óбщемъ
хóхотѣ тóже бóльшею чáстью повы́шедшихъ
на вóздухъ солдáтиковъ. Тóлько Влангъ,
старикъ фéйерверкеръ и нѣсколько другихъ 10
выходи́ли рѣдко въ траншéю; остальны́хъ
нельзя́ бы́ло удержáть: всѣ они повы́сыпали
на свѣжій, ýтренній вóздухъ изъ смрáднаго
блиндáжа и, несмотря́ на столь же си́льное,
какъ и наканýнѣ, бомбарди́ровáніе, распо- 15
ложи́лись кто óколо порóга, кто подъ брýст-
веромъ. Мéльниковъ ужé съ сáмой зóрьки
прогýливался по батарéямъ, равнодýшно
поглядывая вверхъ.

Óколо порóга сидѣли два стáрыхъ и 20
оди́нъ молодóй, курчáвый солдáтъ, изъ жи-
дóвъ, прикомандирóванный изъ пѣхóты.
Солдáтъ этотъ, подня́въ однý изъ валя́в-
шихся пуль и черепкóмъ расплю́снувъ её о
кáмень, ножóмъ вы́рѣзалъ изъ нея́ крестъ на 25
манéръ геóргіевскаго; другíе, разговáривая,
смотрѣли на его рабóту. Крестъ, дѣйстви́-
тельно, выходи́лъ óчень краси́въ.

— А что, какъ ещё постои́мъ здѣсь сколько-нибу́дь, — говори́лъ оди́нъ изъ нихъ, — такъ по замире́ніи всѣмъ въ отста́вку срокъ вы́йдетъ.

— Какъ же, мнѣ и то всего́ четы́ре го́да
5 до отста́вки остава́лось, а тепе́рь пять мѣсяцевъ простоя́лъ въ Севасто́полѣ.

— Къ оста́вкѣ не счита́ется, слышь,— сказа́лъ друго́й.

Въ э́то вре́мя ядро́ просвистѣ́ло надъ
10 голова́ми говори́вшихъ и въ арши́нъ уда́рилось отъ Ме́льникова, подходи́вшаго къ нимъ по транше́ѣ.

— Чуть не уби́ло Ме́льникова,—сказа́лъ оди́нъ.

15 — Не убьётъ,—отвѣча́лъ Ме́льниковъ.

— Вотъ на же тебѣ́ крестъ за хра́брость,—сказа́лъ молодо́й солда́тъ, дѣлавшій крестъ, отдава́я его́ Ме́льникову.

— Нѣтъ, братъ, тутъ, зна́читъ, мѣсяцъ
20 за годъ, ко всему́ счита́ется, на то прика́зъ былъ,—продолжа́лся разгово́ръ.

— Какъ ни суди́, безпремѣ́нно по замире́ніи сдѣ́лаютъ смотръ ца́рскій въ Орша́вѣ, и коли́ не отста́вка, такъ въ безсро́чные
25 вы́пустятъ.

Въ э́то вре́мя визгли́вая, зацѣпи́вшаяся пу́лька пролетѣ́ла надъ са́мыми голова́ми разгова́ривавшихъ и уда́рилась о ка́мень.

— Смотри́, ещё до ве́чера въ *чи́стую*
30 вы́йдешь,—сказа́лъ оди́нъ изъ солда́тъ.

Всѣ засмѣя́лись.

И не то́лько до ве́чера, но че́резъ два часа́ уже́ дво́е изъ нихъ получи́ли чи́стую, а пять бы́ли ра́нены; но остальны́е шути́ли то́чно такъ же.

Дѣйстви́тельно, къ у́тру́ двѣ морти́рки бы́ли приведены́ въ тако́е положе́ніе, что мо́жно бы́ло стрѣля́ть изъ нихъ. Часу́ въ 5 деся́томъ, по полу́ченному приказа́нію отъ нача́льника бастіо́на, Воло́дя вы́звалъ свою́ кома́нду и съ не́ю вмѣстѣ пошёлъ на батаре́ю.

Въ лю́дяхъ незамѣтно бы́ло и ка́пли того́ чу́вства боя́зни, кото́рое выража́лось вчера́, 10 какъ ско́ро они́ приняли́сь за дѣло. То́лько Влангъ не могъ преодолѣть себя́: пря́тался и гну́лся всё такъ же, и Ва́синъ потеря́лъ нѣсколько своё споко́йствіе, суети́лся и присѣда́лъ безпреста́нно. Воло́дя же былъ въ 15 чрезвыча́йномъ восто́ргѣ: ему́ не приходи́ла и мысль объ опа́сности. Ра́дость, что онъ исполня́етъ свою́ обя́занность, что онъ не то́лько не трусъ, но да́же храбръ, чу́вство кома́ндованія и прису́тствіе двадцати́ че- 20 ловѣкъ, кото́рые, онъ зналъ, съ любопы́т- ствомъ смотрѣли на него́, сдѣлали изъ него́ соверше́ннаго молодца́. Онъ да́же тщесла́- вился свое́ю хра́бростью, франти́лъ пе́редъ солда́тами, вылѣза́лъ на банке́тъ и наро́чно 25 разстегну́лъ шине́ль, чтобъ его́ замѣтнѣе бы́ло. Нача́льникъ бастіо́на, обходи́вшій въ э́то вре́мя своё хозя́йство, какъ онъ выра- жа́лся, какъ ни привы́къ въ во́семь мѣсяцевъ ко всѣмъ рода́мъ хра́брости, не могъ не 30 полюбова́ться на э́того хоро́шенькаго ма́ль- чика, въ растёгнутой шине́ли, и́зъ-подъ ко- то́рой видна́ была́ кра́сная руба́шка, обхва-

тывающая бѣлую, нѣжную шею, съ раз-
горѣвшимся лицомъ и глазами, похлопы-
вающаго руками и звонкимъ голосомъ ко-
мандующаго: ,,первое, второе!'' и весело
5 вбѣгающаго на бруствѣръ, чтобы посмотрѣть,
куда падаетъ его бомба. Въ половинѣ
двѣнадцатаго стрѣльба съ обѣихъ сторонъ
затихла, а ровно въ двѣнадцать часовъ
начался штурмъ Малахова кургана, 2-го,
10 3-го и 5-го бастіоновъ.

XXIII.

По сю сторону бухты, между Инкер-
маномъ и Сѣвернымъ укрѣпленіемъ, на хол-
мѣ телеграфа, около полудня стояли два
моряка: одинъ—офицеръ, смотрѣвшій въ
15 трубу на Севастополь, и другой, вмѣстѣ съ
казакомъ только что подъѣхавшій къ большой вѣхѣ.

Солнце свѣтло и высоко стояло надъ
бухтой, игравшею съ своими стоящими кора-
20 блями и движущимися парусами и лодками,
весёлымъ и тёплымъ блѣскомъ. Лёгкій
вѣтерокъ едва шевелилъ листья засыхающихъ дубовыхъ кустовъ около телеграфа,
надувалъ паруса лодокъ и колыхалъ волны.
25 Севастополь, всё тотъ же, съ своею недостроенною церковью, колонной, набережною,
зеленѣющимъ на горѣ бульваромъ и изящ-
нымъ строеніемъ библіотеки, съ своими ма-
ленькими лазуревыми бухточками, напол-

ненными мачтами, живописными арками во-
допроводовъ, и съ облаками синяго поро-
хового дыма, освѣщаемыми иногда багровымъ пламенемъ выстрѣловъ, всё тотъ же
красивый, праздничный, гордый Севастополь, окружённый съ одной стороны жёл-
тыми дымящимися горами, съ другой —
ярко-синимъ, играющимъ на солнцѣ моремъ,
виднѣлся на той сторонѣ бухты. Надъ
горизонтомъ моря, по которому дымилась
полоса чёрнаго дыма какого-то парохода,
ползли длинныя бѣлыя облака, обѣщая вѣтеръ. По всей линіи укрѣпленій, особенно
по горамъ лѣвой стороны, по нѣскольку
вдругъ, безпрестанно, съ молніей, блестѣв-
шею иногда даже въ полуденномъ свѣтѣ,
рождались клубки густого, сжатаго, бѣлаго
дыма, разростались, принимая различныя
формы, поднимались и темнѣе окрашивались
въ небѣ. Дымки эти, мелькая то тамъ, то
здѣсь, рождались по горамъ на батареяхъ
непріятельскихъ, и въ городѣ, и высоко на
небѣ. Звуки взрывовъ не умолкали и,
переливаясь, потрясали воздухъ...
    Къ двѣнадцати часамъ дымки стали по-
казываться рѣже и рѣже, воздухъ меньше
колебался отъ гула.
    — Однако 2-й бастіонъ ужъ совсѣмъ не
отвѣчаетъ, — сказалъ гусарскій офицеръ,
сидѣвшій верхомъ:—весь разбитъ! ужасно!
    — Да и Малаховъ нѣчто на три ихъ
выстрѣла посылаетъ одинъ,—отвѣчаетъ тотъ,
который смотрѣлъ въ трубу:—это меня бѣ-

ситъ, что они́ молча́тъ. Всё пря́мо въ Корни́ловскую попада́ютъ, и онъ ничего́ не отвѣча́етъ.

— А посмотри́, къ двѣна́дцати часа́мъ, 5 я говори́лъ, они́ всегда́ перестаю́тъ бомбарди́рова́ть. Вотъ и ны́нче та́кже. Поѣдемъ лу́чше за́втракать... насъ ждутъ уже́ тепе́рь... нѣчего смотрѣ́ть.

— Посто́й, не мѣша́й!—отвѣча́лъ смо- 10 трѣ́вшій въ трубу́, съ осо́бенною жа́дностью гля́дя на Севасто́поль.

— Что тамъ? что?

— Движе́ніе въ транше́яхъ, густы́я коло́нны иду́тъ.

15 — Да и такъ ви́дно,—сказа́лъ моря́къ:— иду́тъ коло́ннами. На́до дать сигна́лъ.

— Смотри́, смотри́! вы́шли изъ транше́й.

Дѣйстви́тельно, просты́мъ гла́зомъ ви́дно бы́ло, какъ бу́дто тёмныя пя́тна дви́гались съ 20 горы́ че́резъ ба́лку отъ францу́зскихъ батаре́й къ бастіо́намъ. Впереди́ э́тихъ пя́тенъ ви́дны бы́ли тёмныя по́лосы, уже́ о́коло на́шей ли́ніи. На бастіо́нахъ вспы́хнули въ ра́зныхъ мѣста́хъ, какъ бы перебѣга́я, бѣлые 25 дымки́ вы́стрѣловъ. Вѣ́теръ донёсъ зву́ки ружейной, ча́стой, какъ дождь бьётъ по о́кнамъ, перестрѣ́лки. Чёрныя по́лосы дви́гались въ са́момъ дыму́, бли́же и бли́же. Зву́ки стрѣльбы́, уси́ливаясь и уси́ливаясь, 30 слили́сь въ продолжи́тельный перека́тываю- щійся гро́хотъ. Дымъ, поднима́ясь ча́ще и ча́ще, расходи́лся бы́стро по ли́ніи и сли́лся, наконе́цъ, въ одно́ лилова́тое, свива́ющееся

и развива́ющееся о́блако, въ кото́ромъ ко́е
гдѣ едва́ мелька́ли огни́ и чёрныя то́чки;
всѣ зву́ки соедини́лись въ оди́нъ перека́ты-
вающійся трескъ.

— Штурмъ!—сказа́лъ офице́ръ, съ блѣд- 5
нымъ лицо́мъ, отдава́я тру́бку моряку́.

Каза́ки проскака́ли по доро́гѣ, офице́ры
верха́ми, главнокома́ндующій въ коля́скѣ и
со сви́той, проѣхалъ ми́мо. На ка́ждомъ
лицѣ ви́дны бы́ли тяжёлое волне́ніе и ожи- 10
да́ніе.

— Не мо́жетъ быть, чтобы взя́ли! —
сказа́лъ офице́ръ на ло́шади.

— Ей-Бо́гу, зна́мя! посмотри́, посмо-
три́!—сказа́лъ друго́й, задыха́ясь и отходя́ 15
отъ трубы́:—францу́зское на Мала́ховомъ.

— Не мо́жетъ быть!

XXIV.

Козельцо́въ ста́ршій, успѣвшій отыгра́ть-
ся въ ночь и сно́ва спусти́ть всё, да́же и
заши́тые въ обшла́гѣ золоты́е, пе́редъ у́тромъ 20
спалъ ещё нездоро́вымъ, тяжёлымъ, но крѣп-
кимъ сномъ, въ оборони́тельной каза́рмѣ
5-го баталіо́на, когда́, повторя́емый раз-
ли́чными голоса́ми, разда́лся́ роково́й крикъ:

— Трево́га! 25

— Что вы спи́те, Миха́йло Семёнычъ!—
штурмъ!—кри́кнулъ ему́ че́й-то го́лосъ.

— Вѣрно шко́льникъ како́й-нибу́дь, —
сказа́лъ онъ, открыва́я глаза́ и не вѣря.

Но вдругъ онъ увидалъ офицера, бѣгаю-
щаго безъ всякой видимой цѣли изъ угла
въ уголъ, съ такимъ блѣднымъ лицомъ, что
онъ всё понялъ. Мысль, что его могутъ
5 принять за труса, не хотѣвшаго выйти къ
ротѣ въ критическую минуту, поразила его
ужасно. Онъ во весь духъ побѣжалъ къ
ротѣ. Стрѣльба орудійная кончилась; но
трескотня ружей была во всёмъ разгарѣ.
10 Пули свистѣли не по одной, какъ шту-
церныя, а роями, какъ стадо осеннихъ пти-
чекъ пролетаетъ надъ головами. Всё то
мѣсто, на которомъ стоялъ вчера его баталіонъ, было застлано дымомъ, были слышны
15 недружные крики и возгласы. Солдаты,
раненые и нераненые, толпами попадались
ему навстрѣчу. Пробѣжавъ ещё шаговъ
тридцать, онъ увидалъ свою роту, при-
жавшуюся къ стѣнкѣ.
20   — Заняли Шварца,—сказалъ молодой
офицеръ.—Всё пропало!
      — Вздоръ,—сказалъ онъ сердито, вы-
хватилъ свою маленькую желѣзную тупую
сабельку и закричалъ:
25   — Вперёдъ, ребята! ура-а!
      Голосъ былъ звучный и громкій; онъ
возбудилъ самого Козельцова. Онъ побѣжалъ вперёдъ вдоль траверса; человѣкъ
пятьдесятъ солдатъ, съ криками, побѣжали
30 за нимъ. Онъ выбѣжалъ изъ-за траверса
на открытую площадку. Пули посыпались,
буквально, какъ градъ. Двѣ ударились въ
него,—но куда и что онѣ сдѣлали, кон-

тузили, ранили его, онъ не имѣлъ времени
рѣшить. Впереди, въ дыму, видны были
уже ему синіе мундиры, красные панта-
лоны и слышны не русскіе крики; одинъ
французъ стоялъ на брустверѣ, махалъ шап- 5
кой и кричалъ что-то. Козельцовъ былъ
увѣренъ, что его убьютъ: это-то и придавало
ему храбрости. Онъ бѣжалъ впередъ и
впередъ. Нѣсколько солдатъ обогнали его;
другіе солдаты показались откуда-то сбоку 10
и бѣжали тоже. Синіе мундиры оставались
въ томъ же разстояніи, убѣгая отъ него
назадъ къ своимъ траншеямъ; но подъ ногами
попадались раненые и убитые. Добѣжавъ
уже до внѣшняго оврага, всѣ смѣшались въ 15
глазахъ Козельцова, и онъ почувствовалъ
боль въ груди.

Черезъ полчаса онъ лежалъ на носил-
кахъ, около Николаевской казармы, и зналъ,
что онъ раненъ, но боли почти не чув- 20
ствовалъ; ему только хотѣлось напиться
чего-нибудь холоднаго и лечь попокойнѣе.

Маленькій, толстый, съ большими чёрными бакенбардами докторъ подошёлъ къ
нему и разстегнулъ шинель. Козельцовъ 25
черезъ подбородокъ смотрѣлъ на то, что
дѣлаетъ докторъ съ его раной, на лицо
доктора, но боли никакой не чувствовалъ.
Докторъ закрылъ рану рубашкой, отёръ
пальцы объ полы пальто и, молча, не глядя 30
на раненаго, отошёлъ къ другому. Козельцовъ безсознательно слѣдилъ глазами за
тѣмъ, что дѣлалось передъ нимъ, и вспо-

мнивъ то, что бы́ло на 5-мъ бастіо́нѣ, съ чрезвыча́йно отра́днымъ чу́вствомъ самодо-во́льствія поду́малъ, что онъ хорошо́ испо́л-нилъ свой долгъ, что въ пе́рвый разъ за всю слу́жбу онъ поступи́лъ хорошо́, какъ то́лько мо́жно бы́ло, и ни въ чёмъ не мо́жетъ упрекну́ть себя́. До́кторъ, перевя́зывая друго́го ра́ненаго офице́ра, сказа́лъ что-то, ука́зывая на Козельцо́ва, свяще́ннику съ большо́ю ры́жею бородо́й, съ кресто́мъ стоя́в-шему тутъ.

— Что, я умру́?—спроси́лъ Козельцо́въ у свяще́нника, когда́ онъ подошёлъ къ нему́.

Свяще́нникъ, не отвѣча́я, прочёлъ мо-ли́тву и по́далъ крестъ ра́неному.

Смерть не испуга́ла Козельцо́ва. Онъ взялъ сла́быми рука́ми крестъ, прижа́лъ его́ къ губа́мъ и запла́калъ.

— Что, вы́биты францу́зы? — твёрдо спроси́лъ онъ у свяще́нника.

— Вездѣ́ побѣ́да за на́ми оста́лась,— отвѣча́лъ свяще́нникъ, чтобъ утѣ́шить ра́не-наго, скрыва́я отъ него́ то, что на Мала́-ховомъ курга́нѣ уже́ развѣва́лось фран-цу́зское зна́мя.

— Сла́ва Бо́гу,—проговори́лъ ра́неный, не чу́вствуя, какъ слёзы текли́ по его́ щёка́мъ.

Мысль о бра́тѣ мелькну́ла на мгнове́ніе въ его́ голо́вѣ. „Дай Богъ ему́ тако́е же сча́стіе", поду́малъ онъ.

XXV.

Но не такая участь ожидала Володю. Онъ слушалъ сказку, которую разсказывалъ ему Васинъ, когда закричали: ,,французы идутъ!‘‘ Кровь прилила мгновенно къ сердцу Володи, и онъ почувствовалъ, какъ похо- 5 лодѣли и поблѣднѣли его щёки. Съ секунду онъ оставался недвижимъ; но, взглянувъ кругомъ, онъ увидѣлъ, что солдаты довольно спокойно застёгивали шинели и вылѣзали одинъ за другимъ,—одинъ даже—кажется, 10 Мельниковъ,—шутливо сказалъ:

— Выходи съ хлѣбомъ-солью, ребята!

Володя вмѣстѣ съ Влангой, который ни на шагъ не отставалъ отъ него, вылѣзъ изъ блиндажа и побѣжалъ на батарею. 15 Артиллерійской стрѣльбы ни съ той, ни съ другой стороны совершенно не было. Не столько видъ спокойствія солдатъ, сколько жалкой нескрываемой трусости юнкера возбудилъ его. ,,Неужели я могу быть похожъ 20 на него?—подумалъ онъ и весело подбѣжалъ къ бруствepy, около котораго стояли его мортиры. Ему ясно было видно, какъ французы бѣжали прямо на него по чистому мѣсту, и какъ толпы ихъ, съ блестящими на 25 солнцѣ штыками, шевелились въ ближайшихъ траншеяхъ. Одинъ, маленькій, широкоплечій, въ зуавскомъ мундирѣ и со шпагой, бѣжалъ впереди и перепрыгивалъ черезъ ямы. ,,Стрѣлять картечью!‘‘ крикнулъ Во- 30 лодя, сбѣгая съ банкета: но ужé солдаты

распорядились безъ него, и металлическій
звукъ выпущенной картечи просвисталъ
надъ его головой, сначала изъ одной, потомъ
изъ другой мортиры. ,,Первая! вторая!"—
5 командовалъ Володя, перебѣгая въ длину
отъ одной мортиры къ другой и совершенно
забывъ объ опасности. Сбоку слышались
близкая трескотня ружей нашего прикрытія
и суетливые крики.

10 Вдругъ пронзительный крикъ отчаянія,
повторённый нѣсколькими голосами, послышался слѣва: ,,обходятъ! обходятъ!" Володя оглянулся на крикъ. Человѣкъ двадцать французовъ показались сзади. Одинъ
15 изъ нихъ, съ чёрною бородой, красивый
мужчина, былъ впереди всѣхъ, но, добѣжавъ шаговъ на десять отъ батареи, остановился и выстрѣлилъ прямо въ Володю и
потомъ снова побѣжалъ къ нему. Съ се-
20 кунду Володя стоялъ, какъ окаменѣлый, и
не вѣрилъ глазамъ своимъ. Когда онъ опо-
мнился и оглянулся, впереди его на брустверѣ были синіе мундиры; даже два француза, въ десяти шагахъ отъ него, заклё-
25 пывали пушку. Кругомъ него, кромѣ Мель-
никова, убитаго пулею рядомъ съ нимъ, и
Вланга, схватившаго въ руки гандшпугъ
и, съ яростнымъ выраженіемъ лица, опу-
щенными зрачками, бросившагося впередъ,
30 никого не было. ,,За мной, Владиміръ
Семёнычъ! за мной!" кричалъ отчаянный
голосъ Вланга, гандшпугомъ махавшаго на
французовъ, зашедшихъ сзади. Яростная

фигу́ра ю́нкера озада́чила ихъ. Одного́, пере́дняго, онъ уда́рилъ по голове́, други́е нево́льно пріостанови́лись, и Влангъ, продолжа́я огля́дываться и отча́янно крича́ть: ,,за мной, Влади́міръ Семёновичъ! что вы 5 сто́йте! Бе́ги́те!'' подбе́жа́лъ къ транше́е́, въ кото́рой лежа́ла на́ша пе́хо́та, стре́ля́я по францу́замъ. Вскочи́въ въ транше́ю, онъ сно́ва вы́сунулся изъ нея́, чтобы посмотре́ть, что де́лаетъ его́ обожа́емый пра́порщикъ. 10 Что-то въ шине́ли ничко́мъ лежа́ло на томъ ме́сте́, где́ стоя́лъ Воло́дя, и всё э́то ме́сто бы́ло напо́лнено францу́зами, стре́ля́вшими въ на́шихъ.

XXVI.

Влангъ нашёлъ свою́ батаре́ю на 2-й 15 оборони́тельной ли́ніи. Изъ числа́ двадцати́ солда́тъ, бы́вшихъ на морти́рной батаре́е́, спасло́сь то́лько во́семь.

Въ девя́томъ часу́ ве́чера Влангъ съ батаре́ей, на парохо́де́, напо́лненномъ солда́тами, 20 пу́шками, лошадьми́ и ра́неными, перепра́влялся на Се́верную. Вы́стре́ловъ нигде́ не́ было. Звѣ́зды такъ же, какъ и про́шлую ночь, я́рко блесте́ли на не́бе́; но си́льный ве́теръ колыха́лъ мо́ре. На 1-мъ и 2-мъ 25 бастіо́нахъ вспы́хивали по земле́ мо́лніи; взры́вы потряса́ли во́здухъ и освѣща́ли вокру́гъ себя́ каки́е-то чёрные стра́нные предме́ты и ка́мни, взлета́вшіе на во́здухъ. Что-то горѣло о́коло до́ковъ, и кра́сное пла́мя отража́лось въ водѣ́. Мостъ, напо́лненный наро́домъ, освѣща́лся огнёмъ съ Никола́-евской батаре́и. Большо́е пла́мя стоя́ло, казалось, надъ водо́й на далёкомъ мыску́ Александровской батаре́и и освѣща́ло низъ о́блака ды́ма, стоя́вшаго надъ нимъ, и тѣ же, какъ и вчера́, споко́йные, де́рзкіе, да-лёкіе огни́ блестѣ́ли въ мо́рѣ на непрія́тель-скомъ флотѣ́. Свѣ́жій вѣ́теръ колыха́лъ бу́хту. При свѣ́тѣ за́рева пожа́ровъ ви́дны бы́ли ма́чты на́шихъ утопа́ющихъ кораблей, кото́рые ме́дленно глу́бже и глу́бже уходи́ли въ во́ду. Го́вора не слы́шно бы́ло на па́лубѣ: то́лько и́зъ-за равномѣ́рнаго зву́ка разрѣ́зан-ныхъ волнъ и па́ра слы́шно бы́ло, какъ ло́шади фы́ркали и то́пали нога́ми на ша-ла́ндѣ, слы́шны бы́ли кома́ндныя слова́ капи-та́на и сто́ны ра́неныхъ. Вла́нгъ, не ѣ́вшій цѣ́лый день, доста́лъ кусо́къ хлѣ́ба изъ карма́на и на́чалъ жева́ть, но вдругъ, вспо́м-нивъ о Воло́дѣ, запла́калъ такъ гро́мко, что солда́ты, бы́вшіе по́длѣ него́, услыха́ли.

— Вишь, самъ хлѣ́бъ ѣ́стъ, а самъ пла́-четъ Вла́нга-то нашъ,—сказа́лъ Ва́синъ.

— Чудно́!—сказа́лъ друго́й.

— Вишь, и на́ши каза́рмы позажгли́,—продолжа́лъ онъ, вздыха́я,—и ско́лько тамъ на́шего бра́та пропа́ло; а ни за что францу́зу доста́лось!

— По кра́йности са́ми живы́е вы́шли, и то сла́ва те, Го́споди,—сказа́лъ Ва́синъ.

— А всё оби́дно!

— Да что обидно-то? Ра́звѣ онъ тутъ
разгуля́ется? Ка́къ же! гляди́, на́ши опя́ть
отберу́тъ. Ужъ ско́лько бы на́шего бра́та
ни пропа́ло, а, какъ Богъ святъ, вели́тъ
Импера́торъ—и отберу́тъ. Ра́звѣ на́ши такъ 5
оста́вятъ ему́? Ка́къ же! на вотъ тебѣ́
го́лыя стѣ́ны; а ша́нцы-то всѣ повзорва́ли…
Небо́сь, свой значо́къ на курга́нѣ поста́вилъ,
а въ го́родъ не суётся. Погоди́, ещё разсчётъ
бу́детъ съ тобо́й настоя́щій—дай срокъ,— 10
заключи́лъ онъ, обраща́ясь къ францу́замъ.

— Извѣ́стно, бу́детъ!—сказа́лъ друго́й съ
убѣжде́ніемъ.

По всей ли́ніи севасто́польскихъ бастіо́-
новъ, сто́лько мѣ́сяцевъ кипѣ́вшихъ необык- 15
нове́нною энерги́ческою жи́знью, сто́лько
мѣ́сяцевъ ви́дѣвшихъ смѣня́емыхъ сме́ртью,
одни́хъ за други́ми умира́ющихъ геро́евъ,
и сто́лько мѣ́сяцевъ возбужда́вшихъ страхъ,
не́нависть, и, наконе́цъ, восхище́ніе враго́въ, 20
на севасто́польскихъ бастіо́нахъ уже́ нигдѣ́
никого́ не́ было. Всё бы́ло мёртво, ди́ко,
ужа́сно, но не ти́хо: всё ещё разруша́лось.
По изры́той свѣ́жими взры́вами обсыпа́в-
шейся землѣ́ вездѣ́ валя́лись искове́рканные 25
лафе́ты, придави́вшіе человѣ́ческіе ру́сскіе
и вра́жескіе тру́пы, тяжёлыя, замо́лкнувшія
навсегда́ чугу́нныя пу́шки, стра́шною си́лой
сбро́шенныя въ я́мы и до полови́ны засы́-
панныя землёй, бо́мбы, я́дра, опя́ть тру́пы, 30
я́мы, оско́лки брёвенъ, блинда́жей, и опя́ть
молчали́вые тру́пы въ сѣ́рыхъ и си́нихъ
шине́ляхъ. Всё э́то ча́сто содрога́лось ещё

и освѣщалось багровымъ пламенемъ взрывовъ, продолжавшихъ потрясать воздухъ.

Враги видѣли, что что-то непонятное
творилось въ грозномъ Севастополѣ. Взры-
5 вы эти и мёртвое молчаніе на бастіонахъ
заставляли ихъ содрогаться; но они не смѣли
вѣрить ещё, подъ вліяніемъ сильнаго, спокойнаго отпора дня, чтобъ исчезъ ихъ непо-
колебимый врагъ, и, молча, не шевелясь, съ
10 трепетомъ ожидали конца мрачной ночи.

Севастопольское войско, какъ море въ
зыбливую мрачную ночь, сливаясь, разли-
ваясь и тревожно трепеща всею своею мас-
сой, колыхаясь у бухты по мосту и на Сѣ-
15 верной, медленно двигалось въ непроницае-
мой темнотѣ прочь отъ мѣста, на которомъ
столько оно оставило храбрыхъ братьевъ,
—отъ мѣста, всего облитаго его кровью,
—отъ мѣста, 11 мѣсяцевъ отстаиваемаго
20 отъ вдвое сильнѣйшаго врага, и которое
теперь велѣно было оставить безъ боя.

Непонятно тяжело было для каждаго
русскаго первое впечатлѣніе этого приказанія. Второе чувство было страхъ преслѣ-
25 дованія. Люди чувствовали себя безза-
щитными, какъ только оставили тѣ мѣста,
на которыхъ привыкли драться, и тревожно
толпились во мракѣ у входа моста, который
качалъ сильный вѣтеръ. Сталкиваясь шты-
30 ками и толпясь полками, экипажами и ополь-
ченіями, жалась пѣхота, проталкивались
конные офицеры съ приказаніями, плакали
и умоляли жители и денщики съ клажею,

которую не пропускали; шумя колёсами, пробивалась къ бухтѣ артиллерія, торопившаяся убираться. Несмотря на увлеченіе разнородными суетливыми занятіями, чувство самосохраненія и желанія выбрать- 5 ся какъ можно поскорѣе изъ этого страшнаго мѣста смерти присутствовало въ душѣ каждаго. Это чувство было и у смертельно раненаго солдата, лежащаго между пятьюстами такими же ранеными, на каменномъ 10 полу Павловской набережной, и просящаго Бога о смерти, и у ополченца, изъ послѣднихъ силъ втиснувшагося въ плотную толпу, чтобы дать дорогу верхомъ проѣзжающему генералу, и у генерала, твёрдо распоря- 15 жающагося переправой и удерживающаго торопливость солдатъ, и у матроса, попавшаго въ движущійся баталіонъ, до лишенія дыханія сдавленнаго колеблющеюся толпой, и у раненаго офицера, котораго на носил- 20 кахъ несли четыре солдата и, остановленные спёршимся народомъ, положили на земь у Николаевской батареи, и артиллериста, 16 лѣтъ служившаго при своёмъ орудіи и, по непонятному для него приказанію началь- 25 ства, сталкивающаго орудіе, съ помощью товарищей, съ крутого берега въ бухту, и у флотскихъ, только что выбившихъ закладки въ корабляхъ и, бойко гребя, на баркасахъ отплывающихъ отъ нихъ. Вы- 30 ходя на ту сторону моста, почти каждый солдатъ снималъ шапку и крестился. Но за этимъ чувствомъ было другое, тяжёлое,

сосу́щее и бо́лѣе глубо́кое чу́вство, какъ-бу́дто похо́жее на раска́яніе, стыдъ и зло́бу. Почти́ ка́ждый солда́тъ, взгляну́въ съ Сѣвер-ной стороны́ на оста́вленный Севасто́поль,
5 съ невырази́мою го́речью въ се́рдцѣ взды-ха́лъ и грози́лся врага́мъ.

NOTES

1   прошло. When the subject of a sentence is formed with a numeral, or a collective adverb, the verb is as a rule in the sing. The pl. however is also frequently employed in this text. See Grammar, Syntax.

5   ядеръ. Gen. pl. of ядро with an inserted vowel. See Grammar, Neuter Nouns.

11 надуться, "to be puffed up, inflated." Observe the use of the reflexive form of the four verbs in this sentence, to be expressed in English by the passive voice.

13 всё. The use of всё here is adverbial, "always," "all the time." See next line and lines 1, 6 and 11 on next page.

14 такъ же, "just so," "in the same way." When written as one word также means "also."

18 движущія. This should be движущіяся (see Petrograd Edition of 1856). The pres. part. of двигаться. двигать has two forms of the pres. tense, viz. двигаю and движу. See p. 97, l. 21.

1   въ трубу, "examines through (lit. into) the telescope." труба stands here for зрительная труба, i.e. spy-glass.

3   штурманскій, "navigating (petty) officer." In the mercantile marine штурманъ (Dutch *Stuurman*) means "mate"; in the navy the term was formerly applied to officers specially trained in navigation.

5   дымки, "puffs of smoke," acc. pl. of дымокъ, diminutive of дымъ.

24 сутуловатый, "with a slight stoop," dim. form of сутулый. -оватый and -енькій are diminutive suffixes of adjectives.

25 на́ руку. Note the shifting of the accent back to the prep. here and also in line 30. See Grammar, Accentuation of Nouns.

30 въ го́ру къ, "up (the hill) towards."

Page 3

5   дурно сложёнъ, "had a bad figure," lit. "was badly put together." Past part. pass. of сложить. Note the accentuation of the word when used with this meaning, otherwise сло́женъ.

7   поношенная. Past part. pass. of поносить in the sense of "wear." It has become an adj.

9   виднѣлась, "could be seen," lit. "was visible." See p. 103, l. 10.

12   долженъ былъ быть, "might have been." The verb быть is placed after долженъ in the sense of "must," "ought"— я долженъ былъ, долженъ буду. Cf. p. 47, l. 12, былъ долженъ, "was owing."

13   ёжели (=если) is now somewhat antiquated in the literary language.

16   бы...были, "he would have had."

18   можетъ, for можетъ быть, "perhaps," "may-be."

21   поднимаясь, "going up," towards...

22   бывшаго, "former." The past part. of the verb быть, which has become an adj.

25   Наташи, familiar for Наталія (-ья).

27   товарищъ пишетъ, "in which (his) comrade writes." In Russian the possessive pronouns are usually omitted when there is no ambiguity. See next page, l. 29, and p. 6, l. 4.

28   Инвалидъ, the "Army Gazette," which was first published in the reign of Alexander I.

31   эсъ. This seems to be a transliteration of the French word *aise*, and probably means a couch or easy-chair.

32   бесѣдку, "arbour." It was customary at one time to have a sort of alcove or arbour, of trellis-work, in fashionable drawing-rooms.

Page 4

1   "When the regiment was quartered (lit. stood) in our town."

5   это душка человѣкъ, "he is a dear fellow." The neut. demonstrative in such phrases may refer to a noun in the sing. or plur. Cf. *c'est, ce sont* in Fr. See p. 19, l. 16.

8   георгіевскій крестъ, "the cross of St George." This distinction is conferred for acts of valour. It dates from the reign of Catherine II.

13   изустныхъ, "news communicated by word of mouth." (уста, n. pl. neut. "mouth.")

20   пріѣзжій, "a (new) arrival."

21   по особымъ порученіямъ, "he is attached to the Minister for special missions."

премилый, "a very nice fellow"; пре- when prefixed to adjectives has a superlative force.

23   рисурсъ. A noun ending in ъ cannot be feminine in Russian. The author has merely transliterated the French word *ressource*, keeping the gender. Many borrowed words, which are fem. in French, become masc. in Russian, e.g. сюрпризъ (*surprise*). See p. 125, l. 20 and p. 133, l. 4.

25   навѣрное, "for certain." Neut. sing. of the adj. in the long form used as an adv. навѣрно is also employed.

Евпаторію. So called in memory of Mithridates the Great, Eupator. See Introduction.

27   убито. See note p. 1, l. 1.

28   человѣкъ. Gen. pl. used only with numerals and collective adverbs. See Grammar, Masc. Nouns.

29   жена. See note p. 3, l. 27.

Page 5

2   штабсъ-капитанъ. The grade immediately below that of captain—"sub-captain." See below, line 27, "I ought to receive the rank of captain."

4   губернскомъ, "of the guberniya (province)," "provincial."

5   другѣ, "friend." This word may apply also to women. Observe the use of нимъ (for нею) in the next line.

сиживалъ. The iterative form of сидѣть. The use of such forms, although frequent in the popular language, is restricted, in the literary language, chiefly to the past tense. бывало, lit. "it used to be," adds force to the iterative idea.

7   товарищѣ-уланѣ, "his comrade, the lancer." This use of two nouns standing in apposition is very common. See p. 15, l. 33 and p. 30, l. 29.

10   по копейкѣ, "for a copeck each," i.e. "for copeck stakes."

15   мелькнули, "all these persons with their surroundings flitted through his imagination."

24   узенькому переулочку, "stepping along the narrow little street (alley)." The frequent use of diminutives is a marked peculiarity of the Russian language. See p. 71, l. 29, 31, 32; p. 93, l. 6; p. 124, l. 5; p. 139, l. 5.

26 влѣзъ на пушку, "how I was the first to get up on a cannon." When a gun was taken from the enemy, the soldiers who first got up to it would mount it shouting "hurrah." взлѣзъ (with prefix вз-) would be more correct here. See Grammar, Verbal Prefixes.

27 по старому представленію, "I ought to receive the rank of captain, having long since been recommended for it," lit. "by old recommendation."

29 майора. This term, which was introduced into the Russian army by Peter the Great, is no longer in use.

30 перебито, "killed off." The prefix пере- here signifies "one after the other."

31 нашего брата, "of our fellows." This idiom is used collectively in the sing. See also p. 71, l. 24.

Page 6

1 Анну на шею, "(the Order of Saint) Anne on my neck." This order was founded by the Duke of Schleswig-Holstein in 1735 in honour of his wife, Anna Petrovna, and was subsequently included among the Russian Orders.

3 посѣщенія, "honouring Natasha with a visit."

9 прежнимъ...капитаномъ, "he found himself on the boulevard the same infantry sub-captain as before," lit. "former." Note the use of the instr. case forming the complement of the verb. See p. 10, l. 15 and p. 32, l. 13.

10 сначала, "first of all," lit. "from the beginning—съ начала."

15 писаря, "army clerks" who keep accounts and do clerical work. They are chosen among the recruits who are able to read and write, and obtain special instruction necessary for their work.

юнкера. At the time of the Crimean War a junker was a volunteer, usually of good family, who was attached to some regiment, but without holding a commission. The term now signifies a student at one of the Junker Schools, i.e. training-colleges for officers.

24 молодыя, "that all (were) young ones." The long (attributive) form of the adj. in place of the short (predicative) form. See Grammar, Syntax.

Page 7

1 пожали ему руки, "shook hands with him." Cf. the French construction, *lui serrèrent les mains.*

3 обношенной, "worn out." Cf. поношенная, p. 3, l. 7.

5 развязно, "unconcernedly." Fr. *" sans gêne."*

совѣстно, "one felt scruples in going about with them," lit. "it was a matter of conscience" (совѣсть, conscience).

9 кланялся, "exchanged salutes." кланяться съ has the meaning " to greet upon meeting," " to be acquainted with " (Dict. of the Academy). Cf. поклонился ему (perf. asp.), " bowed to him," p. 10, l. 7.

25 поразсказали бы. The prefix по-, in addition to its ordinary value in the perf. asp. of verbs, may have a diminutive or distributive force, and is used with verbs either in the simple form or having already a prefix. See Grammar, Verbal Prefixes. The meaning here is: they might tell him one piece of news, then perhaps another, and so on.

31 меня нѣтъ, "as though I were not (present)." Note the impersonal use of the verb. Similarly, "he is not at home" is to be rendered by "его нѣтъ дома." See p. 73, l. 18.

вовсе, "will leave me altogether." вовсе is used chiefly in negative sentences (see next page, l. 3); in other cases совсѣмъ is more usual. See p. 12, l. 23.

Page 8

2 сословіи, "in whatever class it may be." The word сословіе in official language signifies a class or division of society. Of these classes there are four, viz. (1) the nobles, (2) the clergy, (3) the inhabitants of towns (Fr. *bourgeois*), and (4) the peasants.

3 не должно...быть его, "where it ought not to be at all." Notice the impersonal usage.

5 проникло, "it has penetrated into all parts of the country." The past tense of проникнуть, formed without the verbal suffix ну-, as is usual in intrans. (inchoative) verbs with this suffix.

6 края, acc. pl. of край (here meaning district), with the á (я́) termination. See Grammar, Masc. Nouns.

11 Saratov—an important town on the Volga, Mamadysh—a town in the Province of Kazan, and Vinnitsa—in Podolia.

22   на „ты", "and uses 'thou,'" i.e. is on terms of intimacy with...

24   флигель-адъютантъ, i.e. an adjutant (aide-de-camp) attached to the person of the Tsar and appointed by him personally.

26   на краю. Край here means "edge, brink." See note l. 6. Observe the ending ю of the prep. (loc.) case.

28   должно-быть, "it must be," "surely."

Page 9

2   поэтому, "by reason of this," "therefore," usually written as one word. So also потому, p. 10, l. 25.

13   кружка. A dim. of кругъ (circle) frequently used in the sense of "circle of friends," "coterie."

21   свѣтскихъ людей, "society men." Cf. the French *mondain*.

23   ротмистръ, "captain of cavalry." Germ. *Rittmeister*. The form of this word shows the influence of the Polish— *rotmistrz*. Cf. квартирмейстеръ, p. 3, l. 15.

29   остановился, "was stopping with him." остановиться means "to stop (Fr. *s'arrêter*)," here it has the further meaning of "to put up at (*descendre chez*)."

30   не унизительнымъ, "he considered it as not beneath him."

31   чего. Although чего is the object of сдѣлать, it is put in the gen. on account of the negative не рѣшплся.

33   встрѣчавшiйся съ, "who had met."

Page 10

1   неоднократно, "who had many a time drunk," lit. "not one time," i.e. repeatedly (from кратъ, кратный).

3   съ полтиной, lit. "twelve with a half." The usual construction. полтина is used in speaking of half a rouble. A half-rouble piece is called полтинникъ (p. 120, l. 29).

4   хорошенько, "properly." Although a diminutive form it has the meaning of "quite well," "thoroughly," "properly." See p. 11, l. 8.

10   мы съ вами, "you and I."

15   шёлъ такимъ молодцомъ, "who was walking along such a fine fellow." Note the complement of the verb in the instr. case. See p. 6, l. 9.

16   побрякивая, "gaily clanking his sword," lit. "with his sword." The prefix по- with the iterative form indicates

the occasional repetition of the action, viz. to "keep doing something from time to time." See below, l. 31.

17 по-настоящему, "I ought properly (by rights I have) to go to-morrow." приходится is here used impersonally, "it happens to me"—i.e. "I have to."

21 роты, "company." The term рота is used in the infantry and engineers. In the cavalry the corresponding term is эскадронъ.

25 нынѣ, нынче means (1) now, at the present time, and (2) (pop.) to-day.

26 дослушалъ, "did not hear him out," lit. "listen to the end."

31 поглядывая. See above, l. 16..

Page 11

5 её. According to strict grammar the gen. ея should be written after the negative. ея is usually pronounced as её.

6 это около. Supply some words here. "It is the girl who lives."

8 пойдемте. "Let us go and take a good look at her." The suffix -те is the ending of the 2nd pers. pl. transferred to the 1st pers. In its origin it is probably the ending -те of хотите, thus, пойдемъ-хотите.

12 не можетъ не, lit. "this cannot but afford." See p. 16, l. 1.

15 считалъ большимъ грѣхомъ, "considered it a great sin." Here the imperf. asp. is used, as a habit is indicated. Cf. счелъ, p. 10, l. 23.

21 не разъ, "not once," i.e. more than once. See note p. 10, l. 1.

24 сзади, "walked behind." Cf. l. 29, "who had come up from behind." See note p. 65, l. 9.

26 вчетверомъ, "four together." Similarly, вдвоёмъ, втроёмъ, "two, three together."

29 заговорившаго, "who had started talking." Here the prefix за- has an inchoative force. See Grammar, Verbal Prefixes.

32 тоже, "also." The same as также. When written as two words (то же) it means "the same." See p. 14, l. 16.

Page 12

1 просунулъ...за локоть, "thrust his...hand through the arm (lit. elbow) of Praskukhin."

8 бывшій, "who had been." The past part. of the verb
быть. See note p. 3, l. 22.

13 задаромъ, "undeservedly." даромъ (or pop. задаромъ)
literally means "as a gift," "gratis."

20 пока...не, "until they began speaking," lit. "until that
time, so long as they did not speak." пока in this sense
takes a following не.

22 тѣмъ, "by that," "thereby."

33 предъ (прѣдъ). A Church-Slavonic form. The ordinary
Russian form of this word is передъ.

Page 13

1 едва...какъ, "hardly had the captain crossed the threshold
of his lodgings, when..." In such sentences какъ is used in the
sense of "when" (когда). See p. 1, l. 2; p. 34, l. 6; p. 45,
l. 31.

3 увидалъ. Perf. asp. formed from the iterative видать.
According to Dahl (Great Russian Dictionary) увидать is used
when the action is accomplished in an indefinite, or general,
manner, while увидѣть indicates a definite action accomplished
at a particular moment. увидать is used chiefly in the past
tense. See below, l. 11, 14, p. 49, l. 7 and p. 152, l. 1. See
also Mazon, Emplois des Aspects du Verbe Russe, p. 219.

7 "With a rug nailed up over it," i.e. on the wall. This is often
done in Russian houses, either as a decoration or as a pro-
tection against damp.

9 тульскіе. Tula is a well-known town S. of Moscow, famous
for its manufacture of samovars and other metal articles.

10 постель is, strictly speaking, the bedding. кровать is the
bedstead.

13 почёсываясь, "scratching himself." See note p. 10, l. 16.
съ полу, "got up from the floor." съ with the gen. means
"off," "down from" and is used as the opposite of на (on). полу,
gen. of полъ with the y-ending. See Grammar, Masc. Nouns.

18 ему...итти, "that he was to go with the company." The
dat. with the infin. Supply as an auxiliary надо or нужно.

23 это всегда убьютъ, "and indeed he, who offers his
services, always gets killed," lit. "they will always kill."
это gives a descriptive force to the sentence. See p. 22, l. 22.

26 тутъ has the various meanings of "here," "there," "thereupon."

29 представятъ, "will recommend (for promotion)."

Page 14

2, 3 ежели не выйдетъ майора, то..., "if it does not result in my getting the rank of major, then I shall get the Order of Vladimir." Supply the word чинъ before майора and орденъ before Владиміра. See p. 127, l. 15. The Order of St Vladimir was founded in 1782 by the Empress Catherine. It is frequently conferred for military services.

7 нельзя...ротѣ итти, "the company cannot go with the ensign (alone)."

12 забывалъ, "kept forgetting." Imperf. aspect.

16 то же, "the same." See note p. 11, l. 32.

18 идётъ въ дѣло, "goes into action."

31 только бы всё спать, "you would do nothing but sleep, such a fellow (you are)." Adverbial use of всё. See note p. 1, l. 13. этакой (этакій) is a colloquial form.

33 чего спать, "How sleep?" In the popular language чего is constantly used in place of что, отчего, etc.

Page 15

2 умаешься небось, "you get quite worn out, you do," lit. "you will wear yourself out, don't fear." небось is a contraction of не бойся, and is frequently used in the popular language.

14 ругаетесь болваномъ, "why do you swear at me (calling me) a blockhead, Sir?" сударь, a short form of государь, is frequently used by persons of the lower classes in addressing their superiors.

15 вѣдь теперь, "at such a time as this," lit. "why, now (consider) what a time it is." The expression вѣдь, which occurs so frequently in this text, is the 1st sing. perf. (вѣдѣ) of the Church-Slav. вѣдѣти, "to know" (cf. Gr. οἶδα). (See Sobolevski, Lectures, p. 93.) It may be translated "but," "why," "you know."

20 къ батюшкѣ. See note p. 3, l. 27.

21 не трогай. Observe the use of the perf. asp.—оставь—and here of the imperf. asp. after the negative. See Mazon, Aspects, p. 79.

23 слушаю-съ. This suffix is a contraction of сударь (see above). It is frequently employed in the colloquial language after certain words, as да-съ, такъ-съ, etc.

расчувствовавшійся, "giving way to his feelings." The prefix раз- (рас-) here indicates intensity, exaggeration.

33 старуха-матроска. See note p. 5, l. 7.

Page 16

1 не могла не, "could not help joining." See p. 11, l. 12.

4, 5 "Add something about how even the masters—they also have so much to endure," lit. "undergo such sufferings."

6 бѣдный человѣкъ, "poor creature." человѣкъ may refer also to a woman. Cf. блѣдномъ другѣ, p. 5, l. 5.

13 сходить, "to go for (i.e. to fetch) some vodka." сходить here does not mean to "descend," but is a perf. asp. of ходить with the prefix c-. This form is much used with the meaning of "going on an errand." Cf. съѣздить, p. 129, l. 5.

16 ведёрку. This should be ведёрко, being a diminutive of the neut. ведро. Owing to the unaccented final vowel it is declined, in the language of the people, as a fem. noun.

18 ранятъ. Perf. asp. with a future meaning. See note p. 87, l. 19.

21 куда. The verb ранить, owing to the motion implied, takes въ with the acc. as ранить въ руку, and therefore куда, сюда.

24 да кругомъ бы обошла, "and if it went right round."

25 а какъ сюда, "and if it were here and (caused by) a splinter, it would be all over."

33 то...то, "now among us, now among them (i.e. the enemy)."

Page 17

1 "Traced an arc of fire."

5 водки, "some vodka." A partitive genitive.
закусилъ, "ate a piece of cheese." закусить (from the same root as кус-окъ) means "to take a bite, snack," and is followed by the instr. case.

13 досказалъ, "you did not finish telling me about V. M."

19 умора, "it was awfully funny," lit. "killing." (у-морить, to harass, kill.)

22 фортепьянъ. Gen. of a plur. form фортепьяны. The usual form of the word is фортепьяно. See p. 18, l. 3.

23 на окно, "seating himself on the window-sill near the window where K. was." Owing to the thick walls of Russian houses there is usually plenty of room to sit on the window-sill.

Page 18

2 кто...кто, "settling themselves, one...another..."

7 "Here they were, amongst their own sort, quite natural..."

10 ребятами. The instr. case forming the complement of the verb были.

12 "What of Maslovski?" "How is M. getting on?"

16 при мнѣ, "in my time."

19 всё возится, "is he still carrying on with his gipsy-girl?" See note p. 1, l. 13.

20 и т. д., и такъ далѣе, "and so on in this style."

25 вторить, "to join in," lit. "to second."

28 человѣкъ, "a man-servant." This word is frequently used in the sense of "waiter."

Page 19

1 фортоплясы. Evidently a pun on the word фортепьяно.

9 ежели...бы жить, "if, under these circumstances, one had to live in the mud." Supply an auxiliary here.

14 какъ имъ-то? "how is it with them?" "то" is here an emphatic particle.

16 "For ten days (at a time) do not change their underclothing." The distributive use of по with the dative.

это герои. See note p. 4, l. 5.

27 "Asked the officer, whether it was not agreeable to him to wait." The plural имъ is used for the sake of politeness, although here Kalugin speaks with affected politeness.

30 заговорилъ, "began speaking." See note p. 11, l. 29.

Page 20

1 дѣлу-съ. See note p. 15, l. 23.

3 "Please come, then!" lit. "do the favour (to come)."

17 "He ought to have known himself whether he had to go or not."

25 стихъ. See note p. 8, l. 5.

29 лёжа, "reclining on the window-sill." Pres. gerund of лежать with -a after the sibilant. The throwing back of the accent of the gerund occurs in a few verbs.

Page 21

11 попукивать. See note p. 10, l. 16.

12 "Is this ours or theirs (i.e. the enemy's)?" The word бомба is understood.

23 не различишь, "you cannot (lit. will not) distinguish a star from a shell sometimes." The pres.-fut. used in a general sense. See Mazon, Aspects, p. 144.

29 "I am so much accustomed." Past tense of привыкнуть. See note p. 8, l. 5.

30 въ Россіи, "(when I am back) in Russia." The speaker regards the Crimea as being outside Russia proper.

33 "Ought I not to go to (join) this sortie." Another example of the use of the infin. with the dat. See note p. 13, l. 18.

Page 22

3 не думай, "do not think (of such a thing)."

5 "You will have an opportunity later on," lit. "you still have time."

14 "There! now it has started properly," lit. "the real thing has begun."

17 "It stirs one's soul. Yonder they are shouting hurrah." In addition to the meaning of "yonder" вонъ has also the sense of "out," "away."

22 "But hand-to-hand fighting has surely begun." это with a descriptive force. See p. 13, l. 23.

25 подскакалъ, "galloped up." This prefix with verbs of motion has frequently the force of "up to." See below l. 31, and p. 9, l. 15.

28 "I want the general." This use of the acc. with надо, нужно etc. is frequent. See p. 130, l. 13.

29 See note p. 11, l. 8.

32 было. See note p. 1, l. 1.

Page 24

3 кое-гдѣ, "here and there," "in certain places."

4 засидѣвшихся, "who were sitting up (late)."

16 Мати. A Church-Slav. form, in the voc. case.

20 страсти-то, "how awful it is!" lit. "horrors! what horrors!"

21 Такого...не было, "it wasn't like this during the first bombardment." бандировку instead of бомбардировку.

22 вишь (= вижь). An old form of the imper. of видѣть.

25 Аринкѣ. A diminutive of Ирина (Irene).

26 всё попадаютъ, "they keep falling into the garden."

27 гдѣ-то, "where." Observe the frequent use of то as an emphatic particle.

29 эвтаго. A popular form of этого.

31 избави Богъ, "if, God forbid, he should be killed by some misfortune.." избави Боже (voc. case) is also commonly used.

Page 25

2 тётенька, "auntie." Employed in addressing any old woman.

3 "I do not know what I may do to myself."

4 "He is indeed such a master, I can't say more."
"Can one perhaps compare him with these (fellows) who..."
Supply можно, or some such word, before the infin. что
is used here instead of которые.

5 "What are they," lit. "this is what."

14 "The little stars...they keep rolling so."

17 "There, there's another one that has rolled down."

18 маынька for маменька, in child's language.

19 домишко, "little old house." A dim. form used in a disparaging sense. Although ending in -ко it retains the gender
of домъ.

22 дяинькой. In child's language for дяденькой
ходили. For this use of the imperf. indef. form see note
p. 77, l. 22.

25 большу-ущая for большущая. An augmentative form of
the adj. The wrong gender is used here by the child.

27 да is frequently used in the pop. language to express "and."

28 "That you could not lift it," lit. "will not lift it." See
p. 21, l. 23.

29 "Those who had husbands and money, they went off—one
after another." See note p. 7, l. 25 and p. 145, l. 8, 12.

32 "See how they fire, the villains," i.e. the enemy.

Page 26

1 "And just as we were coming out, a shell flies (towards
us), and bursts, and scatters earth all around," lit. "covers
with earth." лопни-итъ and засыпли-итъ are used by the
child for лопнетъ, засыплетъ. The pres.-fut. after какъ (with
an exclamatory force) indicates the rapidity, or suddenness
of the action.

4 "And uncle and I very nearly got hit by a splinter," lit.
"it nearly grazed us (me) with uncle by a splinter." Notice
the impers. construction here. See Grammar, Syntax of Verbs.

9 встрѣчалось, "were being met," with a following dat. Note
the sing. of the verb, although a number of persons are
referred to. See p. 1, l. 1.

10 "How they rushed at us," lit. "leapt up to (us)."

13 Алла. The proper form of this word is Аллахъ.

14 лѣзутъ, lit. "clamber (one over another)."

15 видимо-невидимо, "there was no end to them."

22   "They came up in force (lit. a force of them), made their way on to the ramparts and that was the end of it." Шабашъ (l. 24), the Yiddish *Schabbes* (Sabbath), signifies "rest from labour."

Page 27

1   его, i.e. the enemy.

2   сикурсу, "and no assistance was given." The Fr. word *secours* in the gen. (with y) after the negative.

5   была за нами, "was ours." See l. 13.

11   давно, "is it long since you left there?"

13   должно, for должно быть, "it must be," "surely."

21   поровнявшихся, "from a stretcher, which had come up (level) with them."

23   почитай. A pop. form of почти. Originally the 2nd sing. imperative of почитать.

    "If we had been in force, we would never have given it up," lit. "in our life." жисть is a pop. form of жизнь.

25   "I ran one through, and then I got struck." Again the impers. usage. See note p. 26, l. 1.

27   "Go steadily!" lit. "more evenly." иди... for идите.

29   много лишняго народа, "far too many men."

Page 28

4   него... Evidently the beginning of the word негодяй (rascal).

11   сюда-то, see note p. 16, l. 21. должно, see p. 27, l. 13.

13   "I cannot tell what has cracked my head." Another example of the impersonal usage referred to p. 26, l. 4.

15   слипшіеся, "matted," lit. "stuck together." Past part. of слипнуться.

17   стуцеръ (or штуцеръ). The name of the first rifled weapon introduced into the Russian army.

18   кабы, i.e. какъ бы. Pop. for если (бы).

19   "Else he will very likely fall." неравно (pop.) expresses uncertainty.

Page 29

4   зала. There are two forms of this word, viz. залъ and зала, the former being applied usually to public halls.

11   мокли, "were bathed." Past tense of мокнуть.

14 сотенъ. Gen. pl. of сотня, a noun formed from сто (cf. Fr. *centaine*).

19 говоръ, "murmur."

25 то...то..., "now here, now there."

Page 30

1 фельдшера́. N. pl. of фельдшеръ (with the á-ending). This term is a corruption of Germ. *Feldscherer* which goes back to the barber-surgeons of the Middle Ages. Since the middle of the 19th century there have been special Feldsher schools in Russia—civil, military and naval. The course of instruction is usually for three years. The army Feldshers are attached to military hospitals.

11 переверни-ка, "turn him over, then!" ка (ко) is a particle employed frequently in the colloquial language, especially with the imperative. A similar suffix appears in the imperative of Lithuanian verbs.

19 этакъ нельзя, "this won't do," lit. "it is impossible like this." See p. 122, l. 11, 12.

29 человѣкъ сорокъ. When a numeral is placed after a noun, an approximate number is indicated—"some forty."

30 ноши. A noun formed from the same stem as носить (with suffix -ia), in the gen. after the verb дожидаясь.

Page 31

3 въ дѣлѣ, "in action."

7 ему попался, "he came upon," "fell in with."

Page 32

8 "He imagined himself even a little bit like that adjutant."

10 лихую казацкую посадку, "a dashing Cossack-like seat." лихой is a common epithet applied to a horseman.

13 совершеннымъ молодцомъ, "a regular fine fellow." See note p. 6, l. 9.

16 "Having seated themselves on some stones."

22 пряча. Pres. gerund of прятать.

24 то-то отдохнуть, "resting indeed!"

28 поднявшись, see p. 3, l. 21. повернуть is often used intransitively, especially in speaking of direction. See p. 40, l. 7 and p. 51, l. 11.

30 близёхонько, "quite near." An intensified form of the dim. suffix of adjectives -енькій. Common in the popular language.

31   "A splinter whizzed past and landed—lit. struck—in the trench."

33   летѣла, "was flying." Imperf. definite.

Page 33

5   "He got up, looking round (to see) whether anyone had noticed." The iterative form видать is often used after the negative не, especially in the past tense, without any idea of repetition. See Mazon, Aspects, p. 208.

14   дышалось ему, "he breathed." Such impersonal reflexive constructions are common in Russian. See p. 35, l. 4 and p. 51, l. 20.

     выступалъ, "kept coming out." Imperf. aspect. Cf. потъ выступилъ, p. 44, l. 7.

16   уже не, "no longer."

18   чьи-то, "somebody's." N. pl. of чей-то.

25   ложитесь! "lie down." The imperf. asp. is here used in the imperative, although a particular action is referred to. The use of the imperf. asp. in such cases seems to render the command less peremptory and more in the nature of a request. Cf. садитесь, p. 92, l. 6, вставайте, p. 93, l. 7. For a detailed account of the use of the imperative of the imperf. asp. see Mazon, Aspects, Chap. III.

33   преспокойно, "quite calmly." See p. 4, l. 21.

Page 34

1   падавшую, "which was falling," imperf. asp.

2   не могутъ задѣть, "could not reach the trench," lit. "hit (one) in the trench."

8   забилось, "began to beat."

18   закурилъ, "lit up," lit. "began to smoke."

23   человѣкъ...офицеровъ. This use of человѣкъ in apposition with a following noun is frequent.

28   стѣнными часами, "a (wall-)clock."

30   лампада (Gr. λαμπάς -άδος). It is usual, in Russian houses, to keep a tiny lamp burning in front of the holy image.

31   аршинныя, "an arshin (2·33 ft.) thick."

Page 35

2   позволилъ себя одолѣть. себя is in the acc. after одолѣть. слабости in the dat. after позволилъ.

9   Георгіемъ. See note p. 4, l. 8.

12   засыпаны, "blocked up."

16 стрѣлять по, "fire at the trench(es) with grape-shot." See note p. 157, l. 2, 8.

24 "I have come just to rest a while."

25 "Can you not go by yourself?" сходить. See note p. 16, l. 13.

29 этою. Instr. case after командовать.

Page 36

8 всего-на-всего, "in all." A more emphatic way of expressing всего, which is a sort of partitive genitive. More correctly всего-на-все. (Dict. Acad.)

23 уже не рисковалъ, "no longer risked these chances." рисковать governs the instr case.

25 съ недѣлю, "about a week." съ with the acc. means "approximately."

28 "They needlessly vied with each other in leaning out," lit. "thrusting themselves out."

33 "K. in the darkness came upon the general."

Page 37

7 не шумя, "without making a noise." Pres. gerund of шумѣть.

18 носили, "kept carrying earth in sacks." Imperf. indef.

23 за начальника, "taking P. for his superior officer."

26 поскорѣе...потише. по prefixed to comparatives has a diminutive force. Here however the idea is rather that of a superlative, "as quickly and as quietly as you can."

Page 38

2 "Having made clear (to himself) what the matter was."

15 Lit. "it cost him great trouble." стоить takes the gen. case except when a definite amount is stated, as это стоитъ тысячу рублей.

22 закусывали сыромъ. See p. 17, l. 5.

23 счастливаго пути. Gen. after желаю understood.

24 отстоять, "to complete your period of duty." часы is understood.

25 затихло, "it has got quieter," i.e. the firing.

32 темна хоть глазъ выколи, "pitch-dark," lit. "you may even put out your eye."

Page 39

5 столкнувшихся, "as they came into contact," lit. "clashed."

7 что это такое! lit. "what sort of thing is it?" такое here

12—2

adds emphasis to the interrogative pron. Similarly кто онъ такой? "who is he?"

11 выбыло, "had fallen out," "had been put out of action."

20 впрочемъ. An adv. formed from въ and the loc. sing. of the adj. прочій (-ee), "moreover," "still" (cf. Fr. *du reste*).

22 рядомъ, "along with (them)," lit. "in a row," "side by side."

24 сколько...ни, "as often as I have observed," lit. "however much." After a relative pron. or adverb ни has the force of "ever."

31, 32 "In order to ascertain how the work had progressed there."

Page 40

7 повернулъ. See note p. 32, l. 28.

9 новенькаго. A dim. form. See note p. 5, l. 24.

17 пошла ружейная, "the rifle-firing has started."

20 по настоящему, "by rights." See p. 10, l. 17.

28 при немъ, "with him," i.e. attached to him.

Page 41

1 неужели (не-уже-ли), "Is it possible that?"

2 рукопашномъ, "hand-to-hand fighting." Here боѣ (loc. of бой) is understood.

8 если бы не онъ, "if it had not been for him."

29 пройдя. Pres. ger. of пройти. When the pres. ger. of a perf. aspect is used it has the force of a past gerund. Cf. построясь in the same sentence.

Page 42

2 сталъ, "should take up his position."

4 "Being unable to realize." Cf. Fr. *se rendre compte*.

13 въ полѣ, "in the fields," i.e. in the open country.

20 одинъ, "alone."

24 "My lads! Just show them what you are made of," lit. "see, be brave fellows." молодцами is in the instr. after будьте understood. смотри, see note p. 155, l. 11.

25 "Do not fire with your rifles, but (give it to) them with your bayonets! When I shout 'Hurrah!' (come) after me and do not fall back." The infin. has the force of an imper. A marked feature of the Russian colloquial language is the frequent omission of auxiliary and other verbs, which have to be supplied in English. See also next page, l. 1, 12 and 22.

27 дружнѣй, "all together, that's the principal thing." As in поскорѣе (see p. 37, l. 26) the comparative has here the force rather of a superlative.

28 "Let us show what we can do and not disgrace ourselves."
29 "For the Tsar, our little father."

Page 43

1 "Yes, when he goes into action."
12 "You've started firing shells! (see p. 52, l. 13). Let us just get up to you and you'll get a taste of the bayonet."
19 взять...наперевѣсъ, "to trail arms." An obsolete expression.
22 "Did not remember, whether it lasted long, where they were going, and what was being done," lit. "who was doing what?"
33 "Someone ran up against him backwards," lit. "sprang at him."

Page 44

1 "And nearly knocked him down again."
13 Observe the various shades of meaning expressed by the prefixes of the verb бѣжать in this and the following lines: побѣжалъ, "ran off," пробѣжавъ, "having run (for twenty yards)," and прибѣжалъ, "arrived running."
19 молодцомъ. "You are a brave fellow." In the instr. case, some verb being understood. молодцомъ is frequently used in this way.
24 какъ же, "certainly." Cf. Fr. *comment donc!*
25 мнѣ надо скорѣе, "I must hurry."
27 дежурство (Fr. *de jour*), the period during which one is on duty. See p. 126, l. 27.
    отличное дѣло, "that's excellent."

Page 45

1 живъ и цѣлъ, "safe and sound."
3 стою ея. See note p. 38, l. 15.
9—27 This sentence, consisting of eighteen lines, with its numerous relative clauses, can hardly be regarded as a good specimen of Tolstoy's literary style.
26 будь сказано, "be it said."
33 услыхалъ. Perf. asp. formed from the iterative слыхать. According to Dahl, услыхать indicates a greater indefiniteness of the action than услышать. See Mazon, Aspects, p. 219.

Page 46

2 какъ разъ, "just," "right on (to the bastion)."
17 бомбу не рвало, "the bomb did not burst." A good example of the impers. construction. See also p. 49, l. 24.

18 не напрасно ли, "did he not feel afraid unnecessarily?"
28 объялъ, "took possession of," lit. "embraced." A Church-Slav. form. Cf. необъятно, p. 49, l. 8.

Page 47

8 его убило, "he got killed." An impers. construction. So also меня кровью забрызгало, "I got bespattered with blood."
21 вспомнился ему, "came into his memory."
32 "Tripped on his sword which had slipped under his feet."

Page 48

7 подвернутой, "tucked up."
22 Lit. "that, with which it was moist."
въ кровь разбился, "I have bruised myself in falling and am bleeding."
30 запрыгали, "began to leap."

Page 49

9 передумалъ и перечувствовалъ, "thought and felt a multitude of things." The prefix пере- indicates "over," "in succession."
11 неразорванною, "unexploded." The complement of the verb лежала in the instr. case.

Page 50

1 очнулся, "came to his senses."
3 становившаяся, "which was becoming." Imperf. asp.
23 было...приготовился, "had prepared himself for passing *there*, i.e. to the other world."

Page 51

3 оставаться, "to keep (remaining) with." The imperf. asp. here indicates M.'s duty generally towards his company. Cf. останусь (l. 10), perf. asp., "I shall remain (on this occasion)."
13 какъ слѣдуетъ, "properly," lit. "as is fitting" (cf. Fr. *comme il faut*).
14 "Why! in the heat (excitement) of the moment it (i.e. the wound) seems to be of no account." ничего is frequently used as an adverb with various meanings. Strictly speaking it is the gen. of ничто, some verb in the negative being understood.

16 тутъ вонъ, "yonder."
20 вспомнилось, "if he had not recollected." An impers. construction, ему being understood.
28 шёлъ, "was marching."

Page 52

3 гдѣ тутъ, "how was it possible to take him, when there was such hot work going on?" гдѣ is frequently used with an exclamatory force to express doubt. See also l. 9.
5 "How could you (act like this)?" Supply some verb. See note p. 42, l. 25.
11 только бы своихъ уносить, "if only we could carry away our own men."
17 "We must go without fail to get him." See note p. 16, l. 13.
19 Иванычъ. A shortened form of Ивановичъ.
23 однихъ, "by themselves." See p. 35, l. 25.
27 что. In the popular language что is often used for который. See p. 84, l. 18 and p. 118, l. 29.

Page 53

1 можетъ. See note p. 3, l. 18.
2 "It is not worth while exposing."
4 "I shall go myself to find out." This construction is common in the colloquial language. See p. 35, l. 20.
11 угодникъ is a term used in speaking of saints, i.e. угодникъ Божій, "one who is pleasing to God."
15 "The bandage which had slipped out of its place."
21 залетали, "made their way (in flying) even here."
23 записаться, "to get registered," i.e. for treatment.

Page 54

3 "Some lofty and some petty."
9 пересохшихъ, "parched." Past part. of пересохнуть.
12 койкахъ, "cots." A word borrowed from the Dutch, used by sailors with the meaning of "hammocks."
14 зарница, "the glow of dawn."
Сапунъ-горою. The name of a mountain in the neighbourhood of Sevastopol.
21 "To the world which had again become animate," i.e. "awakened."

Page 55

1 егерская музыка, "the band of the Chasseurs." (Germ. *Jäger*.) The term егерь is no longer used in the army.

4 празднично, "in holiday fashion."

10 главною...нитью which here forms the predicate is in the instr. after было. дѣло is the subject of the sentence.

13 разсказывающій, "the person speaking." See p. 76, l. 25.

30 по совѣсти, "on their conscience."

Page 56

4 " To receive an additional star (on his epaulets) or a third of his pay."

12 такъ, "like that," "for no particular reason."

32 ни къ кому, "to nobody." In such negative forms the prepos. is inserted between ни and the pronominal element.

Page 57

3 поговорить. The prefix here has a diminutive force— "to talk some French."

4 неужели. See note p. 41, l. 1.

9 ужъ просто, "simply (to talk in Russian)."

Page 58

3 "When he got too far beyond the line."

10 дорогой, "on the way."

18 не доставало, "there were missing." An impers. construction.

20 кой-кого, "some others." кой-кто is an indefinite pron. indicating more than one person, "some one or other."

22 не успѣли, "had not had time to be."

27 сапоговъ, usually written in the gen. pl. сапогъ (p. 137, l. 14). See Grammar, Masc. Nouns.

Page 59

4 однѣ. N. pl. fem., referring to толпы.

9 хотя...но. The rule of syntax requires, after хотя, the conj. но, or some word of similar meaning, to introduce the next part of the sentence.

12 э сеси... This is a transliteration of the French words used by the Russian officer, " et ceci pourquoi ce oiseau là."

19 у аште (*où acheté*), "where has it been bought?"

25 руководимый, "guided." Pres. part. pass. of руководить.

Page 60

1   какъ…такъ и, "both…as well as."

5   въ накидку, "thrown over his shoulders." (кид-ать, " to throw.")

7   руки за спину, "(with) their hands behind their backs." The usual construction. See p. 100, l. 22.

11   высыпаетъ огня, lit. "scatters (out) some fire," i.e. "gives a light." A partitive gen.

19   покатываются, lit. "rock with laughter."

22   знаній. The gen. pl. The nouns знаніе and познаніе are much used in the pl. See p. 124, l. 3.

    треплетъ. Pres. tense of трепать. Note the insertion of л after the labial. See Grammar, Verbs of I Conj.

32   шитыя, " embroidered."

Page 61

7   разсыпается, "launches forth." A compound of сыпать, "to strew." See note p. 15, l. 24.

Page 62

4   отцовскомъ, "his father's." This form has replaced the old poss. adj. отцовъ.

5   на босу ногу, "with bare legs." Here is an example of the declension of the adj. in the short form, which has been preserved only in a few expressions.

    штанишкахъ, " short breeches." A dim. form of штаны.

7   вышелъ за валъ, "went out beyond the rampart."

14   наносило…вѣтромъ, "which the wind bore towards him." A usual impers. construction.

21   ещё разъ, "once more." Fr. *encore une fois.*

22   стала на, "went back into its place."

24   цвѣты. The acc. on account of the motion implied in спряталъ.

33   исповѣдующіе. Some verbs with infin. in -ывать have two forms of the pres. tense, viz. -ываю and -ую. In the old language the ending -овати appears in the infin. of this verb —исповѣдовати—which accounts for the pres. form in -ую.

Page 63

3   колѣни. Acc. pl. of колѣно. An old dual ending (и = ѣ). The a-ending is also used in this sense.

8   спрятаны, "have been put away."

19 высказываемы. An example of the pres. part. pass. in the
predicative form. In ordinary prose the tendency is to avoid
this form and to use the reflexive form of the verb.

23 которому должно подражать, "which one ought to imitate."
подражать governs the dative.

Page 64

5 воспроизвести, "to reproduce." The prefix вз- (воз- вос-)
frequently corresponds to the Latin prefix *re-*.

6 есть. Owing to the emphasis here the verb cannot be
omitted, as is usual in the pres. tense of быть.

Page 65

6 нѣчто среднее, "something midway between." The particle
нѣ- has an indefinite force like -то in что-то.

7 жидовскою, "Jewish." The word жидъ (= еврей) is
generally used as a term of contempt.

9 спереди, "in front." This adverb has the meaning
both of "from" and "in" front. Cf. сзади (l. 13), "from
behind" and "behind." These are originally locatives of the
nouns передь and задь (i-stems) with the prep. съ (from).

11 бывшей офицерской, "that had once been an officer's."
бывшей is here an adj.

12 подёргивавшій, "who kept tugging at the reins."

17 сидячемъ. An old participial form now used only as an
adj. Cf. могучее, p. 54, l. 22. See Grammar, Participles.

Page 66

7 если бы не, "if it had not been for a sort of puffiness."
The verb is omitted here. See p. 41, l. 9.

12 каріе, "brown." This word (of Turkish origin) is used also
in speaking of the colour of a horse ("bay"). There is
no general term for "brown" in Russian, a number of
adjectives being employed to express this colour, e.g. корнчне-
вая шляпа, "a brown hat"; бурый медвѣдь, "a brown
bear," etc.

16 двухдневною, "of two days' growth." A compound adj.
Cf. трёхрублёвую, p. 85, l. 5.

17 10 мая, i.e. 10го (числа), "on the 10th of May." The gen. is used to express "on a certain date."

20 съ недѣлю, "about a week." съ with the acc. indicates "approximately."

24 "Whether it was in Sevastopol itself, or on the Northern side or at Inkerman."

26 хорошенько. See note p. 10, l. 4.

27 когда не мѣшали, "when the hills did not intervene (lit. hinder), or when the wind carried (the sound)."

30 заставлялъ вздрагивать, "made one shudder."

Page 67

5 да и, "and indeed." да is frequently used in the sense of "and," especially in the pop. language.

6 Lit. "that a bombardment was going on—a terrific one."

8 навстрѣчу шёлъ. Supply имъ, "towards them (lit. to meet them) was coming." The verb идти does not indicate direction *to* or *from*, it means simply "to be on the way."

12 ранеными. Written with a single н in the termination. Some past participles passive have come to be used as adjectives and nouns, and as such are written with one н. Cf. учёный, "a learned man." Acc. to Sobolevski (Lectures, p. 262) the doubling of н in the long form of the past part. pass. was unknown in the early period of the language. The writing with one н therefore represents the older form.

13 пальто. Fr. *paletot*, indeclinable. See Grammar, Declension of Nouns.

14 фескахъ. Turk. *fez*. Many borrowed words have in Russian a dim. ending. Cf. пулька, p. 5, l. 10; папироска, p. 77, l. 25.

18 набивавшейся, "which forced its way into his eyes."

22 солдатикъ. Note the dim. ending of the word which is used merely as a term of endearment. See other examples p. 71, l. 1; p. 81, l. 25.

25 поровнявшуюся, lit. "which had come level with."

30 человѣкъ. See note p. 34, l. 23.

Page 68

2 взялся было. The past tense with было is used to express an action which has been begun (or contemplated) but not completed; or, it may be, completed but without the result which might be expected.

3 раненый. To be regarded as an adj. or a noun. See note p. 67, l. 12.

9 "Like mops (wisps of bast), swaying in various directions."

11 "On the top of which a soldier's cap was sticking up." сверху—the gen. of верхъ with the prep. съ. See note p. 65, l. 9.

14 къ нему-то. то—emphatic, "it was to him that."

15 проѣзжій, "travelling, driving along." Cf. прохожій, "passing along (on foot)," p. 71, l. 27.

25 "We wish you health, your Honour." вашбородіе stands for Ваше Благородіе. здравія, a Church-Slav. form, is in the gen. after желаемъ.

28 середу, the pop. form of среду.

31 должно, "no doubt (lit. it must be) to the Northern side." Сивѣрную for Сѣверную.

Page 69

1 "They (i.e. the enemy) have started firing across, mostly with shells, and they even reach the bay; they are firing so hard to-day, it's something awful." An example of the popular speech, скрость for сквозь, бомбовъ instead of бомбъ, ажно meaning "even," "so that even."

10 недюжинный, "out of the common," lit. "not to be found by the dozen."

11 живутъ такъ-то, "who live in this or that way and do this or that."

19 казённыя бумаги, "official documents," lit. "belonging to the Treasury (казна)."

набилъ руку, "acquired a facility," lit. "got his hand in."

20 бытность, "during the time of his being," with the following noun in the instr. case, the ordinary construction as regards the complement of the verb быть being extended to the noun бытность.

22 энергіей. The instr. after замѣчательна, "remarkable for its energy."

28 однихъ, "alone," "solely."

Page 70

3 очень буду слушать. очень marks here impatience, unwillingness. "It's not likely that I am going to listen to what the soldier is talking about."

10 смѣшная эта москва, "a funny fellow, this soldier."

пошёлъ, "be off." The past tense used as an imperative (=чтобы ты пошёлъ).

11 трогай же, "drive on." An expression frequently used in speaking to drivers.

14 Lit. "The reins began to be pulled."

16 покормимъ (лошадей understood), "we shall only stop for a moment to feed the horses."

24 въ самой пыли, "in the midst of the dust," lit. "in the very dust."

Page 71

1 землячокъ. A dim. of землякъ. See note p. 67, l. 22.

8 почитай, что, "we have been for about three weeks looking after the hay of the company." почитай is a pop. form of почти; при, "at," "beside"; находились, cf. Fr. *nous nous trouvions*—again in l. 11, находится.

12 сказываютъ, "they say." The imperf. asp. of сказать. сказывать has been replaced in the lit. language by говорить.

заступили, here = вступили, "have moved over to." The ordinary meaning of the word is "replaced." This sentence is quoted in the Dictionary of the Academy of Sciences under заступить.

13 въ прошлой. The usual idiom is на прошлой недѣлѣ.

15 городу. This form of the loc. of городъ is only used in the pop. language.

18 бѣлёсомъ, "whitish." Acc. to the Dictionary of the Academy this word is little used. The same as бѣлесоватый or бѣловатый.

19 полдня, more correctly полудня. оттелѣ (оттолѣ) is pop. for оттуда.

такая страсть, "it's something awful." See p. 24, l. 20.

23 ажъ и, "so that even." Cf. ажно, p. 69, l. 2, 3.

24 "How many of our fellows he (the enemy) has killed off, one cannot tell."

31 Lit. "a piece of tinder (at the pipe) of a soldier who was smoking."

33 "No one but God (can help us). Good-bye," lit. "we ask forgiveness."

Page 72

3 "You'd better wait."

6 колёсъ, the gen. after между. The instr. case is more usual.

15 "Let alone three days, you may have to wait even ten days." сутки means a day and night (twenty-four hours). With nouns that have no singular the collective numerals up to four are used, on account of the rule that after two, three, four, the following noun is in the gen. sing. Occasionally these collective forms are used from five up to ten, as here (десятеро).

18 вамъ не запрягусь, "I shall not harness myself for you."

20 "Then do not give anyone horses, if there are none." The infin. is used with the force of an imper. See note p. 42, l. 25. коли is pop. (= если). нѣту = не-е (сть) -ту (тутъ) is much used in familiar speech.

21 "And why did you give to some manservant with luggage?" лакей is a borrowed word. (Eng. *lackey*.)

24 "Avoiding the pronoun," i.e. avoiding the use of the sing. pron. ты before далъ. It is usual to employ "thou" in addressing persons of the lower class, but here the officer is speaking to the superintendent of the posting-station.

31 стало быть, "therefore."

Page 73

1 а то, "indeed I shall certainly tell the general."

4 вы всегда испортите, "you always spoil things." Here the perf. asp. is used, notwithstanding that всегда precedes. One might translate: "You will spoil the matter, that is always your way."

6 умѣть, "to know how to."

7 сію = эту. This pronoun is now antiquated, being only retained in a few expressions. See p. 148, l. 11.

9 "I should be glad, my dear fellow, but where am I to get them?" Supply былъ after радъ. See p. 94, l. 2.

19 "I would rather go on to the Malakhoff Kurgan than remain here, upon my word!" The Kurgans (a word of Turkish origin) were the burial-mounds of the early inhabitants of South and East Russia. Note the use of the imperf. asp. оставаться, "to remain indefinitely."

28 за секунду предъ тѣмъ, "a second before." See p. 112, l. 32.

30 "We have been (lit. are) already three months on the way."

31 "There's no harm, we have time enough."

Page 74

5 стояло два самовара. Here the verb is in the sing. Cf. p. 115, l. 6, стояли двѣ бутылки. See note p. 1, l. 1.

10 наливалъ чайникъ, "was filling up a teapot (with water)."

11 такихъ же, "similar," lit. "just such."

15 жареную. A participle which has become an adj., written with one н. See note p. 67, l. 12.

19 по одному тому какъ, "only by the way, in which," lit. "by that alone, how."

24 не то, чтобы, "not indeed that."

33 человѣка четыре. The gen. sing. after четыре, but денщиковъ is in the gen. pl. See note p. 34, l. 23.

Page 75

1 возились, "busied themselves." See p. 18, l. 19.

8 корпуса. A term applied to military and naval colleges.

9 главное, "the principal thing." дѣло is understood.

10 на-дняхъ, i.e. на (этихъ) дняхъ, "shortly," "one of these days." Also applied to past time.

13 видалъ. The iter. form marks the indefiniteness or, perhaps, repetition of the action.

15 вздумалъ. The prefix вз- (воз-) here indicates the commencement of the action, "if he should take it into his head."

19 штабныхъ, "belonging to the Staff."

21 ужасно какъ, "it is awfully annoying." какъ here is redundant. See p. 119, l. 17.

Page 76

1 не такъ, "not as it should be," i.e. "not rightly."

5 поспѣете, "you will still be in time." Cf. успѣемъ, p. 73, l. 31.

9 просвѣтлѣвшее, "which had brightened up." Past part. of просвѣтлѣть, "to grow bright."

19 рѣшимъ. Perf. asp. with fut. signification.

21 на своей лошади, "with (lit. on) our own horse."

23 товарищъ. See note p. 3, l. 27.

25 разливавшій, "he who was pouring out." For other examples of this use of the part. see p. 71, l. 25; p. 72, l. 4, 18.

29 сообща, "jointly." An adv. formed from съ (со) and the gen. of общій (-ее) in the short form.

30 содрали, lit. "tore off," "made you pay dear."

6   хромая. The long form of the adj. in the predicate. See p. 6, l. 24.

7   крѣпкая такая, "such a strong one." This form of expression is very common, especially in the colloquial language.

12   "There are six of us."

18   "And this gentleman here has been saying." они is used for politeness, instead of онъ, and refers to the other officer.

22   ходилъ. The imperf. indef. does not necessarily indicate repeated action, but may mark merely the indefiniteness of the action. See p. 25, l. 22.

24   угодно вамъ готовую папироску, lit. "is it agreeable to you (to have) a ready-made cigarette?" See note p. 22, l. 28.

5   "That is just what we are afraid of."

12   "If (we have) to go back, we have no idea how we are going to manage," lit. "how it's going to be."

17   тутъ, "there," i.e. in Sevastopol.

20   сенаторъ одинъ, "a senator." одинъ representing the indef. art. in English is frequently placed after the noun.

1   борщу, "some borshch." A partitive genitive with the y-ending.

3   щей, "of cabbage-soup." Gen. of щи, not used in the sing. In the Crimea the term борщъ (strictly speaking, beetroot soup) may include also cabbage-soup (щи).

11   вставай. The imper. of the imperf. asp.

16   вскочилъ, "leaped up." The prefix here should be вз-, but the з has become assimilated to the following с. So also in вставай, l. 11.

24   меньшой, for меньшій, with the meaning of "younger." In pop. speech the accent has gone on to the ending.

15   какъ этого всѣ ожидали, "as everybody had expected." ожидать requires the gen. case.

20 въ полковники. Supply a verb, "you rise to be a colonel."
Notice the use of the acc. like the nom., although an animate
object is referred to. Similarly in l. 22. See Grammar,
Masc. Nouns.

24 "What a fellow you are!"

28 сбирался, "was about to," lit. "was collecting himself."
Written more commonly собирался. сбирать (сьбирать) is
the older form of the word. The form собирать appeared
under the influence of собрать (perf. asp.). (Sobolevski,
Lectures, p. 48.)

29 затѣмъ, "for that purpose."

30 просился, "I offered myself," lit. "I asked for myself."
-ся here cannot be regarded as the direct obj. of the verb.

Page 81

1 "What a funny fellow you are!"

8 ничего. See note p. 51, l. 14.

14 дорогой. The instr. sing., "on the way."

17 являться, "make my appearance," i.e. present myself to
the military authorities.

19 Михайлу. Acc. of Михайло, familiar for Михаилъ.
Owing to the unaccented final vowel this name has come to
be declined like a fem. noun and is written in the nom. also
Михайла.

21 отцвѣтшій. Past part. of отцвѣсти.

22 вьющіеся. Pres. part. of виться.

26 не стоялъ, "did not remain stationary, but kept bursting
forth."

30 особенно казалось, "which was particularly apparent."

Page 82

9 это былъ. See note p. 4, l. 5.

10 "That one could keep looking at him all the time," lit.
"you would look." See note p. 83, l. 2.

11 радъ, "glad (to see) his brother." радъ requires the dative
case.

15 умѣнья. A verbal noun from умѣть, lit. "the knowing
how to."

18 свысока, "from a higher level."

22 хорошенькихъ, "nice-looking (young fellows)." See above,
l. 9.
бравшей. Past part. of imperf. asp., "who was in the habit
of taking."

Page 83

1 наговорясь. Pres. gerund of perf. asp. with the force of a past gerund. The prefix на- here indicates "to the full."

2 испытываешь, "you (i.e. one) experience(s)." The 2nd pers. sing. has frequently a general sense, being equivalent to *on* in French.

12 уложимъ, "we shall find room for them," lit. "pack them away."

29 кое-какъ, "somehow," "as best he could."

31 прошло. The neut. sing. of the past tense of the verb is used in such expressions of time.
всё не выходилъ, "and still he did not come out."

Page 84

15 "What nonsense!" lit. "what for nonsense!" Cf. Germ. *was für.*

16 Миша. Familiar for Михаилъ.

18 что = котораго. See note p. 52, l. 27.

22 исподлобья, "frowningly." An adv. formed from изъ and подлобье, the lower part of the forehead (лобъ).

26 "And I have been using his sugar all the time," lit. "his sugar...has been going."

33 отдамъ, "give, repay (him the money)."

Page 85

5 десятирублёвыя. The word бумажки (note), in the gen. sing. after двѣ, is understood.

17 этакъ нельзя, "it is not right." этакъ (pop.), "in this way." See p. 30, l. 19 and p. 122, l. 12.

24 подавать, "give rise to."

29 не въ состоянiи, "not be able," lit. "not in a condition to."

Page 86

7 Lit. "jostling one another leg against leg."

15 вдвоёмъ, "both of us together." See p. 11, l. 26.

21 не очень молоденькiй, "not so very young."

23 порядочные, "fair-sized."

24 къ тому времени, "by that time."

27 попадёмъ въ дѣло, "shall get into action."

Page 87

3 мнѣ неловко, "that I am uncomfortable."

7 дать замѣтить, "to let his brother notice."

195

10 бросятся. Perf. asp., "will hurl themselves."
11 я стрѣлять, стрѣлять, "I shall fire and fire at them."
The infin. here forms the predicate without an auxiliary.
19 ранятъ, "will wound." Perf. asp.—ранить is usually classed among a few verbs which are both imperf. and perf., but it is now generally used as a perf. asp.
23 отмстимъ. Written more commonly отомстимъ.
31 при смерти, "at the point of death."
32 придетъ и будетъ спрашивать. Note the change from the perf. asp. to the imperf., the first verb indicating a single definite action, and the second the indefiniteness, or, perhaps, repetition of the action.

Page 88

3 положатъ, "will place." 3rd pers. pl. pres.-fut. of положить.
8 да проститъ. да here has the force of "let," "may."
9 сбудутся, "will be realized." 3rd pers. pl. pres.-fut. of сбыться.
17 выбыло. See note p. 1, l. 1.
19 Володя. Familiar for Владиміръ.
21 ему захотѣлось, "he felt the desire to."

Page 89

3 у него изъ глазъ, "out of his eyes."
14 при...лучахъ солнца, "lit up by the...rays of the sun."
27 гдѣ должны были, "where they were to."
узнать навѣрное, "find out for certain."

Page 90

1 завѣдывавшій, "who was in charge of." Followed by the instr.
7 "Which had not yet had time to get thoroughly dry."
13 счётахъ. The Russian counting board or abacus. N. счёты in this sense. The pl. form счета́ means "accounts," but счёты is also used with this meaning.
ассигнацій. The name of the paper-money formerly in use (Fr. assignats).
19 великъ, "large." The short, predicative form of великій, also used as the predic. form of большой.
20 плетёными, "plaited, wattled." A past part. pass. which has become an adj. See note p. 67, l. 12.

13—2

23 чтобъ листъ не сыпался, "in order to keep the leaves from falling in." листъ is here used in a collective sense.

24 коврами, "rugs." N. sing. ковёръ. The word is also applied to "carpets."

Page 91

2 ярлыкомъ, "label." In old Russ. this word (of Turkish origin) had the signification of an official document (грамота) issued by the Tartar Khans.

3 часы, "clock," or "watch." Used only in the plur. in this sense.

5 набросанныя, "thrown in a heap."

10 "Who was engaged in the business transactions (of the regiment)." The term коммиссіонеръ here refers to the officials of the commissariat department. (See Dict. Acad.)

12 дѣлалъ счёты, "was making up the accounts."

20 "As though he were completely filled up with porter."

23 туфляхъ, "slippers." Cf. Fr. *pantoufles*.

24 "What a lot of money." A partitive gen. то is here emphatic.

27 "You might lend (me) just the half." взаймы is an adverb formed from въ with the acc. pl. of заёмъ (loan).

28 Михайлычъ. A contracted form of Михайловичъ.

32 "If it were mine," деньги understood.

Page 92

4 "We have called to ascertain from you." заѣхали, i.e. not on foot.

8 выпить. Perf. asp., "to have a drink."

9 портерку, "some porter." The gen. of портеръ in the dim. form with the y-ending. Cf. чайку, p. 126, l. 12.

10 "I don't mind." "It will do no harm."

26 "Really?" lit. "for certain?"

28 "And yet the devil (only) knows." его here does not refer to any person in particular. It is used merely to complete the phrase.

29 "He will not take much to tell a lie."

32 "Yes, I may as well have a drink." пожалуй, "be it so," "if you like," lit. "I grant," is (acc. to Sobolevski) the 1st pers. sing. pres. of пожаловать with a contracted ending. It is used as an adverb.

Page 93

4 полноте, "you've slept long enough!" The particle те is a contraction of тебѣ. See p. 143, l. 6.

5 "Why do you bother me?" пристаёте is the 2nd pers. pl. pres. of приставать.

7 "Well, get up!" Imperf. asp. See note p. 33, l. 25.

9 Simferopol is a town in the Crimea to the N. of Sevastopol.

16 въ томъ же родѣ, "in the same style."

22 глядя куда-то, "looking somewhere in the direction of the rug."

25 стаканчикъ, a dim. form, does not necessarily indicate a small glass. See note p. 67, l. 22.

33 "And what do you want to do that for!" See p. 84, l. 15.

Page 94

2 бы. Supply былъ. "I should be."

4 "I have got sick of this life," lit. "it has become disgusting." Past tense of опостылѣть, a neuter verb derived from стыть (стынуть), "to get cool."

5 "In what are you badly off here?"

7 "It is not you who should complain about the life here!"

14 а то такъ, "but there's nothing of the sort."

15 лѣта, "years," "age." The word лѣто is no longer used in the sing. with the meaning of "year."

17 "One wants to make money, and another serves for the sake of honour."

20 когда нечего ѣсть, "when there is nothing to eat." нечего is equivalent to "there is nothing which." See Grammar, Pronouns.

23 заведи-ка, "just wind up," i.e. set the box to play the music from "Lucia." See p. 30, l. 11.

31 "He's all right, only he's so awfully mean!" lit. "that it is a terror." ничего is here used with the meaning of "not bad," "tolerable."

Page 95

1 "Volodya was not exactly in bad spirits."

10 привыкъ, "had been accustomed to see." 3rd pers. sing. past tense of привыкнуть. See note p. 8, l. 5.

14 радужныя, "radiant," lit. "rainbow-coloured" (from радуга).

19 по мосту, "along (over) the bridge."

28 ходить. See Mazon, Aspects, p. 29.

Page 96

1 а пожалуй, "still, if you like." See p. 92, l. 32.

10 изъ-за этого гула, "beyond (lit. from behind) this roar."

11 вторя, "chiming in with it." See p. 18, l. 25.

13 "And there was a damp odour," lit. "it smelt of dampness."
Past tense of пахнуть.

14 "A reservist made a noise as he awkwardly supported arms."

18 "It is forbidden to let (anyone) past." не велѣно (lit.
it is not ordered) is used with this meaning. (Dict. Acad.)
пущать is a pop. form of пускать.

23 куда лѣзешь, "where are you getting to? All at once!"

31 "Then (lit. it means that) he has got paid in full."

Page 97

1 "When you cross over to the North side."

3 "What are you talking about!" lit. "say more."

4 "The other day a cursed shell flew just here." намеднись (or ономедни) is an adverb formed from ономь дни
(дьне)—the loc. case; -сь is the old demonstr. pronoun
appearing as a suffix.

5 Lit. "it tore off the legs of two sailors."

8 "Which in places was already being inundated." An impersonal construction. который is in the acc. after заливало.

9 "Which had seemed slight in the fields," i.e. "in the
open country," "inland."

11 качало, "the bridge rocked." An impersonal construction.

19 нашего корабля, "of a ship of ours."

20 борта, "its sides." Acc. pl. of бортъ with the á-ending.

21 двигающійся. See note p. 1, l. 18 and p. 96, l. 3.

25 на верху, "aloft," i.e. "on the bridge, or upper deck."

32 "A wave that had rushed in from the sea."

Page 98

4 по нёмъ, "that was going over it." One would expect
here по нему, since по with the meaning of "along" takes the
dative. This confusion of the dative with the prep. (loc.)
case is found in the writings of the best authors, e.g. in
Krylov (Лжецъ), "Лжецъ ни одинъ у насъ по немъ пройти
не смѣетъ."

verkhovago, "a man on horseback." Cf. верхомъ, "on
horseback."

7 Семёнычъ. A shortened form of Семёновичъ.

13 за полкового, "for," i.e. "taking the place of."

14 "Every moment," lit. "from hour to hour." The primary meaning of часъ is "time."
16 оторвало, "was torn off." An impers. construction.
18 на пятомъ, "on the fifth (bastion)."
19 "They have taken the place of the M—s," the name of some regiment.
28 переѣхало, "has moved away."

Page 99
5 ступитъ, "would (lit. will) tread," perf. asp.
24 везла, "was driving." Past tense of везти.
31 гдѣ образъ, "where the holy image (was)." An image was doubtless placed in some part of the battery.
32 пятая лёгкая, "the fifth light (battery)."
33 Корабельной. Supply сторона or слободка.

Page 100
2 на...бастіонъ. The acc. after the verb of motion.
14 лѣтъ пятидесяти, "of about fifty years of age."
22 руки въ карманахъ, "with her hands in the pockets of her apron." See p. 60, l. 7.
27 которому...оторвало. An impers. construction.
29 вамъ родственникъ, "a relative of yours." See p. 78, l. 20.

Page 101
8 не въ силахъ, "not being able," lit. "not having the strength."
14 они, the pl. used for politeness. See p. 19, l. 27.
30 "Kept twitching his toes." In l. 32 пальцами means "fingers."
31 какъ вамъ. "How are you getting on?"

Page 102
10 тутъ всё забудешь, "one forgets (lit. you will forget) everything here." See note p. 21, l. 23.
12 мы съ тобой, "you and I." See p 10, l. 10.
18 "And I—now I have got my discharge." The word пенсіонъ (= пенсія) is understood, lit. "I have earned (by service) my full pension."
20 "It would indeed be better if the end came quickly."
27 "While still on the North side."
32 "Each to go his own way," lit. "separately." An adverb formed from по and рознь, a derivative of раз-.
33 "How will you find (your way)?"

2 проводитъ, "will conduct." проводить is used as the perf. asp. of провожатъ in the sense of "escort, accompany."

7 Екатерининская. The suffix -скій is added to the form of the poss. adj. in -инъ. Cf. отцовскій, p. 62, l. 4.

21 "Who was walking after him, breathing heavily."

22 ничего не думалъ, "he was thinking of nothing (in particular)."

14 "It has not been extinguished," i.e. the shell. задохлась is the past tense of задохнуться.

27 есть ли я, "whether I exist." Here the 3rd pers. sing. takes the place of the form есмь, which is no longer in use.

28 безъ шутокъ, "without joking," i.e. "in earnest." The gen. pl. of шутка.

3 "For if he were a gentleman." чуаекъ stands for человѣкъ.

4 пардонъ. The French word is frequently used instead of виноватъ(а). See p. 102, l. 10.

13 "There, we were in a hurry to get away from the county-town, i.e. Simferopol." The word губернія in the pop. language may signify the chief town of a province. See Dict. Academy.

14 "Travelling and travelling all the time. A fine place to hasten to!" lit. "there is where to hasten to."

21 "Even those who are really well, it would be better for them."

23 что тутъ-то, "is there much pleasure in a place like this?"

25 оторвётъ, "will be torn off." See p. 100, l. 27.
вотъ те и всё, "That's all (for you)." те is a shortened form of тебѣ. See p. 93, l. 4.
долго ли до грѣха, "a misfortune may so easily occur," lit. "is it long to a misfortune?"

26 "Even though here in the town it is not what (it is) on the bastion."

28 "You go along and keep repeating all your prayers."

29 "See, the brute, how it bangs past you!" ишь for вишь (p. 104, l. 14).

33 велѣлъ...проводить, "he has ordered me to conduct."

Page 106

1 " Our duty is, of course, to do what is ordered."

2 "But then the vehicle we have left with (lit. thrown to) some soldier-fellow," a dim. of солдатъ, with a sense of disdain.

4 "On you go—and if anything is lost of our property let Nikolaiev answer for it." The sing. form of the imper. is not restricted to the second person. It is here used in the third person.

19 камнемъ, "like a stone." The instr of the predicate, here indicating comparison.

21 не видитъ-ли, "whether anybody saw him."

23 неужели, "is it possible that?"

Page 107

2 былъ. Note the agreement of the verb with the following noun.

13 коврикомъ, "a small rug." A dim. of ковёръ.

15 фельдфебель, "sergeant-major." (Germ. *Feldwebel*.)

17 венгерская медаль. A medal for service in the Hungarian campaign of 1849.

20 распухшею. The past part. of распухнуть.

23 лёгкую, i.e. батарею.

Page 108

1 попавшіяся, lit. "which had got into his hands." Past part. of попасться.

9 пущенными прямо, "allowed to grow straight (down)."

11 руки у него, "his hands." Cf. a similar construction, p. 66, l. 12.

19 съ завтрашняго дня, "from to-morrow." This expression is common, especially after prepositions.
по гарнцу, "a measure each." The distributive use of the dat.

20 "For (as it is) they are lean."

22 высокоблагородіе, lit. "High Nobility." A term used in addressing officially persons of a certain rank in the State service. Cf. благородіе, p. 109, l. 23.

23 "Now oats have been getting cheaper."

25 по швамъ, "along the seams (of his trousers)," i.e. "at attention." Dat. pl. of шовъ (gen. шва).

31 изволите. Used in addressing superiors, lit. "how are you pleased to order?"

33 купить. The infin. with the force of an imper.

Page 109

11 на Графской. The Графская пристань (wharf) at Sevastopol is evidently referred to.

16 "Where should we put up."

17 съ = сударь. See note p. 15, l. 14.

22 могутъ. The pl. used for politeness. See p. 110, l. 11.

25 ихняя. A pron.-adj. (pop.) formed from ихъ

26 пустая. The long form in the nom. пустой (instr.) would be more in accordance with the rule of syntax.

27 покамѣстъ, "meanwhile." An adv. formed from по-ка-мѣста (по with the acc. meaning "up to").

33 самоваръ поставить, "to prepare the tea-urn."

Page 110

1 полковничій, "the colonel's." A poss. adj. in -ій. Cf. казачій, p. 20, l. 23.

11 лягутъ, "will lie." 3rd pers. plur. pres. of лечь (perf. asp.). The pl. is used for politeness.

16 съ кровати. See note p. 13, l. 13.

22 наединѣ, "alone with." This adv. is frequently used in the sense of "tête à tête."

23 первымъ чувствомъ. The complement of the verb былъ in the instr. case.

29 съ головою, "with his head," i.e. "covered even his head with it."

Page 111

11 Lit. "he had begun to fall asleep."

14 походилъ, "walked about the room." по with a dim. force.

27 ему грезились, "there appeared to him in his reverie."

31 плачущая. Pres. part. of плакать (pres. ind. плачу-ешь).

Page 112

1 чудотворною иконой, "miracle-working ikon." There are a number of such ikons in various parts of Russia.

16 "But teach me what I have to do."

21 передумалъ и перечувствовалъ. See p. 49, l. 9.

25 стёколъ. Gen. pl. of стекло with an inserted vowel. See p. 1, l. 5.

33 на шею. The acc. after some verb of motion understood. See p. 6, l. 2.

Page 113

12 вонъ она ужъ черезъ несётъ, "there, it is passing over." черезъ is used as an adv.

23 почему-то, "somehow," "for some reason."

26 исключая, "excepting," with gen. case.

Page 114

12 у флотскихъ, "among the naval (officers)."

28 ну, проси, "well, ask (him to come in)." These words are addressed to the sailor who had just gone in (l. 21).

Page 115

1 по стѣнамъ, "along the walls."

9 "Was far from being a coward."

13 недавняго своего товарища, "until recently his comrade," lit. "his recent comrade."

16 "It is only seven weeks, since…"

20 давно ли, "it is not long since," lit. "is it long since?"

21 кучивалъ, "used to carouse." The iterative form of кутить.

22 по недѣлямъ, "for weeks."

23 ѣдалъ, "used to eat." The iterative of ѣсть.

26 тебѣ и товарищъ, "your comrade." See p. 100, l. 29.

31 "You have been rather a long time under treatment." долгонько is a dim. form of the adv. долго.

Page 116

3 "Then there was no use in your coming." напрасно means "in vain," "to no purpose."

8 примите. The imper. of принять (pres. tense приму, etc. for прійму).

12 "Very well, Sir!" This expression is used in addressing a superior officer.

20 "As though he felt pained, uncomfortable, or vexed."

22 не за что, "there was no reason," lit. "there was nothing for which."

Page 117

1 прежде чѣмъ итти. This use of the infin. after прежде чѣмъ is regarded by the grammarians as a Gallicism (avant d'aller).

3 Бруствера. N. pl. with the á-ending.

9 у него въ памяти, "in his memory." See p. 89, l. 3.

24 некуда было поставить, "there was nowhere to put." See note p. 94, l. 20.

29 по складамъ, "syllable by syllable."

Page 118

6 Создателю. The old voc. case of masc. nouns in ь.
7 "Snuff the candle," lit. "take off from the candle."
11 зашевелились. The prefix за in this and the following verbs has an inchoative force.
15 "Stepping over and on to the legs (or feet) of those."
18 "Do all these belong to our company?"
20 съ пріѣздомъ. Supply поздравляемъ. "We congratulate you upon your arrival."
24 "Well, thank God! For we have been dull without you."
29 ротный. командиръ is understood. что = который.
31 и т. п., и тому подобное, "and such like."

Page 119

1 цѣлъ, "are you safe and sound?" здорово, ребята! The usual greeting in addressing soldiers.
6 одолѣваетъ французъ, "the French are getting the better of us."
7 "They are firing so hard from behind the entrenchments."
8 "That's all." See note p. 26, l. 22. "And they won't come out into the open," lit. "into the fields." See p. 42, l. 13.
9 Lit "Perhaps, to my good-fortune, God will grant."
11 "It will not be the first time for you and me."
12 "We shall again give them a thrashing."
13 Lit. "We are glad to try." A usual answer of soldiers to their officers.
14 сказало. Note the sing. of the verb. See note p. 1, l. 1.
15 они, точно смѣлые, "he must be courageous," lit. "he is indeed bold." они refers to the officer.
17 ужасно какіе, "awfully." Cf. ужасно какъ, p. 75, l. 21.
20 "As though justifying the words of the company commander."

Page 120

1 было пропасть народа. пропасть, "a multitude," although a fem. noun, is here to be regarded as an adverb. Its primary signification is "an abyss."
7 за сводомъ, "beyond the arch." полу, the loc. case of полъ (floor) with the y-ending.
11 что рана? "what about the wound?" "how is the wound?"
14 пріѣзду. The dative after рады.
15 знакомымъ. The dat. See note p. 7, l. 1.
20 сухимъ here means "thin." So also in l. 22.
25 неаккуратно, "in a careless manner."

29 хладнокровія, "sang-froid." понтировалъ. Fr. *ponter.*
по полтиннику, "half a rouble each time." The distributive use of по.

5 игралъ большой маркой, "was playing high." маркой (the instr. case) here signifies "stake."

6 уже не на чистыя, "no longer for ready-money." деньги is understood.

7 коробило, "annoyed." The primary meaning of коробить is "to bend, warp."

10 ртомъ. The instr. of ротъ (gen. рта).

11 на наличныя деньги, "for cash." наличныя is an adj. formed from на лицо, i.e. "present," "at hand."

13 подсѣлъ. The prefix под- has the same force as in подошелъ, подъѣхалъ, viz. "to approach."

15 понтирните. A perf. asp. (semelfactive form). Cf. понтировалъ (imperf.), p. 120, l. 29.

17 я чай, привезли, "I expect, you have brought." чай here is not an imperative, but a shortened form of чаю (pres. tense of чаять). Cf. пожалуй, p. 92, l. 32. привезли expresses the verb "to bring" when one has not come on foot.

18 "From where could I have the money." деньгамъ is here the predicative dative, which is used in such impersonal sentences.

19 послѣднія. деньги is understood.

22 "Really, I have (very) little."

25 "I may as well have a try. You never know what pranks the devil plays." нечто is pop. = развѣ.

26 "Even a gnat, you know, is sometimes able to do wonders." штука (Germ. *Stück*) is often used in the sense of "clever thing, trick."

30 нѣсколько, "a certain quantity of."

32 "Against the little officer there was written."

1 не везётъ, "I have no luck." An impers. construction.

6 "Allow (me) to send to-morrow."

10 дометалъ талію, "finished the deal." Fr. *taille.*

11 этакъ нельзя, "this won't do." See note p. 85, l. 17.
положивъ карты, "having put down the cards."

14 Lit. "We have been playing for ready-money and not to mark down" (мѣлокъ, a piece of chalk), i.e. "not on credit."

17   Lit. "from whom do you order to receive?" i.e. "who is going to pay me?"

18   что-то, "something (like) eight roubles."

25   съ ними, "with him." See p. 101, l. 14.

30   такъ не дѣлаютъ. "that is not the way to act."

Page 123

5   одна отрада, "the sole consolation."

12   устаётъ горѣть, lit. "grows wearied of burning."

13   пламенемъ. The instr. of the predicate.

22   "Having some pretensions to learning."

26   "Disposed favourably the officers towards him."

Page 124

3   о знаніяхъ его. See note p. 60, l. 22.

9   хохлацкимъ. A nickname of the Little Russians. From хохолъ, "a tuft of hair," "toupet."

13   поспорить. Here the prefix has a diminutive force.

15   не могъ не, "could not help." See p. 16, l. 1.

23   въ сюртукъ. After the verb одѣть (-ся) the construction is въ with the acc.

32   знанія. Here in the sing. See l. 3.

Page 125

10   скромныя ли, "whether it was the modest."

13   мальчишкой. A diminutive used here in a disparaging sense. Fr. *gamin*.

15   склоняя, "declining, for some reason or other, his surname in the feminine gender."

20   экстазѣ. Fr. *extase*. See note p. 4, l. 23.

Page 126

2   чего-то не доставало, "something was lacking." The gen. after the verb used impersonally in the negative.

10   чего хотите. The verbs to wish, to seek, etc. as a rule take the gen. case, but the acc. is also used when something definite is referred to.

12   чайку поставить, "to prepare some tea." Cf. поставить самоваръ, p. 109, l. 33.

13   водочки. A dim., "some vodka."

16   любить и жаловать. A usual greeting.

19   сказывалъ. See note p. 71, l. 12.

24   некому починить, "there is nobody to repair it." The elliptical usage referred to, p. 94, l. 20.

25   её подкладывать надо, "it must be propped up."

27 отдежурили, lit. "completed your period of duty."
29 ничего, "all right." See p. 94, l. 31.
Скворцову досталось, "Skvortsov was hit," lit. "it fell to his share."

Page 127

4 колѣнки. A dim. form of колѣни.
5 что ваше представленіе, "what about your recommendation (for promotion)?"
6 "Is it still silent," i.e. "has nothing been done yet?"
11 "Because they did not write the report properly."
15 на зло же, "well, just to spite you, you will get the rank of lieutenant." See note p. 14, l. 2.
20 "Ran after (in search of) the pipe."
23 заговаривалъ. The prefix has an inchoative force—"kept entering into conversation."
26 "What is your name and patronymic?"
30 какъ быть, "how I am going to do." мнѣ is understood.

Page 128

1 покуда (=пока)...не. See note p. 12, l. 20.
3 лошади. The gen. after просить.
6 Сергѣичъ. A shortened form of Сергѣевичъ.
10 "(If) he refuses it won't matter," lit. "there is no harm."
11 тутъ-то, "here indeed."
12 а всё попытать можно, "still one may try." всё for всё-таки.
15 "He may refuse anything else, but him (he won't refuse) on any account," lit. "not for anything."
16 пари. Fr. pari, indeclinable.
17 "Well, one knows (lit. it is known) you always contradict."
20 "Mean about other things."
23 "When oats cost him eight roubles." The distributive use of по.
26 просите себѣ. The imperative, "ask·for yourself!"
29 съ которой. The gen., "from which."

Page 129

1 десяти съ полтиной. See note p. 10, l. 3.
2 "Of course (lit. it is understood) there is no advantage."
3 "To be sure he would make something out of it," lit. "you don't expect that nothing would remain in his hands."
4 "I daresay (when) you will be the commander of a battery, then you will not let one have a horse to ride into the town." съѣздить. Perf. asp. Cf. сходить, p. 16, l. 13.

8 "Will eat four measures (each) and I shall not make a profit out of them," lit. "I shall not collect profits."

10 "Let us live (a while), and see." See Mazon, Aspects, p. 136.

12 они, какъ будутъ, "and he, when he is in command of a battery." командовать governs the instr. case.

16 Крестьянычъ for Христіановичъ.
    "That he will wish to take advantage," i.e. to make a profit.

18 "Perhaps he has got private means."

19 "Then why should he try (lit. will he begin) to take advantage."

23 бѣдовый has here the meaning of "high-spirited."

31 ну и ладно, "well, it will be all right."

33 не вмѣшивается, "does not interfere," lit. "mix himself up."

Page 130

1 искони, "from the beginning," "from time immemorial." (-конь (конъ), beginning.)

2 "A bad manager."

3 противъ положенія, "against (i.e. not provided for by) the regulations."

13 коляску нужно. See note p. 22, l. 28.

20 "Why should he not be given."

21 подъ старость, "when he's getting old," lit. "towards old age."

23 "But what's the use of talking!"

25 Lit. "But just live and serve." но with a dim. force.

33 звалъ кушать, lit. "summoned to dine."

Page 131

4 "If we are killed, no one will get any." A usual construction. Cf. p. 128, l. 10.

8 надо порядокъ, "(the proper) order must be observed in everything."

15 милости просимъ, "let him please help himself," lit. "we beg the favour." A usual phrase in offering hospitality.

24 Дяденки. Little Russian family names ending in енко are usually declined like fem. nouns.

Page 132

3 перцу. Gen. sing. of перецъ with the y-ending.

6 салфетокъ. Gen. pl. of салфетка. Fr. *serviette*.

7 стакановъ было два. Lit. "of glasses—there were two."

9 горлышко. Dim. of горло.

209

Page 133

1 окна застлало, "the windows became covered over." An impersonal construction.

10 писарь. See note p. 6, l. 15.

11 конвертами, "envelopes." Fr. *couvert.*

13 "This one is urgent," i.e. the envelope.

20 "It might be the withdrawing altogether."

29 и такъ, "as it is, I have only (lit. in all) four."

30 "And cannot muster a full complement of men (to serve the guns)." прислуги is in the gen. after the verb in the negative.

31 а тутъ, "and here they are wanting more."

Page 134

2 "Send (me) the sergeant-major." The infin. with the force of an imperative. по may have the force of при, see p. 140, l. 26. кому же итти? "who is to go?"

4 они, "he." The pl. used for politeness.

9 выступалъ, "was coming out." Imperf. asp.

13 неслѣдъ, "there is no occasion to."

15 кинуть жребій, "we can cast lots as we did the other (lit. that) time." Supply можно or some such expression before the infin.

16 бумажекъ, "bits of paper." Gen. pl. of бумажка. A partitive gen.

23 ему достанется, "it would fall to his lot (to go)."

26 подлиннѣе, "rather longer."

32 обстрѣляетесь сразу, "you will get your baptism of fire immediately."

Page 135

2 собирайтесь, "get ready to go."

4 за, "as," "in the place of." See p. 98, l. 13.

9 Отечественныя записки. A well-known literary magazine of that time.

15 принялся за дѣло, "set to work."

20 наканунѣ, "on the day before." канонъ (Gr. κανών), канунъ, has the various meanings of "church-law (canon)," "song of praise" (канонъ), and "service on the eve of a saint's day," "eve" (канунъ). The latter is the pop. form of the word.

причиной тому, "the reason for that." The instr. of the predicate. See p. 110, l. 23.

22 "And especially the fact that…"

25 успѣлъ перебояться, "had managed to get over his fear."

Page 136

3 Влангѣ. The dat. of the fem. form Вланга referred to p. 125, l. 14.

7 "With cutlasses but without appurtenances (артиллерійская принадлежность, loading-implements, etc.)."

8 за угломъ, "beyond (round) the corner."

9 сказать ли, "should he make a short speech."

13 это должно даже, "that is even the right thing to do."

24 "Who had not lagged behind him even a yard."

Page 137

3 не кланяясь, lit. "without bowing to."

8 поколеблено. Past part. pass. of поколебать. An irreg. form (as if from поколебить).

10 въ сумеркахъ, "in the twilight."

15 раскачивали, "were swinging to and fro."

19 "In order that they should not hinder (them)."

20 съ минуту, "for about a minute."

30 на Волковомъ полѣ, "the Volkovo field," near Petrograd, where the manoeuvres took place.

Page 138

3 добиться, "to get, obtain" (by making an effort, до-биться). Used with the gen.

11 при мортирахъ, "attached to the mortars."

13 водившій, "who led him about."

15 къ завтрему, "by the morrow." завтріе (завтрее) is declined like a noun or an adj., dat. завтрію or завтрему.

19 аршинными, "an arshin thick."

22 въ аршинъ низенькую дверь, "the low door an arshin in height."

25 "Squeezed himself into the corner."

29 "Set up his bed in the corner."

33 стоявшей рядомъ, "which was standing close by."

Page 139

3 дичась. Pres. gerund of дичиться.

5 огоньку, "a light," lit. "some fire." A dim. form with the y-ending. Cf. чайку, p. 126, l. 12.

6 скреблась. Past tense of скресться.

13 когда ребёнкомъ, "when, as a child." The instr. of the predicate. будучи may be supplied.

14 "He used to creep into the cupboard." See p. 5, l. 9.

15 "Without drawing breath."

19 поосмѣлились, "plucked up courage." See note p. 7, l. 25.

20 поближе къ, "close to," lit. "rather nearer to."

22 люди позначительнѣе, "the men (soldiers) who were more important (as regards rank)." The predicative form of the comparative. Supply которые были.

25 кантонистовъ, i.e. soldiers from the military settlements established by Alexander I.
верченыя, "rolled." Past part. pass. of вертѣть used as an adj. See note p. 67, l. 12.

28 кавалеры, i.e. those soldiers who had medals or crosses.

Page 140

1 покорные, lit. "the humble ones,". "the underlings."

2 поводомъ. The instr. of the predicate.

5 на улицѣ has frequently the wider meaning of "outside," like на дворѣ, l. 25.

6 дѣвки, "the lasses." Generally used in speaking of country girls.

8 пѣсни играютъ. Referring to the whizzing of the shells. играть пѣсни, "to sing songs," is popular.

12 бомбовъ for бомбъ. See p. 69, l. 2.

15 другая статья, "another matter."

18 "On the 24th (date) there was such firing going on at least; but why to no purpose? One will only get killed unnecessarily (lit. gratis)." дурно in pop. language has the meaning of "напрасно."

28 "Uselessly." An adv. formed from по and the dat. of the adj. (short form).

29 "What Melnikov is that?" Fr. Qu'est-ce que ce Melnikov?

32 ничего какъ есть, "nothing whatever."

Page 141

1 изъ себя-то...похожъ, "resembling in his appearance."

2 ведмѣдя for медвѣдя, "bear."

3 заговоръ, "incantation, charm," i.e. a magical formula or prayer intended to heal disease or protect against danger.

7 красный, "red-faced."

8 лбомъ. The instr. of лобъ. Cf. ртомъ, p. 121, l. 10, and сномъ, p. 142, l. 30. See Grammar, Masc. Nouns.

12 "Why should I fear the shells." чего is equivalent t
отчего. See note p. 14, l. 33.

17 расхохотавшись, "bursting out laughing." Cf. расчувство
вавшійся, p. 15, l. 24.

20 хочешь, я скажу, "if you like, I shall tell." See p. 12£
l. 10.

24 за другихъ, " behind the others." The acc. on account c
the motion implied in спрятаться.

25 давайте, "let us play." играть is understood.

30 напился чаю, напиться here signifies " to drink to one'
satisfaction." It may also mean " to drink to excess." Se
p. 15, l. 4.

Page 142

8 царёвъ братъ, "the Tsar's brother." The possessive adjec
tives in -овъ (-евъ) and -инъ are now little used, their plac
being taken by the gen. of the noun, as братъ царя.
мериканскимъ, for американскимъ.

11 коли кто выпалитъ, "if anyone fires." The perf. asp.

18 въ отпускъ, "on leave." The acc. after the verb of motion

19 "They were pleased to see him." The dat. after рады.

21 "Lieutenant of the Foresters," i.e. the Foresters' Corps
formerly organized on a military basis.

31 захотѣлось. See p. 88, l. 21.

Page 143

1 только что, "as soon as."

6 какъ можно, "how can you!"

11 сѣлъ, "took a seat." сидѣлъ (l. 12), "was sitting."

21 въ аршинъ, "at the distance of an arshin."

26 согнувшихся, "who were bending down."

27 на самомъ верху, "right at the top."

32 мѣшками носили, "kept carrying in bags."

Page 144

6 "What black figure is that?" lit. "who is it—the blac.
(figure)?"

8 "I cannot tell; I shall go and look."

20 не летитъ ли еще, "(to see) whether still more migh
be flying towards him."

23 просидѣлъ, "remained sitting for about three hours." C
простоялъ, p. 35, l. 23.

26 откуда сколько, lit. "from where (and) how many gun
were firing."

Page 145

1   27-го числа, "(on) the 27th." See note p. 66, l. 17.
4   было вылѣзъ, "had crept out." See note p. 68, l. 2.
6   "Forcing for himself a way with his head."
8   повышедшихъ, "who had come out one after another." Cf. повысыпали, l. 12 and see note p. 7, l. 25.
16   кто...кто, "some...others." See p. 18, l. 2.
25   на манеръ, "in the style of."
29   "If we are stationed here a little while longer," lit. "however much (or little) it may be."

Page 146

2   "We shall all get our discharge," lit. "the time will be due for all to be discharged."
4   "I had, indeed, only (lit. in all) four years remaining."
7   "It is not counted towards the discharge, do you hear." слышь, 2nd sing. imper. of слышать.
16   на is here an interjection. See p. 159, l. 6.
19   тутъ, значитъ, "here, that is, a month for a year is reckoned in every case (lit. for everything), there was an order to that effect."
22   "Whatever you may think," "in any case."
23   Оршавѣ, for Варшавѣ.
24   "And if there is not a discharge, then they will give us leave for an indefinite period." въ безсрочные—i.e. безъ срока—(солдаты).
26   зацѣпившаяся, "deflected."
29   въ чистую выйдешь, "you will get your full (lit. clear) discharge." отставку is understood.

Page 147

3   къ утру, "by the next morning."
26   чтобъ его замѣтнѣе было, "that he might be more noticeable." его is the object of the adj. used impersonally.
28   хозяйство, "household."
29   какъ ни привыкъ, "accustomed as he was."

Page 148

2   "Who kept clapping his hands," lit. "with his hands."
5   вбѣгающаго, "running on to." The prefix в- in place of вз-. Cf. влѣзъ, p. 5, l. 26.
11   сю (сію). Acc. fem. of the old demonstr. pron. сей-сія, now used only in a few adverbial expressions.

13   полудня. Gen. of полдень. Cf. полдня, p. 71, l. 19.

14   смотрѣвшій въ трубу, "looking through a spy-glass."

22   засыхающихъ, "which were getting dried up, withered."

25   недостроенною, "unfinished," lit. "not completely built."

Page 149

14   по нѣскольку, "several at a time." The distributive use of по with the dat.

16   въ полуденномъ свѣтѣ, "in the light of noonday."

20   дымки. See note p. 2, l. 5.

30   весь разбитъ, "it's smashed to pieces."

31   нечто (pop.) is here equivalent to развѣ.

Page 150

2   Корниловскую. батарею is understood. онъ refers to Малаховъ.

8   нечего смотрѣть, "it's no use looking." нечего means lit. "there is nothing which..." See p. 94, l. 20.

9   смотрѣвшій, "he who was looking."

19   съ горы, "down the hill."

26   частой, "brisk, rapid."

Page 151

6   трубку is the dim. form of труба (spy-glass). It has also the meaning of "pipe." See p. 128, l. 28.

20   золотые, "gold pieces."

28   "Surely it's some schoolboy," i.e. some schoolboy's prank.

Page 152

10   не по одной, "not singly." The distributive use of по.

11   а роями, "but in swarms."

15   солдаты...попадались ему, "he fell in with crowds of soldiers."

20   Шварца, the Schwartz redoubt. The acc. like the gen., as if an animate object were referred to.

Page 153

7   это-то и придавало, "it was this that gave him additional courage."

10   откуда-то сбоку, lit. "from somewhere on the side."

22   лечь попокойнѣе, "to lie down comfortably." See note p. 37, l. 26.

26 черезъ подбородокъ, "over his chin."
29 отёръ пальцы объ полы, "wiped his fingers on the tails of his overcoat."

Page 154

4 за всю службу, "during the whole period of his service."
19 "Have the French been driven back?"
21 "Everywhere victory has been ours," lit. "has remained with us." See p. 27, l. 5.
27 текли, "were flowing." Past tense of течь.

Page 155

6 съ секунду, "about a second." See p. 137, l. 20.
11 "Come out with bread and salt, lads!" A reference to the old Russian custom of offering bread and salt to a stranger. The sing. of the imper. is usual in giving orders to troops.
24 по чистому мѣсту, "over the open ground."

Page 156

5 въ длину, "along" (the line of the position).
8 нашего прикрытія, "our supports."
12 обходятъ, "they are outflanking us!"
30 за мной, "follow me!"
33 "The Frenchmen, who had come up from behind."

Page 157

2 ударилъ по головѣ, "hit on (over) the head." After the verbs ударить and стрѣлять (l. 7) the preposition по is employed. стрѣлять въ (l. 13) is more definite, e.g. стрѣлять въ цѣль, "to shoot at a target."
11 ничкомъ, "prostrate," "face downwards."
18 спаслось, "had escaped."

Page 158

5 мыску. The loc. sing. of мысокъ, dim. of мысъ, with the y-ending.
11 зарева, the red glare caused by a fire.
14 говора не слышно, "no talking was heard." говора is in the gen. after the impers. construction in the negative.
17 шаландѣ, "lighter." Fr. *chaland*.
19 не ѣвшій, "who had not eaten." Past part. act. of ѣсть.
26 чудно! "it's odd!"

27 позажгли, "they have set fire to." Past tense of зажечь with prefix по-. Cf. повзорвали, p. 159, l. 7 and see note p. 7, l. 25.

29 а ни за что, "and the French have got it for nothing."

31 "At any rate we ourselves have got out alive."

32 "Thank the Lord for that," lit. "praise to thee, O Lord!" те for тебѣ. See p. 93, l. 4.

33 "All the same, it's annoying!"

Page 159

1 развѣ, lit. "will he (the enemy) perhaps enjoy himself there?"

2 гляди, "just wait," lit. "look."

3 "However many of our fellows might be killed."

4 велитъ, "if the Emperor orders." See p. 128, l. 10.

6 на вотъ тебѣ, "there you have (nothing but) bare walls."

8 небось, "it is true, he has put up his colours on the Kurgan."

9 "But he does not venture into the town."

10 дай срокъ, "just give us time."

12 извѣстно, будетъ, "of course, there will be."

17 смѣняемыхь, "relieved by death."

20 "And, ultimately, the admiration of the enemy."

29 до половины, "half covered up," lit. "up to the half."

Page 160

8 "The calm resistance of that day."

13 трепеща. Pres. gerund of трепетать.

20 "From an enemy twice as strong," lit. "stronger."

30 толпясь полками, "with regiments...crowded together," lit. "crowding with."

32 "Officers on horseback."

Page 161

1 которую. The gen. might be expected here after the verb in the negative.

6 "As quickly as possible."

12 изъ послѣднихъ силъ, "with all his might."

14 "In order to clear the way for."

15 твёрдо распоряжающагося, "who was firmly directing," with the instr.

18 до лишенія дыханія, lit. "to the loss of breath."

19 колеблющеюся, "swaying." Instr. sing. fem. of the pres. part. of колебаться.

22 спёршимся. Instr. sing. m. of the past part. of спереться.
на земь. земь (a fem. i-stem) is used only in the oblique
cases after a prep.

26 сталкивающаго, "was pushing down." The prefix с- here
indicates "down from." Cf. сталкиваясь, p. 160, l. 29.

28 выбившихъ закладки, "who had knocked out the bottoms
of (i.e. scuttled) the ships."

29 гребя, "rowing." Pres. gerund of грести.

31 на ту сторону, "on the other side," lit. "on that side."

33 за этимъ чувствомъ. "Behind," "following upon," "this
feeling."

Page 162

1 сосущее. Translate "gnawing." Pres. part. of сосать.

The works referred to above are:

V. Dahl. Толковый словарь великорусскаго языка.
(3rd Edition.)

Imperial Academy of Sciences. Словарь русскаго
языка. (New Edition—unfinished.)

A. I. Sobolevski. Лекціи по исторіи русскаго языка.
(4th Edition.)

A. Mazon. Emplois des aspects du verbe russe.
(Paris, 1914.)

The Grammar mentioned in the notes is a work
in preparation by one of the editors of the present
text.

GLOSSARY

ABBREVIATIONS

m.	=masculine.	*fort.*	=term of fortification.
f.	=feminine.	*nom.*	=nominative.
pl.	=plural.	*gen.*	=genitive.
tr.	=transitive.	*dat.*	=dative.
intr.	=intransitive.	*acc.*	=accusative.
adv.	=adverb.	*instr.*	=instrumental.
pop.	=popular form.	*loc.*	=locative.
dim.	=diminutive.	*p.p.*	=past participle.
fam.	=familiar term.		

All proper names have been omitted in the Glossary.

Adverbs have not been given separately except in special cases.

The genders, being usually evident from the endings of nouns, have been stated only in the case of nouns ending in -ь and of exceptions.

Verb-forms printed in brackets are not in ordinary use, but have been given as being employed in the formation of compounds.

А, but, and; а то, for, but, as it is; else.

а́вгустъ, August.

аво́сь, perhaps (with suggestion of probability).

адмиралте́йство, admiralty; naval dock-yard.

адъюта́нтскій, adjutant's.

адъюта́нтъ, adjutant.

а́жно (*pop.*), *see* ажъ.

ажъ (*pop.*), even, so that even.

аза́ртъ, anger, irritation.

а́збука, spelling-book.

ака́ція, acacia.

алле́я, avenue, walk.

а́лый, (blood) red, crimson.

амазо́нка, amazon.

амбразу́ра, embrasure (*fort.*).

аммуни́чный, -я (де́ньги), outfit-money.

а́нгелъ, angel.

англі́йскій, English.

А́нна, St Anne, the order of.

антилле́рія, *see* артилле́рія.

апа́тія, apathy.

апте́ка, pharmacy.

арбу́зъ, water-melon.

аристократи́ческій, aristocratic.

аристокра́тъ, aristocrat.

а́рка, arch.

арме́йскій, of the line, line —.

а́рмія, army.

артиллери́стъ, artilleryman.

артиллері́йскій, of the artillery, artillery —.

артилле́рія, artillery.

архалу́къ, Caucasian overcoat.

арши́нный, of an arshin.

арши́нъ, an arshin (= 2·33′).

ассигна́ція, banknote.

атаковáть, to attack.
атлáсный, satin.
аудіéнція, audience.
аффектáція, affectation, pretension.
áхать, to groan.

Багрóвый, purple.
бакенбардíстъ, man with whiskers, whiskered fellow.
бакенбáрды, f. pl. whiskers.
бакстіóнъ (pop.), see бастіóнъ.
балагáнъ, booth, pavilion, shed.
бáлка, beam; ravine.
бáловáть, to spoil, fondle.
бáлъ, ball, dance.
бандирóвка=бомбардирóвка.
банкéтъ, banquette (fort.).
банкомётъ, banker (at cards).
бáнкъ, bank.
барабáнный, of a drum.
барабáнщикъ, drummer.
барáкъ, field-barrack, hut.
барáнина, mutton.
бáринъ, master.
баркáсъ, pinnace.
барóнъ, baron.
бáрыня, lady.
бáрышня, young lady.
бастіóнъ, бастіóнчикъ, bastion, fortification.
бастовáть, to stop, leave off.
бáсъ, bass voice.
баталіóнный, battalion —.
баталіóнъ, battalion.
батарéйный, battery —.
батарéя, battery.
бáтюшка, father; term of endearment and address.
башмáкъ, shoe.
безврéдный, harmless.

безвы́ходно, without leaving; continuously.
безголóвый, headless.
беззащи́тный, unprotected.
безконéчный, endless.
безнадéжность, f. hopelessness.
безотрáдный, cheerless, disconsolate.
безпéчность, f. unconcern.
безпéчный, free from care.
безпокóйство, anxiety, trouble.
безпокóить, to trouble, disturb; -ся, to be anxious; не безпокóйтесь, don't trouble.
безполéзный, useless.
безпóмощный, helpless.
безпорядочный, disordered.
безпрестáнно, continuously, incessantly.
безрýкій, armless.
безсознáтельный, unconscious, unwitting.
безсрóчный, soldier discharged for unlimited time.
безýсый, without moustaches, clean shaven.
безъ, without.
бéрегъ, shore, bank.
берéчь, поберéчь, to save, take care of; (-ся) look out, watch.
бери́, imper., see бирáть.
бéстія, brute, scoundrel.
бесѣда, conversation.
бесѣдка, arbour.
библіотéка, library.
(бивáть), бить, поби́ть, to beat, strike; to fire; to take (at cards).
бинтъ, bandage.
(бирáть), брать (берý, берёшь), взять, to take, seize.
битки́, m. pl. beef rissoles.

благодари́ть, to thank.
благода́рный, grateful.
благополу́чный, happy, safe.
благоро́діе, ва́ше, Your Honour (form of address).
благоро́дный, noble.
благоскло́нный, benevolent.
блескъ, glitter, brilliance, light.
блесте́ть, блесну́ть, to shine, sparkle, flash.
блестя́щій, brilliant, shining.
ближа́йшій, nearest.
бли́же, nearer.
близёхонько, quite near.
бли́зкій, near, close.
бли́зость, f. proximity.
блинда́жъ, blindage (fort.), bomb-proof shelter.
блиста́ть, to shine.
блѣ́дный, pale.
бога́тый, rich, wealthy.
Богоро́дица, Holy Virgin.
Богъ, God; Бо́жій, of God.
бо́дрый, hale, alert, cheerful.
бой, fight, fighting.
бо́йкій, bold, brisk, smart.
бокъ, side; бо́комъ, sideways.
болва́нъ, blockhead.
болта́ть, to gossip, chatter.
боль, f. pain.
больно́й, ill, sick; painful.
бо́льше, more, longer.
бо́льшій, greater.
большо́й, great, large.
бо́лѣе, more.
болѣ́зненный, morbid, sickly.
болѣ́знь, f. illness, disease.
болѣ́ть, to ache.
бо́мба, bomb, shell.
бомбардирова́ніе, bombardment.
бомбарди́рова́ть, to bombard.
бомбарди́ръ, bombardier.

бормота́ть, to mutter.
борода́, beard.
борода́чъ, bearded man.
бортъ, board, side, edge, hem.
борщъ, soup with beetroot and meat or bacon.
босо́й, barefooted, bare; на босу́ но́гу, barelegged.
боя́знь, f. fear.
боя́ться (бою́сь, бои́шься), to fear.
бра́вый, brave.
брань, f. quarrel, fighting.
бра́тецъ, dim. (brother) form of intimate address, "comrade," "friend."
братъ, brother.
брать, see бира́ть.
бревно́, beam.
бри́чка, light cart, trap.
бровь, f. eyebrow.
броса́ть, бро́сить (бро́шу, бро́сишь), to throw, abandon, give up; -ся, to throw oneself, rush.
бру́стверъ, breastwork, parapet.
бры́зги, m. pl. spray.
брюне́тъ, dark-haired person.
бу́дто, какъ бу́дто, бу́дто бы, as if, as it were.
бу́ду, бу́дешь, future of быть.
будь, imperative of быть.
буква́льно, literally.
буке́тъ, bunch of flowers.
бульва́рный, of or on the boulevard.
бульва́ръ, boulevard.
бума́га, paper.
бума́жка, note, piece of paper, banknote.
бу́рка, short felt cloak.
буты́лка, bottle.

бу́хта, bay, bight.
бу́хточка, little bay.
бы, particle for the formation of conditional tense.
быва́ло, used to (indicates habit or repetition in the past).
быва́ть, быть, to be, exist.
бы́вшій, former.
былъ, -á, -о, *past* of быть; бы́ло indicates *pluperfect*.
быстрота́, speed, rapidity.
бы́стрый, quick, rapid.
быстрѣе, quicker.
бы́тность, *f.* time of being.
быть, *see* быва́ть.
бѣгать, бѣжа́ть (бѣгу́, бѣжи́шь), побѣжа́ть, to run.
бѣглый, cursory, passing.
бѣда́, misfortune, harm.
бѣдный, poor.
бѣдо́вый, turbulent, unruly.
бѣлёсый, whitish.
бѣлоку́рый, fair-haired, fair.
бѣлый, white.
бѣльё, linen.
бѣси́ть, to madden, anger.

Вабáнкъ, va banque.
вáжный, important.
(вáливаться), вали́ться, повали́ться, to fall, tumble.
(вáливаться), валя́ться, to lie about.
валъ, rampart.
вамъ, вáми, *dat. instr.* of вы.
варéники, curd-dumplings.
васъ, *gen., acc., loc.* of вы.
вашборо́діе=вáше благоро́діе.
вашъ, your.
вбѣгáть, вбѣжáть, to run into.
вва́ливаться, ввали́ться, to burst in (*intr.*).

вверхъ, up, upwards.
вводи́ть, ввести́, to lead in, introduce.
вгля́дываться, вглядѣ́ться, to look closely, examine.
вдво́е, twice as much, doubly.
вдвоёмъ, two together.
вдовá, widow.
вдоль, along.
вдрéбезги, in pieces.
вдругъ, suddenly, at one time.
ведёрко(а), *dim.* pail.
вездѣ́, everywhere.
везти́, *see* вози́ть.
вели́кій, great, large.
великоду́шный, generous, magnanimous.
величáйшій, greatest.
вели́чіе, grandeur, majesty.
велѣ́ть, to order, command.
венгéрскій, Hungarian.
верблю́жій, camel's-hair.
верну́ть, *see* вертѣ́ть.
верстá, verst.
вертѣ́ть, верну́ть, to turn; верну́ться, to return, come back.
вéрхній, upper.
верхово́й, saddle (horse); horseman, mounted (officer).
верхо́мъ, верхáми, on horseback.
верхъ, top.
вéрченый, rolled.
верши́на, top, summit.
весёлый, merry, cheerful, pleasant, jolly.
весéнній, vernal, spring —.
веснá, spring.
вести́, *see* води́ть.
весь, вся, всё, all, whole; всё (ещё), still; continually;

всего на́ всего, all in all; всё-таки, all the same.

весьма́, quite, very, most.

ве́черъ, evening; ве́черомъ, in the evening.

вещь, *f.* thing, object.

взадъ, back(wards); взадъ и впередъ, backwards and forwards.

взаймы́, on loan.

взба́лтывать, взболта́ть, взболтну́ть, to shake up.

взбудора́женный, disordered, dishevelled.

взволнова́ть, *see* волнова́ть.

взглядъ, glance, look.

взгля́дывать, взгляну́ть, to glance, take a look.

вздёргивать, вздёрнуть, to jerk up.

вздоръ, nonsense.

вздохъ, sigh.

вздра́гивать, вздро́гнуть, to tremble, shudder.

вздува́ть, вздуть, *fam.* to thrash; to cheat.

взду́мать (*perf.*), to think of, take into one's head.

вздыха́ть, вздохну́ть, to sigh.

взлета́ть, взлете́ть, to fly up.

взойти́, *see* восходи́ть.

взрыва́ть, взорва́ть, to blow up; -ся, to burst, explode.

взрыва́ть, взрыть, to dig up, turn up.

взрывъ, explosion.

взъеро́шивать, взъеро́шить, to dishevel.

взять, *perf. asp.* (возьму́, возьмёшь), to take, seize; -ся, to lay hold of; to undertake (за).

вида́ть, ви́деть, уви́деть, to see.

ви́димый, visible, evident, manifest.

ви́дный, visible, evident.

виднѣ́ться, to appear, be visible.

видъ, look, appearance, sight, state; дѣлать —, to pretend.

ви́дѣть, *see* вида́ть.

визгли́вый, shrill.

вино́, wine; vodka.

винова́тый, guilty; винова́тъ, "I beg your pardon."

висо́къ, temple (of head).

висо́чки, *m. pl.* curls on the temples.

висѣ́ть, to hang.

ви́ться, to twist, curl (*intr.*).

вишь (*pop.*), see, look!

вкла́дывать, вложи́ть, to place, put into.

вкусъ, taste.

вла́га, moisture, humidity.

Влади́миръ, (order of) St Vladimir.

власть, *f.* power, authority.

влета́ть, влетѣ́ть, to fly into.

влия́ніе, influence.

вложи́ть, *see* вкла́дывать.

влѣза́ть, влѣзть, to get into; to climb, mount.

влюбля́ться, влюби́ться, to fall in love.

вмѣ́сто, in the place of.

вмѣстѣ́ (съ), together (with); at the same time.

вмѣ́шиваться, вмѣша́ться, to interfere, interrupt, intervene.

внизу́, below, downstairs.

внизъ, below (*direction*).

внима́ніе, attention.

вноси́ть, внести́, to carry in.

вну́тренній, internal, inward.

внутренность, *f.* interior.
внушать, внушить, to inspire.
внѣ, outside, out of.
внѣшній, outer.
внѣшность, *f.* exterior.
вовсе, altogether; — не (нѣтъ), not at all.
вода, water.
водить, вести, повести, to lead, take, conduct; вестись, to be carried on.
водка, водочка, vodka.
водопроводъ, aqueduct.
воевать, to fight, be at war.
военный, of war; military.
возбуждать, возбудить, to awaken, arouse, excite.
возвращаться, возвратиться, to return (*intr.*).
возвращеніе, return.
возвышать, to raise.
возвышеніе, rising, elevation.
возгласъ, shout, exclamation.
воздухъ, air.
возжа, rein.
возить, везти, to convey, bring, drive; ему везётъ, he has luck; -ся, to busy oneself, carry on with.
возможность, *f.* possibility.
возмужать, to grow manly.
возникать, возникнуть, to arise, spring up, break out.
воинственный, martial.
воинъ, warrior.
войско, army.
войти, *see* входить.
волна, wave.
волненіе, emotion, agitation.
волновать, взволновать, to agitate.
волонтёръ, volunteer.

волосокъ, hair's breadth.
волосъ, hair.
воля, will.
вонъ, out, away; yonder.
вонючій, foul, evil-smelling.
воображать, вообразить, to picture, represent; imagine.
воображеніе, imagination.
вообще, in general, generally.
вопросительно, questioningly.
вопросъ, question.
ворота, *pl. n.* gate.
воротникъ, воротъ, collar.
ворочаться, to turn, toss about.
ворчаніе, grumbling, murmur.
ворчать, проворчать, to growl, mutter, grumble.
ворчливый, grumbling, querulous.
воръ, thief.
восемь, eight.
воспитывать, воспитать, to educate, bring up.
воспользоваться, *see* пользоваться.
воспоминаніе, recollection, remembrance.
воспроизводить, воспроизвести, to reproduce.
востокъ, east.
восторгъ, enthusiasm, delight.
восхищеніе, rapture.
восходить, взойти, to rise, go up.
воткнуть, *see* втыкать.
вотъ, here, there (is).
впередъ, впереди, forward, in front; beforehand.
впечатлительный, impressionable.
впечатлѣніе, impression.
вплоть, close up to.

впро́чемъ, besides, moreover.
врагъ, enemy.
враждéбный, hostile, angry.
вра́жескiй, belonging to the
enemy, hostile.
врéдный, harmful.
врéмя, time; во врéмя, during.
врыва́ться, ворва́ться, to
break, rush in.
врѣ́зывать, врѣ́зать, to cut
into; -ся, to be imprinted,
impressed.
врядъ (-ли), hardly, scarcely.
всё, see весь.
всегда́, always.
всемогу́щiй, all powerful.
всеóбщiй, universal, general.
вска́кивать, вскочи́ть, to
jump, jump up.
вскри́кивать, вскрича́ть, вс-
кри́кнуть, to scream out.
вслу́шиваться, вслу́шаться, to
listen, hearken to.
вслѣ́дствiе, in consequence of.
вслѣ́дъ (за), immediately
after; behind.
всма́триваться, всмотрѣ́ться,
to look closely at, into.
всплéскивать, всплесну́ть, to
dash, throw up; -ну́ть ру-
ка́ми, to clasp one's hands.
вспомина́ть, вспóмнить, to
remember, recall; -ся, to
be remembered.
вспотѣ́ть, to get into a state
of perspiration.
вспы́хивать, вспы́хнуть, to
burst, burst out, rise, flash.
встава́ть, встать (вста́ну,
вста́нешь), to get up, rise.
встрѣ́ча, meeting; идти́ на
встрѣ́чу, to go to meet.

встрѣча́ть, встрѣ́тить, to meet;
-ся, to meet (intr.), be met.
встря́хивать, встряхну́ть, to
shake, throw up.
всхли́пывать, to sob.
всѣ, всѣмъ, всѣми, всѣхъ,
nom., dat., instr., gen., acc.,
loc. pl. of весь.
вся́кiй, every, everyone; any.
вти́скиваться, вти́скаться,
вти́снуться, to be pressed,
squeezed, squeeze oneself
into.
втóрить, to repeat; to second
(in music), take second voice.
вторóй, second.
втыка́ть, воткну́ть, to drive,
thrust in.
входи́ть, войти́, to go in.
входъ, entrance.
вчера́, yesterday, the day before.
вчера́шнiй, of yesterday, the
day before.
вчетверóмъ, four together.
вшива́ть, вши́ть, to sew in.
въ, во, in, into, to, on, by.
въѣзжа́ть, въѣхать, to enter
(not on foot), drive into.
вы, you.
выбива́ть, вы́бить, to knock
out, beat off; вы́битый, p.p.
выбира́ть, вы́брать, to choose,
select, draw (lots); -ся, to
get out of, away; to leave;
вы́бранный, p.p.
вы́боръ, choice.
выбра́сывать, вы́бросать, вы́-
бросить, to throw out, up;
вы́брошенный, p.p.
выбыва́ть, вы́быть, to leave,
fall out, be missing.

выбѣга́ть, вы́бѣжать, to run
out.

вывёртывать, вы́вернуть, to
turn outwards.

выводи́ть, вы́вести, to lead,
bring, get out; вы́веден-
ный, p.p. led, brought out.

вы́говоръ, pronunciation.

вы́года, advantage, profit.

вы́годный, advantageous.

выдава́ть, вы́дать, to give out;
to betray; -ся, to stand out.

выдува́ть, вы́дуть, to blow
out; вы́дутый, p.p.

выду́мывать, вы́думать, to
think out, invent.

вызыва́ть, вы́звать, to call
out; -ся, to volunteer.

выи́грывать, вы́играть, to win;
to gain (promotion).

выка́зывать, вы́казать, to display, show.

выки́дывать, вы́кидать, вы́-
кинуть, to throw out.

вы́колоть, to put out (one's eye).

вы́лазка, sortie.

вылѣза́ть, вы́лѣзть, to climb
out, get out, down.

вы́палить (perf.), to fire.

выпива́ть, вы́пить, to drink
up, empty.

выпи́сывать, вы́писать, to
copy out; to write for.

выплыва́ть, вы́плыть, to swim
out; to rise; to soar up.

вы́пуклый, prominent.

выпуска́ть, вы́пустить, to let
out, loosen, let go, fire off.

выража́ть, вы́разить, to express; -ся, to express oneself;
to be manifested.

выраже́ніе, expression.

выроста́ть (выраста́ть), вы́ро-
сти (вы́расти), to grow (up).

вы́ругать (perf.), to abuse,
scold, swear at.

вы́ручка, relief.

вырыва́ть, вы́рвать, to tear
out, away; to pull away.

вырыва́ть, вы́рыть, to dig
out; вы́рытый, p.p.

вырѣзывать, вы́рѣзать, to cut
out.

выска́зывать, вы́сказать, to
utter, speak, pronounce.

выслу́живать, вы́служить, to
serve out, obtain (by serving).

выслу́шивать, вы́слушать, to
hear, listen to.

высо́вывать, вы́сунуть, to
thrust out; -ся, to thrust
oneself out, lean out; to
jut out.

высо́кій, high, tall, lofty.

высокоблагоро́діе, official form
of address: "Your Honour."

высокомѣ́рность, haughtiness.

высокомѣ́рный, haughty.

высокоподня́тый, raised up.

выставля́ть, вы́ставить, to
put out; to display.

выстрѣ́ливать, вы́стрѣлить, to
shoot, fire off.

вы́стрѣлъ, shot, discharge.

выступа́ть, вы́ступить, to
step out, issue, come out.

выступле́ніе, withdrawal.

вы́сшій, higher, highest.

высыпа́ть, вы́сыпать, to strew,
pour out; to pour forth.

вытя́гивать, вы́тянуть, to pull,
draw, stretch out; -ся, to
stretch oneself, pull oneself
up; вы́тянутый, p.p.

выхва́тывать, вы́хватить, to pull out, draw.

выходи́ть, вы́йти, to go out, leave; to rise; to come out, result, turn out.

вы́ходъ, exit, way out.

вы́ше, (*adv.*) higher, above.

вы́шелъ, вы́шла, вы́шло, *past tense* of вы́йти.

вы́шка, watchtower.

вы́ѣздъ, exit.

выѣзжа́ть, вы́ѣхать, to drive out, away, leave.

вьюкъ, pack, burden.

вью́щійся, *pres. part.* of виться.

вѣдь, but, then, why!

вѣ́ко, eyelid (*pl.* вѣ́ки).

вѣкъ, age, century (*pl.* вѣка́).

вѣ́ра, faith.

вѣ́рить, повѣ́рить, to believe.

вѣ́рно, truly, correctly; certainly, surely; probably.

вѣ́рный, true, certain, genuine, reliable, faithful.

вѣсъ, weight.

вѣтеро́къ, breeze, light wind.

вѣ́теръ, wind.

вѣ́тка, twig, branch, wattle.

вѣха́, signal-post, landmark.

вѣ́чный, eternal.

Га́дкій, odious, disgusting.

газе́та, newspaper.

га́ндшпугъ, handspike.

га́рнецъ, га́рничикъ, a measure (= about ⅓ peck).

гварде́йскій, of the Guards.

гва́рдія, Guards.

гдѣ, where? where; гдѣ-то, somewhere.

генера́лъ, general.

гео́ргіевскій, of St George.

Гео́ргій, (cross of) St George.

гербъ, crest, coat of arms.

геро́й, hero.

геро́йскій, герои́ческій, heroic.

гита́ра, guitar.

главнокома́ндующій, commander-in-chief.

гла́вный, principal; гла́вное, the main point.

гла́денькій, smooth, sleek.

глазъ (*pl.* глаза́), eye.

глу́бже, deeper, more deeply.

глубина́, depth, bottom.

глубо́кій, deep.

глу́пый, stupid.

гляде́ть, гляну́ть, to look, glance at.

гну́ться, to bend, crouch.

гова́ривать, говори́ть, поговори́ть, to speak, say.

го́воръ, talk, talking, murmur.

говя́дина, beef.

годъ, year.

голени́ще, leg of top-boot.

голла́ндскій, holland (linen).

голова́, head.

го́лосъ, голосо́къ (*dim.*), voice.

голубогла́зый, blue-eyed.

голубо́й, light-blue.

го́лый, naked, bare; empty.

гора́, hill, mountain; въ го́ру, uphill; подъ горо́й, at the foot of the hill; съ горы́, down-hill.

гора́здо, much (used with comparatives).

го́рдость, *f.* pride.

го́рдый, proud, haughty.

го́ре, woe, trouble, sorrow.

го́речь, *f.* bitterness.

горизо́нтъ, horizon.

го́рло, throat.

го́рлышко, neck (of a bottle).
го́рница, room.
горноста́евый, ermine.
городо́къ, little town.
го́родъ, town.
горчи́ца, mustard.
горѣ́ть, to burn.
горя́чечный, feverish.
горя́чность,*f.* warmth,ardour.
горячо́, warmly, ardently.
го́спита́ль, *m.* hospital.
госпита́лькый, hospital —.
Го́споди, oh Lord!
господи́нъ, gentleman, master (*pl.* господа́).
гостепри́мный, hospitable.
гости́ная, drawing-room.
гость, *m.* guest.
госуда́рь, *m.* emperor.
гото́вый, ready, prepared.
гра́дъ, hail.
графи́нъ, decanter, bottle.
гре́бень, *m.* comb.
гре́зиться, (*used impersonally*) to dream.
грести́ (гребу́), to row.
гро́бъ, coffin, tomb; grave.
гроза́, tempest, thunderstorm.
грози́ться, to threaten.
гро́зный, threatening, formidable, terrible.
гро́мко, loudly.
громово́й, thundering, thunder —.
гро́мче, louder, more loudly.
гро́мъ, thunder.
гро́хотъ, roar, rattle.
гру́бость, *f.* rudeness, coarseness; ему́ наговори́ли гру́бостей, they were rude to him.

гру́бый, rough, rude, coarse.
грудь, *f.* chest.
гру́нтъ, ground, soil.
гру́ппа, group.
гру́стный, sad, melancholy.
грѣхъ, sin; misfortune.
грѣ́шный, sinful, wicked; sinner.
гря́дка, rim, side (of a cart).
гря́зный, dirty.
грязь, *f.* dirt.
губа́, lip.
губе́рнія, province; (*pop.*) chief town of a province.
губе́рнскій, of the province, provincial.
губи́ть, погуби́ть, to destroy, ruin.
гу́лъ, noise, roar.
гуля́ть, to walk.
гуса́рскій, hussar —.
густо́й, thick, dense; deep (voice).

Да, yes; but, and; used also to express a wish, may, let.
дава́ть, дать, to give, grant; to let, cause.
дави́ть, давну́ть, to press, weigh upon.
давно́, long ago, long since.
да́же, even.
далёкій, far, distant.
дале́че (*pop.*) = далёко.
даль, *f.* distance.
да́льній, far, distant.
да́льше, further, farther.
да́мскій, ladies' —.
дарови́тость, *f.* talents, gifts.
да́ромъ, gratis; in vain.
да́ръ, gift.
два, двѣ, two.

двадцать, twenty.

дверь, *f.* door.

двигатель, *m.* motive-force.

двигать, двинуть, to move; -ся, to move; to set off.

движеніе, movement.

двое, a couple.

дворъ, court, courtyard; на дворѣ, outside.

дворянскій, of a nobleman, noble's.

двухдневный, of two days.

двухъэтажный, of two storeys.

двѣнадцатый, twelfth.

двѣнадцать, twelve.

девяносто, ninety.

девятый, ninth.

девять, nine.

дежурство, service of the day.

деньги, *f. pl.* money.

денежный, money—, financial.

денской, день —, all day long.

денщикъ, officer's servant, orderly.

день, *m.* day; на дняхъ, the other day; presently, shortly.

деревня, village.

деревянный, wooden.

держать, to hold; -ся, to hold oneself; to keep to; — за, to hold on to.

дерзкій, impertinent.

дерзость, *f.* impertinence.

дёрнъ, turf; twigs, rods (used for wattling).

десятеро, ten.

десятилѣтній, ten years old.

десятирублёвый, ten rouble—.

десятичасовой, of ten hours.

десятый, tenth.

десять, ten.

дешёвый, cheap.

дзанкнуть (*pop.*), to bang.

диванъ, couch, sofa.

дикій, savage, wild; uncanny.

дипломатъ, diplomatist.

дитя, child (*pl.* дѣти -ей).

дичиться, to be shy, shun.

длина, length; въ длину, lengthways, along.

для, for, because of.

дно, bottom.

до, to, up to; until, before.

добиваться, добиться, to seek after; to obtain, get.

добираться, добраться, to get to, reach.

добро, good, weal.

добродушный, kindhearted.

добрый, good, kind.

добѣгать, добѣжать, to run up to, as far as.

доводъ, argument.

довольно, enough; rather.

довольный, content, satisfied, glad, happy.

довѣренный, confidential.

догонять, догнать, to overtake.

дождь, *m.* rain.

доживать, дожить, to live (till).

дожидаться, дождаться, to await, wait for, live to see.

доказывать, доказать, to prove.

докладывать, доложить, to report, announce.

докторъ, doctor.

докъ, dock.

долго, долгонько, a long time.

долгъ, duty; debt.

долетать, долетѣть, to fly to, to reach.

должный, due, under obligation; owing; онъ долженъ, he ought, must; he owes.

до́лжно́, one ought, must; должно́ бы́ть, no doubt.
доли́на, valley.
доложи́ть, *see* докла́дывать.
до́ма, at home.
домета́ть, to finish dealing.
до́микъ, little house, cottage.
доми́шко, *m.* little old house.
домо́й, home (*direction*).
до́мъ, house.
доноси́ть, донести́, to carry to, convey; to report; -ся, to be carried up to, conveyed.
доро́га, way, road; journey; дать доро́гу, to make way.
дорого́й, dear, expensive.
доро́жка, path, lane.
доса́да, pain, vexation.
доса́дный, vexing; ему́ бы́ло доса́дно, he was vexed.
доска́, board, plank.
доска́зывать, досказа́ть, to finish telling, finish a story.
дослу́шивать, дослу́шать, to hear out, listen to the end.
достава́ть, доста́ть, to get, procure, take out; *impers.* to suffice, be enough; -ся, to fall to one's share (*impers.*).
доставля́ть, доста́вить, to procure, afford, send, deliver.
доста́точно, sufficient.
досча́тый, made of planks.
до́сыта, to satiety.
дотро́гиваться, дотро́нуться, to touch, reach to; to feel.
дохну́ть, *see* дыша́ть.
доходи́ть, дойти́, to come up to; to reach, get to.

дохо́дъ, income, revenue, gain.
дочь, *f.* daughter.
доѣзжа́ть, доѣхать, to come to, drive to, get to, arrive.
дра́ться, подра́ться, to fight.
дрема́ть, to doze, slumber.
дробь, *f.* rumble, rattling, rolling (of drums).
дрожа́ніе, trembling.
дрожа́ть, to tremble, quiver.
дро́жки, *pl. f.* droshky.
дрожь, *f.* shudder, shivering.
друго́й, other, second; next.
другъ, friend.
другъ дру́га, each other.
дру́жба, friendship.
дружелю́бно, kindly.
дру́жный, friendly.
дружнѣе, all together, in unison.
дубо́вый, of oak, oaken.
дуга́, arc, arch.
ду́ло, muzzle.
ду́мать, поду́матъ, to think.
дурно́й, bad.
духъ, spirit, humour, breath; бы́ть не въ ду́хѣ, to be in bad spirits; бѣжа́ть во весь духъ, to run at full speed.
душа́, soul.
души́стый, fragrant.
ду́шка, my dear; ду́шка че-ловѣ́къ, a dear fellow.
дыми́ться, to smoke, smoulder.
ды́мный, smoky.
дымо́къ, puff of smoke.
дымъ, smoke.
дыха́ніе, breathing, breath.
дыша́ть, дохну́ть, to breathe.
дѣви́ца, maiden.
дѣвка, wench.
дѣвочка, little girl.

дѣвушка, girl.
дѣйствительность, *f.* actuality, reality.
дѣйствительный, real, actual.
дѣйствовать, подѣйствовать, to act, work; to be effective.
дѣлать, сдѣлать, to do, act, make; -ся, to be done, made; to become, get.
дѣло, act, deed, action (*mil.*), business, affair; въ самомъ дѣлѣ, indeed; дѣло въ томъ что, the fact (point) is that....
дѣльный, efficient, smart.
дѣти, *see* дитя.
дѣтскій, childlike.
дѣтство, childhood.
дѣятельность, *f.* activity.
дѣятельный, active, practical.
дядя, uncle.

Егерскій, of the Chasseurs.
его, *gen.*, *acc.* of онъ, оно.
едва, scarcely; -ли, hardly.
единственный, only, solitary.
ежели, if.
ежеминутно, every moment; continually.
ей (*exclamation*); ей Богу!
ему, *dat.*, *m.*, *n.* of онъ, оно.
енотовый, racoon (fur).
естественный, natural.
есть, *see* быть, is; there is, are.
еще, still; further; еще бы! rather!

Жадность, *f.* greed, greediness, eagerness.
жадный, greedy, eager.
жалкій, wretched, pitiful; жалко, it is a pity.

жалованье, salary, pay.
жаловать, to favour; to confer, bestow.
жалѣть, to regret.
жарить, to roast.
жаркій, hot; ardent.
жарня (*pop.*), hot work.
жаръ, heat; eagerness, ardour.
жать, пожать, to press, squeeze; -ся, to press (*intr.*).
ждать, подождать, to wait; to await, expect.
же (жъ), and, but (cf. Greek δέ); used also as an emphatic particle.
жевать, to chew.
желаніе, wish, ambition.
желать, пожелать, to wish.
желтоватый, yellowish.
жёлтый, yellow.
жёлчный, bilious, irritable.
желѣзный, iron, of iron.
жена, wife.
жениться, to marry (of a man).
женскій, female, feminine.
женщина, woman.
жестокій, cruel.
жестъ, gesture, attitude.
жестяной, of tin, tin.
живать, жить, to live.
живой, alive; lively, vivid.
живописный, picturesque.
животъ, stomach, abdomen.
жидкій, thin, sparse, scanty.
жидовскій, Jewish.
жидъ, Jew.
жизнь, *f.* life.
жилетъ, waistcoat.
жилистый, muscular, sinewy.
жилище, habitation, abode.
жильё, habitation.
жирный, greasy, fat.

жи́тель, *m.* citizen, inhabitant.
жи́ть, *see* жива́ть.
жре́бій, lot.
жу́ткій, oppressed, ill at ease.
жужжа́ть, to buzz, whizz.

За, behind, beyond, after; during; for; as.
забавля́ть, заба́вить, to amuse, entertain.
заба́ливать, заболѣ́ть, to begin to ache.
забве́ніе, oblivion.
забива́ть, заби́ть, to beat in, drive in; -ся, to begin to beat; to push oneself in.
забира́ть, забра́ть, to take up, lay hold of.
заблестѣ́ть, to begin to shine, flash.
заболѣва́ть, заболѣ́ть, to fall ill.
забо́ръ, fence, enclosure.
забо́титься, позабо́титься, to look after, attend to.
забры́згивать, забры́згать, забры́знуть, to bespatter, splash.
забыва́ть, забы́ть, to forget.
забытьё, oblivion.
зава́ливать, завали́ть, to encumber, load.
заведе́ніе, establishment.
завести́, *see* заводи́ть.
зави́сѣть, to depend (отъ, on).
заводи́ть, завести́, to establish; wind up (a watch, etc.).
завоева́тель, *m.* conqueror.
за́втра, to-morrow.
за́втракать, to breakfast.
за́втрашній, to-morrow's —.
за́втрее, за́втріе, the morrow.

завѣ́дывать, to administer, direct (with *instr.*).
завѣ́са, curtain.
завѣ́шивать, завѣ́сить, to hang, cover over.
завя́зывать, завяза́ть, to tie up, bandage; -ся, to be joined, started.
зага́дывать, загада́ть, to conjecture, guess.
зага́ръ, sunburn.
загиба́ть, загну́ть, to bend, turn up.
загова́ривать, заговори́ть, to begin to talk, speak, say.
за́говоръ, charm, incantation.
загора́ться, загорѣ́ться, to catch fire, begin to glow, gleam.
загудѣ́ть, to resound.
зада́ромъ, gratis; uselessly.
задёргать, to pull, tug.
заде́рживать, задержа́ть, to hold up, stop, detain.
задира́ть, задра́ть, to pull up, draw up.
за́дній, back —, lying behind.
задрожа́ть, to begin to tremble, shake.
заду́мчивый, pensive.
задыха́ться, задохну́ться, to pant; to be choked, suffocated.
задѣва́ть, задѣ́ть, to graze, hit.
зажига́ть, заже́чь, to light; -ся, to be kindled, lit up.
зажму́риваться, зажму́риться, to shut one's eyes, blink.
заи́скивать, заиска́ть, to curry favour with, cringe to.
зайти́, *see* заходи́ть.
зака́лывать, заколо́ть, to stab, run through, bayonet.

закáтывать, закатúть, to roll; — глазá, to turn up the eyes.

закáшливать, закáшлять, to begin to cough.

закúдывать, закидáть, закúнуть, to throw back.

заклáдка, bottom ; выбивáть заклáдки, to scuttle (a ship).

заклáдывать, заложúть, to place behind ; block up.

заклéивать, заклéйть, to stick, stop up.

заклёпывать, заклепáть, to spike (a gun).

заключáть, заключúть, to conclude, infer.

закóнъ, law.

закричáть, to begin to shout, cry out.

закрывáть, закрýть, to cover, close ; to hide, put away ; -ся, to cover oneself up; to be closed up.

закýривать, закурúть, to begin to smoke; to light (a pipe).

закýсывать, закусúть, to have a snack.

зáла, залъ, hall.

залетáть, залетѣть, to fly into.

заливáть, залúть, to pour over, flood.

заложúть, see заклáдывать.

залѣзáть, залѣзть, to climb, make one's way into.

залѣплять, залѣпúть, to paste, patch up; залѣпленный, p.p.

замáчивать, замочúть, to wet.

заминáться, замáться, to falter, stammer, get confused.

замирéніе, conclusion of peace.

замолкáть, замóлкнуть, to cease speaking, be silent.

замолчáть, to become silent.

замѣтный, noticeable.

замѣтнѣе, more noticeable.

замѣчáніе, remark.

замѣчáтельный, remarkable.

замѣчáть, замѣтить, to notice.

занавѣса, curtain.

занимáть, занять, to occupy ; -ся, to occupy oneself, be engaged in.

занятie, occupation, work.

зáпахъ, smell, odour.

запечáтывать, запечáтать, to seal.

запинáться, запнýться, to hesitate, falter.

запúнка, hesitation, stammering.

запúска, note ; запúски, memoirs.

запúсывать, записáть, to note, write down ; -ся, to be registered.

заплáкать, to burst into tears ; to begin to weep.

заплáтанный, patched.

заплатúть, see платúть.

заплетáть, заплéсть, to plait, intertwine ; заплетённый, p.p.

заплывáть, заплýть, to swim into ; заплýвшій, swollen, puffy (beneath the eyes).

запрýгивать, запрýгать, to begin to jump, dance.

запрягáть, запрячь, to harness, put in (horses).

запýгивать, запугáть, to frighten ; запýганный, p.p.

запýтанный, confused.

запýливать, запылúть, to cover with dust.

запыха́ться, to pant, be out of breath.

за́рево, red reflection of a fire etc. in the sky, glare.

зарни́ца, glow of dawn.

зарыва́ть, зары́ть, to bury.

заря́, dawn.

заря́дъ, charge, round of ammunition; stock.

засвисте́ть, to begin to whistle.

заси́живаться, засиде́ться, to stay long, sit up late.

заслу́живать, заслужи́ть, to deserve, earn.

засма́ркиваться, засморка́ться, to blow one's nose.

засме́яться, to begin to laugh, burst out laughing.

засну́ть, see засыпа́ть.

застава́ть, заста́ть, to find.

заставля́ть, заста́вить, to force, make, cause.

застёгивать, застегну́ть, to button up; -ся, to button oneself up.

застила́ть, застла́ть, to cover, overcast, overlay.

застона́ть, to begin to groan.

заступа́ть, заступи́ть, to replace; to move to, into.

засте́нчивость, f. timidity, modesty, shyness.

засте́нчивый, timid, shy.

засу́чивать, засучи́ть, to tuck up.

засыпа́ть, засну́ть, to fall asleep, go to sleep.

засыпа́ть, засы́пать, to strew, cover up, heap up.

засыха́ть, засо́хнуть, to dry up, wither.

затиха́ть, зати́хнуть, to grow still; to die down.

затме́ніе, darkening, dimness.

затреща́ть, to begin to crack.

затрясти́сь, to begin to shake, shiver.

заты́локъ, nape of the neck.

зате́ва́ть, зате́ять, to bring about, start, devise.

зау́чивать, заучи́ть, to learn by heart.

заходи́ть, зайти́, to go beyond; to come up; to look in, call at.

захоте́ть (perf.), -ся (impers.), to want to, have a mind to.

зацѣпи́ться, to be caught, deflected.

зачмо́кать, to begin to smack, click.

заче́мъ, what for?

зашевели́ться, to begin to move, stir.

зашива́ть, заши́ть, to sew up; заши́тый, p.p.

зашурша́ть, to rustle, rattle.

защища́ть, защити́ть, to defend, protect.

заѣзжа́ть, заѣхать, to drive, ride up; to come, look in, call on (not on foot).

зва́ніе, calling, profession, rank.

звать, позва́ть, to call, invite; какъ васъ зову́тъ, what is your name?

звукъ, sound, report.

зву́чный, resounding, resonant, full (voice).

звѣзда́, star.

звѣ́здный, starlit, starry.

звѣ́здочка, little star.

зда́ніе, building, erection.
здра́віе, *see* здоро́вье.
здра́вствовать, to be well;
здра́вствуйте,how do you do?
здоро́ваться, поздоро́ваться,
to greet.
здоро́во (*pop.*), good-day.
здоро́вый, healthy, well.
здоро́вье, health.
здѣсь, here.
зеленова́тый, greenish.
зеленѣ́ть, to be, become green.
землетрясе́ніе, earthquake.
земля́, earth, ground; land.
земляно́й, earthen.
землячо́къ,fellow-countryman.
зени́тъ, zenith.
зе́ркало, mirror.
зи́мній, wintry; winter —.
зло, evil, wickedness; на —,
to spite (one).
зло́ба, spite, animosity.
злодѣ́й, rascal, scoundrel.
злой, bad, wicked.
зло́стный, malicious, spiteful.
знако́миться, познако́миться,
to make the acquaintance
of (съ); to acquaint oneself
with.
знако́мство, acquaintance.
знако́мый, known, familiar,
well-known; acquaintance.
знакъ, sign.
зна́мя, flag, standard.
зна́ніе, knowledge.
зна́ть, to know.
значе́ніе,meaning,significance.
зна́чить, to mean, indicate,
signify; зна́читъ, that is.
значо́къ, badge, field-colours.
золото́й, golden; a gold piece
(of money).

зонди́ровать, to sound, probe.
зо́рька (*dim.*), dawn.
зра́зы, *m. pl.* mincemeat.
зрачо́къ, pupil (of the eye).
зри́тель, *m.* spectator.
зрѣ́лище, spectacle.
зрѣ́ніе, view, sight.
зуа́вскій, Zouave —.
зуа́въ, Zouave.
зубъ, tooth.
зы́бливый, billowy.

И, and; also; even; и т. д.
(= и такъ да́лѣе), etc.
игра́, game.
игра́ть, сыгра́ть, to play.
идеа́льный, ideal.
идти́ (итти́), *see* ходи́ть.
изба́, hut.
избавля́ть, изба́вить, to deliver, set free; -ся, to get
free.
избѣга́ть, избѣжа́ть, избѣг-
нуть, to elude, avoid.
и́звергъ, outcast, monster.
извиня́ть, извини́ть,to excuse.
изво́лить, to deign, to be
pleased to.
извѣ́стіе, news, information.
извѣ́стный, known, well-
known, famous; -но, of
course.
издѐ́рживать, издержа́ть, to
consume, spend, lay out.
изла́мывать, излома́ть, изло-
ми́ть, to break, shatter.
изли́шній, superfluous.
изоблича́ть, изобличи́ть, to
disclose, betray.
изобража́ть, изобрази́ть, to
depict; изображённый, *p.p.*

изображéніе, representation, picture.

изобрѣ́теніе, invention.

изрывáть, изры́ть, to dig into holes; изрытый, *p.p.* covered with holes, riddled.

и́зрѣдка, occasionally.

изурóдовать, to mutilate.

изу́стный, oral, spoken.

изъ, out of, of, from.

изъ-за, from behind, from beyond; for, by reason of.

изъ-подъ, from beneath.

изя́щный, elegant, fine.

икóна, ikon.

икрá, caviar.

и́ли, or; и́ли...и́ли, either...or.

и́менно, just, specially, precisely; а именно, namely.

и́мп, *instr. pl.* of онъ, онá, онó.

имѣ́ніе, property.

имѣ́ть, to have.

имъ, *dat. pl.* of онъ, онá, онó.

и́мя, (Christian) name.

и́нáче, otherwise; differently.

инвали́дъ, pensioner; Invalid (name of a journal).

инкермáнскій, of Inkerman.

иногдá, sometimes.

инстинкти́вный, instinctive.

интерéсный, interesting.

интерéсъ, interest.

(и́скивать), искáть, to search for, seek.

исключáть, исключи́ть, to exclude; -áя, excepting.

исключи́тельный, exclusive.

исковéркивать, исковéркать, to distort, disfigure.

искони́, from time immemorial.

и́скоса, aslant, askance.

и́скра, spark.

испарéніе, perspiration, exhalation.

исповѣ́дывать, исповѣ́дать, to profess; to confess.

исподлóбья, frowningly, askance.

исполня́ть, испóлнить, to fulfil, carry out; *p.p.* испóлненный, carried out; filled.

испóртить, *see* пóртить.

исправля́ть, испрáвить, to repair.

испугáть (*perf.*), to frighten; -ся, to be frightened.

испытáніе, test, trial.

испы́тывать, испытáть, to experience; to test.

и́стина, truth.

и́стинный, genuine, real.

истóрія, story, history.

исхудáлый, emaciated, thin.

исцѣлéніе, cure, healing.

исчезáть, исчéзнуть, to disappear.

италья́нскій, Italian.

и́хній (*pop.*), their.

ихъ, *gen., acc., loc. pl.* of онъ, онá, онó, their, etc.

Ка, *emphat. part.*, just, then.

кабинéтъ, study, cabinet.

кабы́ (*pop.*), if.

кавалерíйскій, cavalry ——.

кавалери́стъ, cavalryman.

кавалéрія, cavalry.

кавалéръ, knight; gallant.

кáждый, each, every; every-one.

казáкъ, Cossack.

казáрма, barracks.

казáть, *see* кáзывать.

казáцкій, казáчій, Cossack ——.

казённый, belonging to the Treasury, fiscal, official.

(ка́зывать), каза́ть, to show; -ся, to appear, seem; ка́жется, it seems.

какóвъ, what, of what kind?

какóй, which? what a...!

какóй-то, some, a certain, a kind of....

какóй-нибýдь, any, some.

какъ, how; like, as; when; какъ...такъ и, both...and; какъ-то, somehow; какъ-бýдто, as if; as it were.

кали́б(е)ръ, calibre, bore.

кали́тка, wicket, gate.

(ка́лывать), колóть, кольнýть, to stab, slay; to reproach, pique.

калѣ́ка, m. and f. cripple.

ка́менный, of stone; stony.

ка́мень, f. stone.

ка́мешекъ, little stone, pebble.

кампа́нія, campaign.

кана́ва, ditch, trench.

кана́вка, small ditch.

кана́лія (-ья), scoundrel, dog.

кана́тъ, cable.

канона́да, cannonade.

кантони́стъ, a soldier (from the military settlements).

канцеля́рія, office.

капита́нъ, captain.

ка́пля, drop; particle.

капра́лъ, corporal.

капсýля (-юля), capsule.

ка́рій, brown, hazel.

карма́нъ, pocket.

ка́рта, card; игра́ть въ ка́рты, to play at cards.

картéчь, f. grapeshot.

карти́на, picture.

картýзъ, cap.

кати́ться, to roll (intr.).

кача́ть, to rock, sway, shake.

кварти́ра, кварти́рка, lodgings, billet.

квартирмéйстеръ, quartermaster.

ки́веръ, shako.

кида́ть, ки́нуть, to throw; — жребíй, to cast lots; -ся, to throw oneself, rush, spring.

ки́па, bundle, pile.

кипѣ́ть, to boil, seethe.

ки́сточка, tassel.

кла́жа, load, baggage.

кла́няться, поклони́ться, to bow, salute.

класть (кладý, кладёшь), положи́ть, to place, put.

клочóкъ, scrap, tuft.

клубóкъ, ball, wreath.

кни́жка (dim.), book.

князь, m. Prince; вели́кій —, Grand Duke.

кнутови́ще, whip-handle.

кнутъ, whip, lash.

ковёръ, carpet, rug.

кóвка, shoeing (of horses).

кóврикъ, little carpet, rug.

ковыря́ть, ковырнýть, to pick, probe.

когда́, when, as, if; -то, once, formerly; -нибýдь, some time.

кóе-гдѣ́, here and there. (кóе is used to render pronouns, adverbs, etc. indefinite, as: кóе-кто, someone; кóе-что, something; кóе-какъ, somehow.)

кóжа, skin.

козырёкъ, peak (of a cap).

козыря́ніе, trumping (at cards).

ко́йка, hammock, cot, bed.

кока́рда, cockade.

колдуны́, *m.* meat-dumplings.

колеба́ть, поколеба́ть, to shake; -ся, to shake, vibrate, rock, sway (*intr.*); поколе́бленный, *p.p.*

колесо́, wheel.

коли́, if ; since, as.

коли́чество, quantity.

коло́нна, column.

колоти́ть, поколоти́ть, to knock, beat, thrash.

коло́ть, *see* ка́лывать.

колыха́ть, колыхну́ть, to rock, agitate; -ся, to rock, swing, heave, undulate.

кольну́ть, *see* коло́ть.

кольцо́, ring.

коле́но (-ко), knee.

колю́чка, thorn, prickle.

коля́ска, open carriage.

кома́нда, detachment; order.

команди́ръ, commander.

кома́ндный, of command.

кома́ндованіе, leadership.

кома́ндовать, to have the command over, of (*instr.*).

комаръ́, gnat.

комендо́ръ, chief gunner.

комиссіоне́ръ, commissioner.

ко́мната, room.

конве́ртъ, envelope.

коне́цъ, end, finish; piece.

конногвардѣ́ецъ, horse-guards-man.

ко́нный, cavalry —, of cavalry.

конту́зить, to bruise; конту́женный, *p.p.* bruised.

конча́ть, ко́нчить, to finish, complete; -ся, to end, cease.

копа́ть, копну́ть, to dig.

копе́йка, copeck.

кора́бль, *m.* ship.

корзи́нка, phaeton.

коридо́ръ, corridor, passage.

ко́рка, crust.

коро́бить, to annoy.

коро́бочка, little box.

коро́ткій, short.

ко́рпія, lint.

ко́рпусъ, corps, (military or naval) academy.

ко́рточки, *f. pl.*; на ко́рточкахъ, squatting on the heels.

коси́чка, tuft of hair, tress.

косо́й, slanting; — во́ротъ, collar (of a Russian shirt) fastening at the side.

кото́рый, who, which, that; which ?

кофе́йникъ, coffee-machine.

кошелёкъ, purse.

край, edge; country, district.

кра́йне, extremely, most.

кра́йній, extreme; по кра́йней мѣ́рѣ, at least.

кра́йность, *f.* utmost; по кра́йности (*pop.*), at least.

краси́вый, handsome, fine, pretty.

кра́сный, red, red-faced.

краснѣ́ть, to blush.

красота́, beauty.

красть, укра́сть, to steal.

крахма́льный, starched.

кренделёкъ, cracknel.

кре́сло, armchair.

крести́ться, to cross oneself.

крестъ, cross.

криво́й, crooked.

кри́кнуть, *see* крича́ть.

крикъ, shriek, scream, shout.

крити́ческій, critical.

кричáть, крúкнуть, to shout, scream, call out, exclaim.
кровáть, *f.* bed, bedstead.
кровопролúтный, sanguinary.
кровь, *f.* blood.
крóмѣ, except, besides.
крóткій, gentle, soft.
крóшка, crumb.
кругъ, circle, round, turn; кругóмъ, round about; entirely, thoroughly.
кружóкъ, circle, coterie.
крýпный, big; coarse.
крутúться, to wind, twist oneself, spin round.
крутóй, steep.
крыльцó, крылéчко, flight of steps before front door.
крýса, rat.
крýша, roof.
крýшка, cover, lid; measure (of vodka).
крѣпкій, strong, sound (sleep).
крѣпче, stronger.
крѣпостнóй, of a fortress.
крѣпость, *f.* fortress.
крючóкъ, hook.
крякать, крякнуть, to quack; to clear the throat.
кто, who; who? anyone; -то, someone; — нибýдь, anyone.
кубúческій, cubic.
кудá, where; where? -то, somewhere.
купéцъ, merchant.
купúть, *see* покупáть.
кургáнъ, tumulus.
курúть, to smoke.
курсúвъ, italics.
курчáвый, curly-headed.
кусóкъ, кусóчекъ, piece.
кутёжъ, merry-making, spree.

кутúть, to carouse.
кýча, кýчка, heap.
кýчивать, *see* кутúть.
кýшать, to eat.
къ, to, towards.

Лáвка, лáвочка, bench, locker, shop.
лаврóвый, laurel —.
лáгерь, *m.* camp.
лáдно, well, all right.
лазýревый, azure.
лазýрный, blue, ultramarine.
лакéй, man-servant.
ламнáда, ламнáдка, (image) lamp, torch.
лáска, caress, kindness.
лáсковый, kindly, tender.
лафéтъ, gun-carriage.
лёгкій, light, easy; slight.
легкó, easily; slightly.
лéгче, more easily, gently.
лёдъ, ice.
лежáнка, stove-bench.
лежáть, to lie.
лейбъ-улáнъ, Uhlan of the Guard.
лéйтнантъ, lieutenant.
лéнта, ribbon.
летáть, летѣть (лечý, летúшь), полетѣть, to fly.
лечь, *see* ложúться.
ли, *interrogative particle.*
лúбо...лúбо, either...or.
лúвень, *m.* downpour.
ликёръ, liqueur.
лиловáтый, mauve.
лилóвый, mauve, lilac.
лúнія, line; (майóръ) по лúніи, in turn, succession.
листъ, leaf; leaves.
литератýра, literature.

лить, полить, to pour, shed.
лихо́й, bold, dashing.
лихора́дка, fever.
лицо́, face; person.
ли́чико (*dim.*), face.
ли́чность, *f.* personality.
ли́чный, personal; личной
сапо́гъ, kind of top-boot
(see Dahl).
лише́ніе, privation, loss.
ли́шній, superfluous, unnecessary, additional, extra.
лобъ, forehead.
лови́ть, to catch, seize.
ло́вкій, agile, clever, dexte-
rous.
ло́дка, boat.
ложеме́нтъ, lodgement (*fort.*).
ложи́ться, лечь, to lie down;
to fall, land.
ло́жка, spoon.
ло́коть, *m.* elbow.
ло́пать, ло́пнуть, to burst
(*intrans.*); -ся, to burst,
explode.
лоша́дка, little horse.
ло́шадь, *f.* horse.
лощи́на, dip in the ground.
лу́жа, puddle, pool.
лука́, saddle-bow.
лучъ, beam, ray.
лу́чше, better, rather.
лѣвый, left.
лѣзть, полѣзть, to climb, clamber, make one's way.
лѣни́вый, lazy.
лѣка́рство, medicine.
лѣсни́чій, forester.
лѣтній, summer —.
лѣто, summer; year.
лѣчи́ться, (лечи́ться), to get
cured; to be treated.
люби́мый, favourite, beloved.

люби́ть, to love, like.
любова́ться, полюбова́ться, to
admire.
любо́вь, *f.* love.
любо́вный, amorous, love —.
любопы́тный, curious.
любопы́тство, curiosity.
лю́ди, people, men.
людско́й, of people, of man-
kind, human.
люне́тъ, lunette (*fort.*).
ля́гу, 1*st pers. pres.* of лечь.

Ма́й, May.
майо́ръ, major.
ма́ковка, crown of the head.
ма́ленькій, small, little.
ма́ло, little, few.
ма́лый, small, slight.
ма́льчикъ, boy.
мальчи́шка, *m.* urchin, gamin.
малѣйшій, the least, smallest.
мане́ръ, мане́ра, manner, style.
ма́рка, counter, stake.
марке́ла (*pop.*) = морти́ра.
маршъ, march; off with you!
—-—, at full speed.
ма́сло, butter.
ма́сляный, greasy.
ма́сса, mass, lot.
(ма́ти), мать, *f.* mother.
матро́ска, wife of a sailor.
матро́сскій, of a sailor.
матро́съ, sailor.
маха́ть, махну́ть, to wave,
flourish, brandish.
ма́чта, mast.
мгнове́ніе, moment.
мгнове́нный, momentary; -но,
momentarily, in an instant.
ме́бель, *f.* furniture.
меда́ль, *f.* medal.
ме́дленный, slow.

медли́тельный, slow, dilatory.
ме́жду, between, among; —
тѣмъ какъ, whilst.
ме́лкій, small, petty, minor.
ме́лочь, *f.* detail, trifle.
мелька́ть, мелькну́ть, to flash,
glimmer, flit.
ме́ньшій, меньшо́й, lesser,
smaller; younger.
ме́нѣе, ме́ньше, less.
ме́рзкій, abominable, despic-
able.
мерика́нскій (*pop.*), American.
мёртвый, dead.
мерца́ть, to twinkle.
металли́ческій, metallic.
мета́ть, метну́ть, to throw,
fling, deal; — банкъ, to
hold the bank (at cards).
мечта́, dream, reverie.
мечта́ть, to dream.
милліо́нъ, million.
милосе́рдіе, charity, mercy.
ми́лость, *f.* kindness; ми́лости
про́симъ, welcome, pray, if
you please (invitation).
ми́лый, kind, nice, pleasant.
ми́мо, past.
мини́стръ, Minister (of State).
мину́та, мину́тка, minute; на
мину́тку, (for) a moment.
мину́тный, momentary.
мири́ться, помири́ться, to
make peace.
миръ, peace.
ми́ска, soup-tureen.
міръ, world.
мла́дшій, younger.
мно́гіе, many.
мно́го, many, much.
мно́ю (мной), *instr.* of я.
мнѣ, *dat. loc.* of я.
могу́чій, powerful, mighty.

мо́жетъ, *see* мочь.
мо́жно, it is possible, one can;
какъ мо́жно скорѣе, as
quickly as possible.
мой, моя́, моё, my, mine.
мо́кнуть, to get wet, soaked.
мокрота́, wet(ness).
мо́крый, wet.
моли́тва, prayer.
моли́ться, помоли́ться, to pray.
мо́лнія, lightning; flash.
моло́денькій, quite young.
молоде́цъ, fine fellow; brave
fellow.
молодо́й, young.
мо́лодость, *f.* youth; youth-
fulness.
молчали́вый, silent, taciturn.
молча́ніе, silence.
молча́ть, to keep silence; мо́л-
ча (*pres. ger.*), silently.
мольба́, prayer, entreaty.
мо́ре, sea; въ мо́рѣ, at sea.
морско́й, of the sea, naval.
морти́ра, морти́рка, mortar.
морти́рный, of a mortar.
морщи́на, fold, wrinkle.
мо́рщиться, to knit one's
brows.
моря́къ, seaman, sailor.
мостъ, bridge.
мота́ться, to move to and fro,
shake, waver (*intr.*).
моти́въ, melody.
моча́ла, моча́ло, bast.
мочи́ть, to wet.
мочь, to be able; мо́жетъ быть,
perhaps.
мракъ, darkness, gloom.
мра́чный, dark, gloomy.
му́жество, manliness, valour.
мужи́къ, peasant.
мужско́й, male; man's —.

мужчи́на, man.
мужъ, husband.
му́зыка, music; band.
музыка́нтъ, musician.
му́ка, pain, torment.
мунди́ръ, uniform.
му́скули́стый, muscular.
му́чить, to torture, torment;
-ся, to suffer torment.
мы, we.
мы́сленно, mentally.
мысль, f. thought.
мысо́къ (dim.), promontory.
мѣдь, f. copper.
мѣло́къ, a piece of chalk.
мѣ́ра, measure.
мѣ́рный, measured, slow.
мѣ́сто, place, spot, room; passage; на мѣ́стѣ, on the spot.
мѣстоиме́ніе, pronoun.
мѣ́сяцъ, month.
мѣша́ть, помѣша́ть, to interfere with, hinder, prevent,
be in the way.
мѣшо́къ, sack.
мя́гкій, soft.
мя́чикъ, little ball.

На (interj.), there !
на, on, upon, at.
на́бережная, quay.
набива́ть, наби́ть, to drive into,
cram, fill (a pipe), tread
hard (soil); -ся, to be driven
in(to), strike (intr.); —
ру́ку, to practise one's hand;
наби́тый, p.p.
набира́ть, набра́ть, to gather,
pick (flowers); на́бранный,
p.p.
наблюда́ть, to observe, examine.

наблюде́ніе, watching, obser-
vation.
набра́сывать, наброса́ть, на-
бро́сить, to throw on,
down.
набѣга́ть, набѣжа́ть, to run
on, run up against, rush in,
on; to sweep over.
нава́ливать, навали́ть, to heap
up; нава́ленный, p.p.
наверху́, on the top, upstairs.
наве́рхъ, upwards, up(stairs).
на́взничь, on one's back.
навсегда́, for ever.
навстрѣ́чу, to meet.
навѣ́рно(е), for certain, certainly, positively.
нагиба́ть, нагну́ть, to bend;
-ся, to bend down, stoop.
на́глый, insolent, impertinent.
нагова́ривать, наговори́ть, to
say, talk much; -ся, to
speak, talk to the full.
награ́да, reward.
наде́жда, hope.
на́до, it is necessary; one
must, should.
надува́ть, наду́ть, to swell,
inflate, puff up; to deceive,
dupe; -ся, to swell, be
puffed up; наду́тый, p.p.
наду́тость, f. pompousness.
надъ, over, upon, on.
надѣва́ть, надѣ́ть, to put on
(clothes, etc.); надѣ́тый, p.p.
надѣ́яться, to hope.
наедина́, alone, tête à tête.
наза́дъ, back; пять лѣтъ
тому́ —, five years ago.
на́земь, down, to the ground.
назнача́ть, назна́чить, to des-
tine, appoint.

назначе́ніе, fixing, appointment, destination.

называ́ть, назва́ть, to call; такъ называ́емый, so-called.

наи́вный, naïve.

найти́, *see* находи́ть.

нака́лывать, наколо́ть, to split, prick.

наканꙋ́нѣ, the day before, on the eve.

наки́дка, throwing on; въ наки́дку, slung over the shoulder.

наки́дывать, наки́нуть, to throw on.

накла́дывать, наложи́ть, to lay upon, impose, fill, load.

накло́нность, *f.* tendency.

накрыва́ть, накры́ть, to cover over; накры́тый, *p.p.*

налива́ть, нали́ть, to pour on, in; to fill, cover (with a liquid); нали́тый, *p.p.*

нали́чный, cash —; нали́чныя де́ньги, ready money.

наложи́ть, *see* накла́дывать.

налѣ́во, to the left, on the left.

наме́дни(сь), the other day.

намека́ть, намекну́ть, to hint.

намъ, *dat.* of мы.

нанести́, *see* наноси́ть.

на́нковый, nankeen (material).

наноси́ть, нанести́, to bring, carry, convey (in quantity).

наперевѣ́съ (взять), to trail (arms).

напива́ться, напи́ться, to drink one's fill; to get drunk.

написа́ть, *see* писа́ть.

наполня́ть, напо́лнить, to fill.

напомина́ть, напо́мнить, to remind.

направле́ніе, direction.

направля́ться, напра́виться, to go, move, set off in the direction of.

напра́во, to, on the right.

напра́сный, useless; gratuitous; напра́сно, in vain, unnecessarily.

напра́шиваться, напроси́ться, to offer one's services.

наприме́ръ, for instance.

напро́тивъ, on the contrary.

напру́женный, tightly drawn, firm.

наспѣ́въ, in a singsong voice.

наро́дъ, people.

на́рочно, intentionally.

нару́жность, *f.* exterior, appearance.

наруша́ть, нару́шить, to break; to infringe.

нарѣ́зывать, нарѣ́зать, to cut up, carve.

наса́живать, насажа́ть, насади́ть, to set, plant.

наска́кивать, наскочи́ть, to spring upon; to run against.

наслажда́ться, наслади́ться, to enjoy (*with instr.*).

наслажде́ніе, delight, joy, enjoyment.

насмѣ́шливый, ironical, sarcastic.

наставля́ть, наста́вить, to set up, level.

настоя́щій, actual, present, real; настоя́ще, really; по-настоя́щему, really, properly, by rights.

настро́ивать, настро́ить, to build up, build.

насъ, *gen., acc. prep.* of мы.

насыпа́ть, насы́пать, to strew on, scatter; to fill up.
нату́ра, nature.
натыка́ться, наткну́ться, to run against, come upon.
натя́гивать, натяну́ть, to pull on; натя́нутый (*p.p.*), stiff.
научáть, научи́ть, to teach.
нахму́риваться, нахму́риться, to frown.
находи́ть, найти́, to come upon; to find; -ся, to find oneself, be, be situated.
начáло, beginning, principle.
начáльникъ, commander, chief.
начáльство, command, chiefs, authorities.
начинáть, начáть, to begin; нáчатый, *p.p.*
нашъ, нáша, нáше, our.
не, not; не то чтобы, not that.
неаккурáтный, inexact, careless.
неблагорóдный, ungentlemanly, mean, low.
нéбо, sky, heaven.
нёбо, palate.
небольшóй, small, not large.
небóсь, you may be sure, no doubt; probably.
небрéжный, careless, off-hand.
неви́димый, invisible, obscure.
неви́нный, innocent.
невозмóжный, impossible.
невóльный, involuntary.
невыноси́мый, unbearable.
невырази́мый, inexpressible.
невысóкій, low, small.
невѣ́дѣніе, ignorance.
(н)егó, *see* егó.
недáвній, recent.
недалёкó, near, not far.

недви́жимый, motionless, immovable.
недовóльный, dissatisfied, discontented.
недовѣ́рчивый, distrustful, suspicious.
недорогóй, inexpensive, cheap.
недоставáть, to lack, be missing (*impers.*).
недостáточность, *f.* insufficiency.
недострóенный, unfinished (building).
недру́жный, hostile, unfriendly.
недѣ́ля, week.
недю́жинный, uncommon, out of the ordinary.
неестéственный, unnatural.
незамѣ́тный, not noticeable.
незастѣ́нчивый, self-assured, free and easy.
нездорóвый, unwell, ill, unhealthy.
(н)ей, *dat. instr. prep.* of онá.
неизбѣ́жный, inevitable.
неизвѣ́стный, unknown.
нейтралитéтъ, neutrality.
некраси́вый, ugly, plain.
нéкуда, there is nowhere to....
нелóвкій, clumsy, awkward, embarrassing.
нельзя́, it is impossible; one cannot, may not.
немáркій, not showing stains.
немнóго, немнóжко, a little, somewhat.
(н)ему́, *see* ему́.
(н)ёмъ, *prep.* of онъ.
нéнависть, *f.* hatred.
ненатурáльный, unnatural.
ненýжный, unnecessary.
необду́манный, inconsiderate.

необходи́мость, *f.* necessity.
необходи́мый, indispensable.
необъя́тный, infinite.
необыкнове́нный, unusual.
неоднокра́тный, repeated.
неожи́данный, unexpected.
неохо́тно, reluctantly.
непереста́ющій, unceasing.
неподви́жный, immovable.
непоколеби́мый, unshaken.
непоня́тный, unintelligible.
неправдоподо́бный, improbable.
непреме́нно, certainly, without fail.
непреодоли́мый, insuperable.
непрія́тный, unpleasant.
непрія́тель, enemy.
непродолжи́тедьный, not prolonged, short.
непроница́емый,impenetrable.
непрости́тельный, unpardonable.
неравно́ (*pop.*), it may happen.
неразде́льный, inseparable.
неразо́рванный, unexploded.
неро́вный, uneven.
неру́сскій, non-Russiaɴ.
нерѣши́тельность, *f.* indecision, hesitation.
несвѣ́жесть,*f.* lack of freshness.
нескрыва́емый, unconcealed.
неслѣ́дъ, no reason, need to....
несмотря́ на,notwithstanding.
несправедли́вый, unjust, wrong.
неспѣ́лый, unripe.
неста́рческій, not due to age.
нести́, *see* носи́ть.
несча́стіе,misfortune,badluck.
несча́стный, unfortunate, unlucky, unhappy.

нетерпѣли́вый, impatient.
неуда́ча, ill success, failure.
неудово́льствіе, displeasure, discontent.
неуже́ли, is it possible? really?
неусту́пчивый, obstinate.
неутѣши́тельный, not comforting.
нехоро́шій, bad.
не́чего, there is nothing to..., it is useless to....
не́четъ, odd number.
нечистопло́тность,*f.* slovenliness.
не́что (*pop.*) = ра́звѣ.
ни, not, not even; ни...ни, neither...nor; ни ра́зу, not even once.
нибу́дь, *indefinite particle;* кто-нибу́дь, anyone; что-нибу́дь, anything, etc.
нигдѣ́, nowhere (*position*).
ни́жній, lower.
ни́зенькій, rather low, low.
низъ, lower part, bottom.
никако́й, none, no....
никого́, *gen.*, *acc.* of никто́.
никому́, *dat.* of никто́.
никто́, nobody, no one.
никѣ́мъ, *instr.* of никто́.
(н)и́ми, *instr. pl.* of онъ, она́, оно́.
(н)имъ, *dat. pl.* of онъ, она́, оно́; *instr. sing.* of онъ, оно́.
ниско́лько, not at all.
нить, *f.* thread.
ничего́ (*gen.* of ничто́), nothing; all right; fairly well.
ничко́мъ, prone, upon the face.
ничто́, nothing.

ничто́жный, insignificant, useless.

но, but.

но́венькій, но́вый, new, fresh.

но́вость, f. news.

нога́, foot; leg.

но́жка (dim.), small foot; leg.

но́жикъ, pocket-knife.

но́жницы, f. pl. scissors.

но́жъ, knife.

носи́лки, f. pl. stretcher.

носи́льщикъ, stretcher-bearer.

носи́ть, нести́, понести́, to
carry, bear, take; to undertake; -ся,to be carried,borne;
to move; to be spread.

носки́, m. pl. a game of cards.

носъ, nose.

но́та, note; pl. но́ты, music.

ночева́ть, to pass the night.

ночно́й, nightly, night —.

ночь, f. night; но́чью, by
night, in the night time.

но́ша, burden; transport.

нра́виться, понра́виться, to
please.

ну, well (exclamation).

ну́жный, needful, necessary,
urgent; ну́жно, it is necessary; мнѣ ну́жно, I must.

ны́нче, to-day; at present.

ныть, to ache, grieve.

нѣжный, soft, gentle, tender.

нѣ́который, some, certain.

нѣме́цкій, German.

нѣ́мецъ, a German.

нѣ́сколько, some; somewhat.

нѣ́ту (pop.), see нѣтъ.

нѣтъ, no; there is (are) not....

нѣ́что, something.

ня́нька, ня́нюшка, nurse,
nanny.

О, объ, about, on, against.

о́ба, о́бѣ (обо́ихъ,обѣ́ихъ),both.

обвя́зывать, обвяза́ть, to tie
up, bandage.

обгоня́ть, обогна́ть, to catch
up, outrun, outstrip.

обзаводи́ться, обзавести́сь, to
provide oneself with.

обива́ть, оби́ть, to beat down;
to hang, decorate.

оби́дный, insulting, vexing.

обку́сывать,обкуса́ть,to gnaw,
bite round.

о́блако, cloud.

облегча́ть, облегчи́ть, to
lighten; p.p. облегчённый.

облива́ть, обли́ть, to pour
over, drench; обли́тый, p.p.

облока́чиваться, облокоти́ть-
ся, to lean on one's elbow,
rest one's elbow on.

обмыва́ть, обмы́ть, to wash,
bathe.

обнажённый, p.p. bared.

обнима́ть, обня́ть, to embrace;
to seize; to take in.

обно́шенный, worn out.

ободря́ть, ободри́ть, to en-
courage, cheer.

обожа́ть, to idolize, adore.

обожда́ть, see (подо)жда́ть.

обо́зный, belonging to the
Army Service Corps.

обо́зъ, train, supply column.

обо́и, m. pl. hangings, wall-
paper.

обора́чиваться, оборотиться,
to turn round (intr.).

оборони́тельный, defensive.

образова́ніе, education.

образо́вывать, образова́ть, to
form, shape, educate.

о́бразъ, form, manner ; image.

обраща́ть, обрати́ть, to direct, give, pay (attention) ; -ся, to turn to, address ; to treat.

обрыва́ть, оборва́ть (пооборва́ть), to tear off, cut off.

обо́рванный, *p.p.* ragged.

обставля́ть, обста́вить, to fit up.

обстано́вка, surroundings, environment.

обстоя́тельство, circumstance.

обстре́ливаться, обстре́ля́ться, to be fired at.

обсыпа́ться, обсы́паться, to fall in, collapse.

обхва́тывать, обхвати́ть, to surround, envelop.

обходи́ть, обойти́, to go round ; to turn, outflank ; -ся, to treat ; to cost, amount to.

обши́рный, vast.

обшла́гъ, facing, cuff.

о́бщество, society.

о́бщій, general, common.

объявля́ть, объяви́ть, to declare, state, announce.

объясня́ть, объясни́ть, to explain ; -ся, to have an explanation, explain oneself.

объя́тіе, embrace.

объя́ть, *see* обнима́ть.

обыкнове́нный, usual.

обы́чай, custom, habit.

обы́чный, usual.

обѣ́дать, пообѣ́дать, to dine.

обѣ́дъ, dinner.

обѣща́ть, to promise, portend.

обя́занность, *f.* obligation, duty.

овёсъ, oats.

овладѣва́ть, овладѣ́ть, to seize, take possession of.

овра́гъ, ravine, ditch.

овца́, sheep.

оглуша́ть, оглуши́ть, to deafen.

огля́дываться, огляну́ться, to look back, round.

о́гненный, fiery.

ого́ ! (*exclamation*), oho ! oh !

огонёкъ, огонька́ (*dim.*), fire, light.

ого́нь, *m.* fire, light.

огоро́дъ, kitchen-garden.

огорча́ть, огорчи́ть, to grieve, offend ; -ся, to be grieved, offended ; огорчённый, *p.p.*

огорче́ніе, annoyance, distress.

ограни́ченный, limited, narrow.

огро́мный, vast, huge, immense.

одарённый, endowed, gifted.

оде́жда, dress, clothes.

одина́ковый, the same, identical ; -во, equally.

одино́кій, lonely, solitary.

одино́чество, isolation, solitude.

оди́нъ, одна́, одно́, one ; alone, only ; одни́, some (другіе, others).

одна́ко, however.

одолѣва́ть, одолѣ́ть, to vanquish, overpower.

одутлова́тость, *f.* puffiness.

одѣва́ться, одѣ́ться, to dress (*intr.*) ; одѣ́тый, *p.p.*

одѣя́ло, coverlet, blanket.

ожесточе́ніе, exasperation.

ожива́ть, ожи́ть, to revive, recover one's spirits.

оживля́ть, оживи́ть, to enliven ; -ся, to revive, get lively.

ожида́ніе, expectation, suspense.

ожида́ть, to await, expect.

озадáчивать, озадáчить, to puzzle, perplex.

означáть, означить, to indicate; означенный, *p.p.*

оказывать, оказáть, to show, render; -ся, to appear, prove.

окаменѣлый, petrified.

окаянный, cursed, damned, wretched.

окнó, window.

óколо, round about, near.

окóлышъ, band.

окончáтельный, final, definite.

окоченѣлый, benumbed, stiff.

окоченѣть, to grow stiff.

окóшко (*dim.*), window.

окрáшиваться, окрáситься, to be painted, tinged.

окровáвленный, covered with blood, blood-stained.

окружáть, окружить, to surround.

оловянный, pewter; possessing a metallic lustre.

они, онѣ, *pl.* of онъ, онá, онó.

онъ, онá, онó, he, she, it.

опáсность, *f.* danger.

опáсный, dangerous.

операція, operation, transaction.

опирáться, оперéться, to lean upon.

описáніе, description.

опóйковый, of calf-skin.

ополчéнецъ, militia-man.

ополчéніе, militia, reserve.

опóмниться (*perf.*), to recover one's senses; to bethink oneself.

опостылѣть, to become disgusting, unbearable.

оправдываться, оправдáться, to justify, exculpate oneself.

опредѣлять, опредѣлить, to determine, fix, appoint.

óпрометью, headlong.

опрятный, tidy, orderly, neat.

опускáть, опустить, to drop, let fall, let go; -ся, to let oneself down, fall, drop.

опухáть, опухнуть, to swell.

опухлость, *f.* bloatedness.

óпытный, experienced.

óпытъ, experience; по óпыту, from (by) experience.

опять, again, afresh.

ординáрецъ, orderly officer.

оригинáльный, original.

орудіе, gun, piece, implement.

орудійный, of artillery, gun —.

осáда, siege.

осáдный, of a siege.

осáдокъ, sediment.

осаждáть, осадить, to besiege, assail; осаждённый, *p.p.*

осáживать, осадить, to settle, silence (a person).

осáнка, carriage, deportment.

освѣщáть, освѣтить, to light up, illuminate.

осéнній, autumnal, autumn —.

оскóлокъ, splinter.

оскорбительный, offensive.

оскорблéніе, insult.

оскорблять, оскорбить, to insult, offend, injure, affront; -ся, to take offence, be offended; оскорблённый, *p.p.*

оскрётокъ (*pop.*), splinter.

осмáтривать, осмотрѣть, to examine, look at.

основáніе, foundation; basis, reason.

осно́вывать, основа́ть, to found, base.

осо́бенность, *f.* peculiarity; въ осо́бенности, in particular.

осо́бенный, special, particular.

осо́бый, special.

о́спа, smallpox.

остава́ться, оста́ться (оста́нусь, оста́нешься), to remain.

оставля́ть, оста́вить, to leave; -ся, to be left.

остально́й, the remaining (one); остальны́е, those remaining, the rest.

остана́вливать, останови́ть, to stop, arrest; -ся, to stop (*intr.*), stay.

оста́токъ, remainder, remains.

остолбенѣ́ть, to be aghast.

ось, *f.* axle.

отбива́ть, отби́ть, to beat back, repulse; to break off; to retake (a trench, etc.).

отбира́ть, отобра́ть, to take away, back.

отбо́рный, select.

отве́рстіе, aperture.

отвёртываться, отверну́ться, to turn away, aside (*intr.*).

отводи́ть, отвести́, to lead, take away, aside.

отворя́ть, отвори́ть, to open.

отврати́тельный, repulsive.

отвраще́ніе, disgust.

отвѣча́ть, отвѣ́тить, to answer, reply.

отдава́ть, отда́ть, to give, give up, back; to render.

отдежу́ривать, отдежу́рить, to finish one's period of duty.

отдыха́ть, отдохну́ть, to recover one's breath, rest.

о́тдыхъ, rest, respite.

отдѣля́ть, отдѣли́ть, to separate.

оте́цъ, father.

оте́чественный, of the fatherland.

оте́чество, fatherland.

о(б)тира́ть, о(б)тере́ть, to wipe.

отзыва́ться, отозва́ться, to answer a call, respond.

отка́зъ, refusal.

отка́зывать, отказа́ть, to refuse, decline (въ); -ся, to refuse, give up (отъ).

открыва́ть, откры́ть, to open, disclose; -ся, to be opened; to open out, appear.

откры́тѣе, more openly, wider.

отку́да, whence? from where.

отлича́ть, отличи́ть, to distinguish; -ся, to distinguish oneself.

отли́чный, excellent, splendid.

отмща́ть, отмсти́ть, to avenge.

отмѣча́ть, отмѣ́тить, to mark.

отнима́ть, отня́ть, to take away, off.

отноше́ніе, relation, respect.

отодвига́ть, отодви́нуть, to move away.

отойти́, *see* отходи́ть.

оторва́ть, *see* отрыва́ть.

отосла́ть, *see* отсыла́ть.

отпла́чивать, отплати́ть, to pay off, back, repay.

отплыва́ть, отплы́ть, to sail off, put off.

отпо́ръ, resistance.

отправле́ніе, dispatch, departure.

отправля́ть, отпра́вить, to dispatch, send off; -ся, to start.

óтпускъ, leave.
отрáда, consolation, comfort.
отрáдный, consoling.
отражáть, отразúть, to repulse; -ся, to be reflected.
отрывáть, оторвáть, to tear off; to carry away; -ся, to tear oneself away.
отрывистый, abrupt.
отрѣзывать, отрѣзать, to cut off, amputate.
отставáть, отстáть, to leave, move off; to fall behind.
отстáвка, discharge, retirement.
отставнóй, retired.
отстáивать, отстоúть, to maintain, defend; to finish (one's watch).
отступáть, отступúть, to retire, withdraw (intr.).
отсýтствіе, absence.
отсылáть, отослáть, to send away, off.
оттéлѣ (pop.), from there.
оттýда, from there.
отходúть, отойтú, to go away.
отцвѣтáть, отцвѣстú, to shed the flowers, blossoms.
отцóвскій, paternal; father's.
отчáсти, in part, partly.
отчáяніе, despair.
отчáянный, desperate.
отчегó, why?
óтчество, patronymic.
отчётливый, clear, precise.
отчётъ, account, statement.
отъ (ото), from.
отыгрывать, отыгрáть, to win back; -ся, to recoup oneself.
отыскивать, отыскáть, to look for, seek, search for.

офицéрикъ (dim.), officer.
офицéрскій, of officers.
офицéръ, officer.
оффиціáльный, official.
охóта, inclination, wish.
охóтно, willingly; gladly.
охъ (exclamation), oh.
очевúдный, evident, manifest.
óчень, very.
очнýться, to recover one's senses.
очутúться, to find oneself, appear.
ошибáться, ошибúться, to make a mistake, be in error, mistaken.
óшпиталь, m. (pop.), see гóспитáль.
ощупывать, ощýпать, to feel, examine.
ощущáть, ощутúть, to feel.
ощущéніе, sensation.

Павильóнъ, pavilion.
пáдать, пасть, упáсть, to fall.
падéніе, fall, lapse.
палáта, ward.
палáтка, tent; storehouse.
пáлецъ, finger; toe.
палúть, to burn; to fire, shoot.
пáлуба, deck.
пальтó, overcoat.
пáмятникъ, monument.
пáмять, f. memory; consciousness.
панталóны, m. f. pl. trousers.
папирóса, папирóска, cigarette.
папирóсница, cigarette-case.
пардóнъ, pardon.
парú, bet.

парѝть, to soar, float, hover.

паркéтный, having a parquet floor.

парохóдъ, steamer.

пáрусъ, sail.

паръ, steam.

пáсмурный, dull, gloomy.

пасть, see пáдать.

патрióтъ, patriot.

патрóнъ, cartridge.

пáхнуть, to smell (intr.)

пахýчiй, fragrant.

пéрвенствовáть, to excel, dominate.

пéрвый, first.

перебивáть, перебѝть, to smash, kill (one after another); to interrupt.

перебирáть, перебрáть, to handle, feel, examine, move about.

перебоѝться, to get over one's fear.

перебрáниваться, перебранѝться, to quarrel, wrangle.

перебѣгáть, перебѣжáть, to run over, across.

перевáливать, перевалѝть, to cross over; -ся, to roll over, jog along.

перевёртывать, перевернýть, to turn over (trans.).

перевирáть, переврáть, to misstate, to misuse.

переводѝть, перевестѝ, to transfer; to translate; — духъ, to get breath.

перевязка, bandage.

перевязочный, of bandages, bandaging; — пунктъ, field ambulance base.

перевязывать, перевязáть, to bandage; -ся, to have oneself bandaged.

переговáриваться, переговорѝться, to converse, talk together.

перегонять, перегнáть, to overtake, get ahead of.

передавáть, передáть, to transmit, hand over, recount.

передвѝгивать, передвигáть, передвѝнуть, to move over, shift.

перéдничекъ (dim.), apron.

перéднiй, foremost, front.

перéдняя, antechamber.

передýмывать, передýмать, to think over, to go through in thought.

пéредъ, before, in front of.

пережёвывать, пережевáть, to chew.

перекáтываться, перекатѝться, to roll over, reverberate.

перекѝдывать, перекидáть, перекѝнуть, to throw over.

переклáдывать, переклáсть, переложѝть, to lay over again, relay.

перекрестѝться (perf.), to cross oneself.

перелетáть, перелетѣть, to fly across, over.

переливáться, перелѝться, to fuse, be intermingled.

перемѝрiе, armistice.

перемѣнять, перемѣнѝть, to change.

переносѝть, перенестѝ, to transfer, transport; to suffer, bear, endure.

перепáлка, exchange of shots, firing.

перепрáва, crossing.
переправлáться, переправиться, to go across, ferry over, cross.
перепры́гивать, перепры́гнуть, to jump across, over.
переставáть, перестáть, to cease, stop.
перестрѣ́лка, exchange of shots.
пересыхáть, пересóхнуть, to get dried up, parched.
переýлочекъ, small cross street.
перехвáтъ, narrowing (at the waist).
переходи́ть, перейти́, to go over, across; to pass; to move (to another place).
перехóдъ, journey across, passing over.
пéрецъ, pepper.
перечи́тывать, перечитáть, to read over, repeat.
перечýвствовать, to go through states of feeling; to feel.
перешáгивать, перешагнýть, to cross, step across.
перешéдшій, перешёлъ, *past part.* and *past* of перейти́, *see* переходи́ть.
переѣзжáть, переѣ́хать, to cross, go over (not on foot); to move (to another place).
пери́ла, *n. pl.* balustrade, railing.
перó, feather; pen.
персóна, person.
пéрстень, *m.* ring.
перчáтка, glove.
пёстрый, many-coloured, variegated, motley.
петербýргскій, of Petersburg.
печáльный, sad.
печáть, *f.* seal, impress.

(пивáть), пить, вы́пить, to drink.
пи́сарь, *m.* clerk.
писáть, написáть, to write.
пискли́вый, squeaky, shrill.
пистолéтъ, pistol.
пи́сьменный, writing —.
письмó, letter.
пить, *see* пивáть.
плáвать, плыть, to swim.
плáкать, to weep, cry.
плáмя, flame.
плáнъ, plan, project.
плати́ть, заплати́ть, to pay.
платóкъ, платóчекъ, handkerchief, kerchief, wrap.
платфóрма, platform.
плескъ, splash(ing).
плести́, to plait, twine, wattle.
плетёный, plaited, wattled.
плеть, *f.* whip.
плечó, shoulder.
плóтность, *f.* solidity, portliness.
плóтный, solid, sturdy, thickset; compact, dense.
плохóй, bad; ill.
площáдка (*dim.*), little space, platform, landing.
плóщадь, *f.* square, open space.
плѣня́ть, плѣни́ть, to captivate, charm.
плѣши́вый, bald.
плѣшь, *f.* bald patch.
плю́шевый, of plush, velvet.
по, along, on, according to, at the rate of; after.
поби́ть, *see* бить, to beat, thrash.
поближе, a little nearer.
поблѣднѣ́ть, to grow pale, turn white.

побра́ниваться, побрани́ться, to quarrel, squabble.

побря́киваніе, rattling.

побря́кивать, побря́кать, to rattle a little.

побуди́тельный, stimulating.

побужде́ніе, impulse, motive.

побѣ́гать, to run a little.

побѣжа́ть, see бѣ́гать.

повали́ться, see вали́ться.

повели́тельный, commanding; повели́тельно, in a tone of command.

повёртывать, поверну́ть, to turn; to roll up; to turn (*intr.*); -ся, to turn oneself, turn round, about (*intr.*)

повести́, see води́ть.

повзорва́ть, see взрыва́ть.

поводи́ть, повести́, to move about a little.

по́водъ, reason, ground.

пово́зка, пово́зочка, vehicle, carriage, waggon.

повора́чиваться, поворотѣ́ться, to turn round (*intr.*); to bestir oneself.

повторя́ть, повтори́ть, to repeat.

повы́сыпать, see высыпа́ть.

повы́ѣхать, see выѣзжа́ть.

повѣ́рить, see вѣ́рить.

повѣря́ть, повѣ́рить, to trust, confide, verify.

по́вѣсть, *f.* story, tale.

повя́зка, bandage.

повя́зывать, повяза́ть, to tie up, bandage.

погля́дывать, погляде́ть, to look, glance a little.

поговори́ть, to talk a little.

погоди́ть, to wait a little.

погоня́ть, погна́ть, to drive, urge on.

погребно́й, store-keeper.

погребо́къ, по́гребъ, cellar, underground magazine.

подава́ть, пода́ть, to give, hand to, give rise to.

подавля́ть, подави́ть, to suppress, stifle.

подбира́ть, подобра́ть, to gather up, pick up; to draw up (the legs).

подборо́докъ, chin.

подбѣга́ть, подбѣжа́ть, to run up to.

подверга́ть, подве́ргнуть, to inflict, expose, subject; -ся, to submit, expose oneself; подве́рженный (*p.p.*), subject to.

подвёртывать, подверну́ть, to thrust, slip under; to turn up; -ся, to slip under (*intr.*); подве́рнутый, *p.p.*

подвига́ть, подви́нуть, to move forward; -ся, to get on, move on (*intr.*), progress.

по́двигъ, exploit, deed.

подводи́ть, подвести́, to bring, lead up to.

подвя́зывать, подвяза́ть, to tie up, put into a sling.

поддава́ться, подда́ться, to surrender, give way to.

поддвига́ть, поддви́нуть, to move up, bring near.

подде́рживать, поддержа́ть, to maintain, keep, hold up.

подёргивать, подёргать, подёрнуть, to pull, tug; to twitch, shrug.

подеше́вле, rather cheaper.

поджимáть, поджáть, to draw in, press close; -ся, to draw oneself in.

подклáдывать, подложи́ть, to put underneath, support.

подкрѣплéніе, reinforcement.

подкрѣплáть, подкрѣпи́ть, to reinforce, fortify; to refresh.

подлéцъ, rascal, wretch.

подлиннѣе, a little longer.

подложи́ть, see подклáдывать.

пóдлый, mean, vile.

пóдлѣ, by the side of, beside.

подми́гивать, подмигну́ть, to wink, give a wink.

поднимáть, подня́ть, to raise, lift, rouse; -ся, to rise, arise, get up, go up; пóднятый, p.p.

поднóсъ, tray.

подóбный, similar, such like.

подобострáстный, servile; obsequious.

пододвигáть, пододви́нуть, see поддвигáть.

подождáть, see ждать.

подозри́тельный, suspicious.

подозрѣвáть, to suspect.

подозрѣніе, suspicion.

подойти́, see подходи́ть.

подоспѣвáть, подоспѣть, to come up in time.

подполкóвникъ, lieutenant-colonel.

подпóрка, support, prop.

подпору́чикъ, sub-lieutenant.

подпры́гивать, подпры́гнуть, to spring up to; jolt along.

подражáть, to imitate, emulate.

подрóбность, f. detail, particular.

подрóбный, detailed; подрóбно, in detail.

подру́чный, led, spare (horses).

подсвѣ́чникъ, candlestick.

подскáкивать, подскакáть, to gallop up.

подскáкивать, подскочи́ть, to run up, leap up.

подступáть, подступи́ть, to advance, come up to.

подсѣдáть, подсѣсть, to sit down beside.

подтверждáть, подтверди́ть, to confirm.

подтру́нивать, подтруни́ть, to mock, jest (надъ).

поду́мать, see ду́мать.

поду́шка, pillow, cushion.

подхвáтывать, подхвати́ть, to join in (in conversation).

подходи́ть, подойти́, to go, come up to, approach.

подчиня́ться, подчини́ться, to submit.

подъ, below, under; near; at, to.

подъёмный, lifting; подъёмныя дéньги, travelling expenses.

подъѣзжáть, подъѣ́хать, to come, go, ride, drive up to.

подѣ́йствовать, see дѣ́йствовать.

пожáловать, to grant, bestow; добрó —, to be welcome; пожáлуйте, please (to express an invitation, or request).

пожáлуй, well, be it so! perhaps.

пожáлуйста, please.

пожáръ, conflagration, fire

пожáть, see пожимáть.

поживáть, to live, get along; какъ поживáете, how do you do?

пожимáть, пожáть, to press, squeeze; -ся, to shrug.

пожи́ть, to live (for a time).

пóза, pose, attitude.

позаботиться, see заботиться.
позажечь (perf.), to set fire to.
позвать, see звать.
позволять, позволить, to allow, permit.
поздно, late, too late.
поздороваться, see здороваться.
позеленѣлый, turned green.
познакомиться, see знакомиться.
позначительнѣе, more significant, important.
позоръ, shame, disgrace.
поймать (perf.), to catch.
пойти, see ходить.
пока, пока ... не, as (so) long as, while; until.
показывать, показать, to show, point out; -ся, to appear, seem (see казаться).
покамѣстъ, for the time being, meanwhile.
покармливать, покормить, to feed a little.
покатываться, покатиться, to roll, move on; to rock, shake (intr.).
покачивать, покачать, to shake, swing a little.
покачнуться, to rock, dangle (intr.).
покидать, покинуть, to forsake, abandon.
поклониться, see кланяться.
поклонъ, bow, salute.
покойный, quiet, calm, comfortable; late, deceased.
поколебать, see колебать.
поколотить, see колотить.
покорный, obedient, humble.
покоробиться, to become warped; to shrink.

покраснѣть, see краснѣть.
покровъ, cover, veil, shroud.
покрывать, покрыть, to cover; покрытый, p.p.
покупать, купить, to buy.
покуривать, покурить, to smoke a little, have a smoke.
пола, skirt, (coat-) tail, fold.
полагать, положить, to suppose.
полдень, m. midday.
поле, field; the fields.
полевой, wild, field —.
полезный, useful, profitable.
полётъ, flight.
ползать, ползти, to creep, crawl.
ползкомъ, on all fours.
поливать, полить, to pour over, water (plants).
полить (perf.), to pour (of rain).
полковникъ, colonel.
полковничій, of or belonging to the colonel.
полковой, regimental.
полкъ, regiment.
полнокровный, full-blooded.
полность, f. completeness; (съ) полностью, in full.
полно, полноте, enough! that will do!
полный, full; stout.
половина, half; middle.
положеніе, position, condition; regulations.
положить, see класть.
полоса, streak, strip.
полотняный, of linen.
полтина, полтинникъ, half a rouble.
полтораста, 150.
полуденный, of midday.
полуласкательный, half caressing, half petting.

полупрезри́тельный, half contemptuous.

полусвѣтъ, half-light.

получа́ть, получи́ть, to receive.

получе́ніе, receipt.

полчаса́, half-an-hour.

полъ, floor; half.

по́льзоваться, воспо́льзоваться, to make use of, profit by, make a profit for oneself.

по́льскій, Polish.

полюбова́ться, see любова́ться.

пома́лчивать, помолча́ть, to keep silence.

поме́ньше, a little smaller.

поми́ловать, to forgive, have mercy on; поми́луйте! (to express a protest), pray!

помири́ться, see мири́ться.

по́мнить, to remember.

помога́ть, помо́чь, to help.

помоли́ться, see моли́ться.

помолча́ть, see пома́лчивать.

помо́чь, see помога́ть.

по́мочь (pl. по́мочи), brace(s).

помо́щникъ, assistant.

по́мощь, f. help, assistance.

помыка́ть, to treat roughly, order about.

помѣща́ть, помѣсти́ть, to place, fix; -ся, to place, fix oneself, be placed.

помѣщикъ, landowner.

понапра́сну, in vain, uselessly.

понести́, see носи́ть.

понима́ть, поня́ть, to understand.

поноси́ть, to carry (for some time), wear; p.p. поно́шенный.

понра́виться, see нра́виться.

понтирова́ть, to stake.

понто́нъ, pontoon.

поня́тіе, understanding, idea.

пооборва́ть, see обрыва́ть.

поосмѣ́литься, to pluck up courage.

попада́ть, попа́сть, to fall, drop, hit, get into; -ся, to be met, be found; to be caught; ему́ попа́лся, he fell in with.

попоко́йнѣе, more quietly.

поправля́ть, попра́вить, to correct, adjust, put in order; -ся, to recover, get well.

попрека́ть, попрекну́ть, to reproach, blame.

попро́бовать, see про́бовать.

попу́кивать, to "blaze away," keep firing at.

популя́рность, f. popularity.

попыта́ть, see пыта́ть.

пора́, time, opportunity; поро́й, sometimes; пора́, it is time; съ тѣхъ поръ, since (then); до — —, пока́, until; до сихъ —, till now.

поража́ть, порази́ть, to strike, astound, affect; поражённый, p.p.

поразговори́ться, to get into conversation.

порази́тельный, striking, startling, impressive.

поразсказа́ть, to tell (a little).

поровня́ться, to come up level with.

поро́гъ, threshold.

по́рознь, separately.

порохово́й, powder —.

по́рохъ, (gun)powder.

пóртерный, of porter; пóртерная бутылка, porter bottle.

пóртеръ, porter (dim. gen. пóртерку).

пóртить, испóртить, to spoil.

поручáть, поручить, to entrust, give in charge.

поручéніе, mission, charge, commission.

поручикъ, lieutenant.

порывистый, violent, abrupt; gusty.

порядокъ, order.

порядочность, f. orderliness; straightforwardness.

порядочный, orderly, proper; fair-sized.

посáдка, seat (on horseback).

посвистываніе, whistling.

посидѣть, to sit a little.

поскакáть, see скакáть.

поскорѣе, quickly, at once.

послáть, see посылáть.

послужить, see служить.

послушать, see слушать.

послышаться, see слышаться.

послѣ, after, afterwards.

послѣдній, last, latter.

послѣдовать, see слѣдовать.

посмотрѣть, see смáтривать.

посовѣтовать, see совѣтовать.

поспóрить, to dispute a little.

поспѣвáть, поспѣть, to arrive in time.

посреди, посрединѣ, in the middle, midst.

постáвить, see стáвить.

поставлять, постáвить, to supply, treat.

постéль, f. bed, bedding.

посторониться, see сторониться.

постоянный, constant, continuous.

постоять, to stand, stop (intr.) some time; постóй, stop!

пострóить, see стрóить.

поступáть, поступить, to act, behave; to enter.

постýпокъ, step, action, behaviour.

посылáть, послáть, to send.

посыпáться, посыпаться, to fall thickly, pour down.

посѣщéніе, visit.

потáлкиваться, потолкáться, потолкнýться, to push, jostle one another.

потащить, see таскáть.

потерпѣть, to have patience.

потéря, loss.

потерять, see терять.

потише, quietly, silently, noiselessly.

пóтность, f. sweaty condition.

пóтный, perspiring.

потолóкъ, ceiling.

потомý, therefore; потомý что, because.

потóмъ, then, thereupon, afterwards.

потрéбовать, see трéбовать.

потрудиться, see трудиться.

потрясáть, потрясти, to shake, agitate, convulse.

потушить, see тушить.

потъ, sweat, perspiration.

потягивать, потянýть, to pull, stretch; spread, rise.

похлóпывать, похлóпать, to slap, clap a little.

походить, to walk (a little).

похóдка, walk, gait.

похóжій, like, resembling.

похолодѣть, *see* холодѣть.

почему́, why? почему́-то, for some reason, somehow.

почёсывать, почеса́ть, to scratch a little.

починя́ть, почини́ть, to mend, repair; почи́ненный, *p.p.*

почита́ть, почѐсть, to consider; —, почти́ть, to respect.

почмо́кать, to make a noise (with the lips), click.

почти́, почитай (*pop.*), nearly, almost; почти́ не, hardly.

пошевели́ться, *see* шевели́ться.

пошёлъ, *past tense* of пойти́ (as *imper.*), "go on," "go away."

поэ́тому, therefore.

поя́рковый, felt (hat).

пра́вда, truth; indeed; не пра́вда-ли, is it not so?

пра́вило, rule, principle.

пра́вильный, regular, correct.

прави́тельство, government.

пра́во, right (*subst.*); indeed, it is true.

пра́вый, right.

пра́здникъ, holiday.

пра́здничный, festive.

практи́ческій, practical.

пра́порщикъ, ensign.

пребыва́ніе, stay, residence.

превосходи́тельство, excellency.

превосхо́дство, superiority.

преда́ніе, tradition.

предлага́ть, предложи́ть, to offer.

предмѐтъ, object, thing, subject.

предоставля́ть, предоста́вить, to leave to, reserve to.

предполага́ть, предположи́ть,

to suppose, intend; -ся, to be intended.

представлѐніе, presentation, report, recommendation.

представля́ть, предста́вить, to present; recommend (for promotion); — себѣ́, to picture to oneself, imagine.

предстоя́ть, to impend.

предчу́вствіе, presentiment.

предчу́вствовать, to feel beforehand, anticipate.

предуга́дывать, предугада́ть, to guess beforehand.

предупрежда́ть, предупреди́ть, to forestall, forewarn.

предъ, *see* пѐредъ.

прѐжде, before, first, formerly; — чѣмъ, before.

прѐжній, former.

презри́тельный, contemptuous.

презрѣ́ніе, contempt.

прекра́сный, beautiful, excellent; прекра́сно! very well!

прекраща́ть, прекрати́ть, to discontinue, stop, end (*trans.*); -ся, to come to an end, cease, stop (*intr.*).

прелѐстный, charming, delightful.

прѐлесть, *f.* charm.

преми́лый, very agreeable, very nice.

преодолѣва́ть, преодолѣ́ть, to master, overcome.

прерыва́ть, прерва́ть, to interrupt, break.

пресвята́я, most holy (Virgin).

преслѣ́дованіе, pursuit.

преспоко́йный, very quiet.

престо́лъ, throne.

преферáнсъ, preference (card-game).

при, at, in the presence of, in the time of, attached to; притомъ, besides.

прибавлять, прибáвить, to add.

прибивáть, прибить, to fix up, fasten; прибитый, *p.p.*

приближáться, приблизиться, to approach.

прибывáть, прибыть, to arrive; to be increased.

прибѣгáть, прибѣжáть, to come running, run up.

приводить, привести, to bring, lead.

привозить, привезти, to bring, convey.

привыкáть, привыкнуть, to get accustomed to; я привыкъ, I am used to....

привычка, habit, custom.

привязывать, привязáть, to tie, fetter.

пригибáться, пригнýться, to bend down (*intr.*).

приглашáть, пригласить, to invite.

приговáривать, to add (in speaking).

пригорѣлый, slightly burnt, scorched.

приготáвливать, приготовлять, приготóвить, to prepare; приготóвленный, *p.p.*

придавáть, придáть, to add, increase.

придáвливать, придавить, to press on; to pin down.

придéрживать, придержáть, to hold, hold back; -ся, to keep close to, stick to.

придýмывать, придýмать, to think out, devise.

прижимáть, прижáть, to press, squeeze; -ся, to squeeze, press close to.

признавáть, признáть, to acknowledge, own; to know, recognize as...; -ся, to confess, own, admit.

признакъ, indication, symptom, sign.

приказáніе, order.

прикáзывать, приказáть, to order.

прикáзъ, order.

прикомандирóвывать, прикомандировáть, to attach (to a regiment, etc.).

прикрытіе, cover, supports.

прилетáть, прилетѣть, to come flying, fly to.

прилéчь, to lie down.

приливáть, прилить, to flow to.

прилипáть, прилипнуть, to stick to, cleave to.

приличный, fitting, proper.

примóрскій, coastal, coast —.

примѣшивать, примѣшáть, to mix, add to.

принадлежáть, to belong.

принадлéжность, *f.* appurtenance, requisite.

принимáть, принять, to receive, accept; to take (upon oneself); — за, to take for; — учáстіе, to take part; — ся за дѣло, to set to work.

приносить, принести, to bring, carry.

принуждáть, принýдить, to oblige, force, constrain; принуждéнный, *p.p.*

приподнима́ть, приподня́ть, to lift up; -ся, to get up; to raise oneself.

припомина́ть, припо́мнить, to remind; to recollect.

приса́живаться, присѣ́сть, to sit down.

прислу́га, crew (of a gun).

прислу́живать, to wait upon.

прислу́шиваться, прислу́шаться, to listen to.

присоединя́ться, присоедини́ться, to join (*intr.*).

пристава́ть, приста́ть, to come up, join; to pursue closely, bother (къ).

при́стальный, attentive, fixed.

прису́тствіе, presence.

прису́тствовать, to be present.

присыла́ть, присла́ть (пришлю́, пришлёшь), to send.

присѣда́ть, присѣ́сть, to crouch down.

прися́га, oath.

прита́птывать, притопта́ть, to stamp, tread down.

притворя́ться, притвори́ться, to pretend.

притяза́тельный, having pretensions.

приходи́ть, прийти́, to come, arrive; — въ себя́, to recover (consciousness, self-possession, etc.); мнѣ прихо́дится (придётся), I must, have to.

прихо́дъ, arrival.

причи́на, cause, reason.

пріобрѣта́ть, пріобрѣсти́, to obtain, acquire, secure, get.

пріостана́вливать, пріостанови́ть, to stop, pull up; -ся, to stop (*intr.*).

пріѣ́здъ, arrival.

пріѣзжа́ть, пріѣ́хать, to arrive.

пріѣзжій, newcomer.

пріятель, *m.* friend.

пріятельница, (lady) friend.

пріятный, agreeable, pleasant, welcome.

про, about, concerning; говори́ть про себя́, to say to oneself.

пробива́ть, проби́ть, to break through; — себѣ доро́гу, to make a way for oneself; -ся, to make one's way through; to grow.

пробира́ться, пробра́ться, to slip through, make one's way through, along.

про́бовать, попро́бовать, to try, get a taste of.

пробо́ина, hole.

пробормота́ть (*perf.*), to mutter.

пробы́ть, to remain, stay (for a time).

пробѣга́ть, пробѣжа́ть, to run past, through, along.

провиня́ться, провини́ться, to be guilty; to do wrong.

провіа́нтъ, provisions.

проводи́ть, провести́, to lead through, lead past, conduct; to pass, spend (time).

проводни́къ, guide.

провожа́ть, проводи́ть, to accompany, escort.

провозглаша́ть, провозгласи́ть, to proclaim, announce.

проворча́ть, *see* ворча́ть.

провѣ́дывать, провѣ́дать, to enquire for, visit.

проговáривать, проговорить, to utter, say.

прогýливаться, прогуляться, to take a walk, stroll.

продавáть, продáть, to sell.

продовóльствіе, provisioning, provender.

продолговáтый, elongated, oblong.

продолжáть, продóлжить, to continue ; -ся, to continue.

продолжéніе, continuation, course (of time); въ —, during.

продолжительный, lasting.

прожужжáть, to whizz past.

прозвучáть, to resound.

проигрывать, проигрáть, to lose.

производить, произвести, to produce, carry out, do.

произвóлъ, will, arbitrariness.

происхождéніе, origin, descent.

пройти, see проходить.

прокладывать, проложить, to trace, lay out.

проклятіе, curse.

проклятый, cursed, damned.

прокрикивать, прокричáть, to shout out, exclaim.

пролетáть, пролетѣть, to fly past, through.

пролѣзáть, пролѣзть, to crawl through, slip through.

промелькáть, промелькнýть, to flash through.

промычáть, to bellow ; to mutter.

пронзительный, piercing.

проникáть, проникнуть, to penetrate, pierce.

пропадáть, пропáсть, to fall through; to get lost, perish.

прóпасть, f. multitude ; a great quantity.

пропитывать, пропитáть, to steep, impregnate.

пропускáть, пропустить, to let through, pass; to pass over, omit.

прорывáть, прорыть, to dig through.

прорывáть, прорвáть, to tear through, tear open.

прорысивать, прорысить, to trot past, along.

просвистывать, просвистáть, просвистѣть, to whistle, whistle past.

просвѣтлéніе, enlightening ; illumination.

просвѣтлѣть, to grow light ; to lighten up (intr.).

просвѣчивать, to shine through.

просиживать, просидѣть, to pass time sitting.

просить, попросить, to ask for, beg ; -ся, to offer oneself, volunteer.

проскáкивать, проскакáть, to gallop past, along.

просóвывать, просýнуть, to thrust through, into.

простáивать, простоять, to stand, stay (a certain time).

простодýшіе, simplemindedness, simplicity.

простóй, simple, ordinary, common, plain ; простымъ глáзомъ, with the naked eye.

просýнуть, see просóвывать.

просыпáться, проснýться, to wake up, awaken.

прóсьба, prayer, request.

проталкиваться, протолкаться, протолкнуться, to push, force a way through.

протереть, *see* протирать.

противный, contrary; repulsive.

противоположность, *f.* the opposite, contrary, contrast.

противорѣчить, to contradict.

прότивъ, against; opposite to; compared with.

протирать, протереть, to wipe, rub.

протяжный, prolonged; slow; drawling.

проходить, пройти, to go past, pass, go through, across, along.

прохожій, passing, passer-by.

прочитать, прочесть, *see* читать.

прочій, other, remaining.

прочный, solid, durable.

прочь, away.

прошедшее, past (*subst.*).

прошедшій, past, former.

прошибать, прошибить, to pierce, break through.

прошлый, past, last.

прощальный, of leave-taking.

прощаніе, leave-taking, farewell.

прощать, простить, to forgive; прощай(те), good-bye; -ся, to say good-bye, to take one's leave.

прощеніе, forgiveness, pardon; прощенья просимъ (*pop.*), good-bye.

проѣзжать, проѣхать, to come, go, ride, drive past, through.

проѣзжій, passing through, along; traveller.

прыгать, прыгнуть, to leap.

прямой, straight, direct.

прятать, спрятать, to hide, put away; -ся, to hide, disappear.

прятки, *f. pl.*, играть въ прятки, to play hide and seek.

птица (-чка, *dim.*), bird.

пулька, pool (in card-games); small bullet.

пуля, bullet.

пунктъ, point.

пускать, пустить, to let, let loose, let go, pass.

пустой, empty; foolish, vain.

пустынный, deserted, waste.

пусть (пускай), let.

пустяки, *m. pl.* nonsense.

путеводительный, guiding.

путь, *m.* way; journey.

пухлый, swollen, plump, fat.

пушка, gun, cannon.

пушокъ, down, fine hair.

пущать (*pop.*) = пускать.

пыль, *f.* dust.

пытать, попытать, to attempt, try; -ся, to try, endeavour.

пыхтѣть, to pant.

пьяноватый, tipsy.

пьяный, drunk.

(пѣвать), пѣть, спѣть, to sing.

пѣвучій, singing.

пѣна, foam.

пѣсенка (*dim.*), пѣсня, *f.* song.

пѣхота, infantry.

пѣхотный, infantry —.

пѣшкомъ, on foot.

пюпитръ, desk, music-stand.

пятно, spot.

пятновидный, appearing in patches.

пятый, fifth.

пять, five.
пятьдесятъ, fifty.
пятьсотъ, five hundred.

Работа, work, field-work.
рабочій, workman, labourer
рабски, slavishly.
равнодушіе, indifference.
равнодушный, indifferent.
равномѣрный, measured.
равный, equal, even; всё
равно, all the same; it does
not matter.
ради, for, for the sake of.
радостный, cheerful, joyful.
радость, f. joy, happiness.
радужный, rainbow-tinted,
iridescent, radiant.
радъ, glad, happy.
разбивать, разбить, to destroy,
break, smash; to set up; -ся,
to dash, bruise oneself.
разбирать, разобрать, to examine, gather, make out.
разбить, see разбивать.
разбуждать, разбудить, to
wake up, awaken.
разбѣгаться, разбѣжаться, to
scatter, disperse (intr.).
разваливать, развалить, to
cast down, demolish, ruin.
развёртывать, развернуть, to
unroll, open.
развивать, развить, to deve-
lop; -ся, to untwine (intr.);
to be developed, drawn out;
развитый, p.p.
развратникъ, libertine.
развѣ, can it be that...? then?
perhaps.
развѣваться, развѣяться, to
float, flutter.

развязный, free, easy; -но,
unconcernedly.
развязывать, развязать, to
untie, undo.
разгаръ, highest degree of
heat; во всёмъ разгарѣ, in
full blast.
разгибаться, разогнуться, to
unbend (intr.), be straight-
ened, straighten oneself.
разговаривать, to converse,
talk; разговориться, to get
into a fit of talking.
разговоръ, conversation.
разгонять, разогнать, to drive
away, dispel.
разгораться, разгорѣться, to
catch fire; to get flushed.
разгорячаться, разгорячить-
ся, to become angry, excited,
fly into a passion.
разгуливаться, разгуляться, to
clear up; to have an easy
time, enjoy oneself.
раздавать, раздать, to distri-
bute; -ся, to resound, ring,
be heard.
раздавливать, раздавить, to
crush, smash.
раздвигивать, раздвигать,
раздвинуть, to move asun-
der, push aside.
раздумье, hesitation, doubt.
разжигать, разжечь, to make
red-hot, kindle.
рази (pop.), see разве.
разливать, разлить, to pour
out, spill; -ся, to flow over,
overflow, flow apart.
различать, различить, to distinguish.
различный, different.

разложи́ть, *see* расклады́-
вать.

разма́хивать, размахну́ть, to
swing, brandish, flourish.

разнообра́зный, various, va-
ried.

разноро́дный, various, diverse,
heterogeneous.

ра́зный, various.

разогна́ть, *see* разгоня́ть.

разочарова́ніе, disappoint-
ment, disillusionment.

разража́ть, разрази́ть, to
break, shatter; -ся, to burst
out.

разра(о)ста́ться, разрости́сь,
to grow, spread, extend.

разруша́ть, разру́шить, to
destroy, ruin, demolish.

разрыва́ть, разорва́ть, to tear
to pieces; (*impers.*)to burst;
-ся, to be torn; to burst.

разры́въ, rupture, bursting.

разрѣзывать, разрѣза́ть, раз-
рѣ́зать, to cut, break, part;
-ся, to break (waves).

разска́зъ, story, narrative.

разска́зывать, разсказа́ть, to
relate, narrate, tell.

разсма́тривать, разсмотрѣ́ть,
to examine, make out.

разспра́шивать, разспроси́ть,
to question, enquire.

разставля́ть, разста́вить, to
dispose, arrange, set out.

разстёгивать, разстегну́ть, to
unbutton; -ся, to unbutton
one's coat.

разстила́ть, разостла́ть, to
spread, lay out.

разстоя́ніе, distance.

разстра́ивать, разстро́ить, to
put out, disconcert, anger;

-ся, to fall out, quarrel;
разстро́енный, *p.p.*

разсуди́тельность, *f.* sound
judgment, good sense.

разсужда́ть, разсуди́ть, to
reason, deliberate, argue.

разсужде́ніе, consideration,
deliberation; въ разсуж-
де́ніи, in regard to.

разсыпа́ться, разсы́паться, to
be scattered; to let oneself
go, launch forth.

разумѣ́ть, to understand;
разумѣ́ется, of course.

разсчётъ, calculation, reckon-
ing; advantage.

разсчи́тывать, разсчита́ть,
разсчёсть, to calculate,
reckon.

разъ, time; once; два ра́за,
twice; ра́зомъ, all at once;
какъ разъ, right, exactly.

разъяря́ть, разъяри́ть, to ex-
asperate.

ра́ма, frame.

ра́на, wound.

ра́неный, wounded man.

ра́нить, to wound; ра́ненный,
p.p.

ра́но, early.

раска́тъ,slope; раска́ты,rolling
(of thunder, gunfire, etc).

раска́чивать, раскача́ть, to
swing, set swinging.

раска́яніе, remorse, repent-
ance.

раскла́дывать, разложи́ть, to
lay out, dispose; -ся, to
be disposed, scattered.

расковы́ривать, расковыря́ть,
to pick out, loosen.

раскрыва́ть, раскры́ть, to
throw open, reveal.

распа́хиваться, распахну́ться, to fly open.

распла́чиваться, расплати́ться, to pay up, settle up.

расплю́щивать, расплю́снуть, to flatten out.

располага́ть, расположи́ть, to place, dispose; -ся, to place, post, instal oneself.

расположе́ніе, disposition;
— ду́ха, temper, mood.

распоряжа́ться, распоряди́ться, to arrange, take measures.

распуска́ться, распусти́ться, to open (out) (intr.).

распуха́ть, распу́хнуть, to swell up.

расте́рзывать, растерза́ть, to harrow, tear, dishevel.

расте́риваться, растеря́ться, to be confused, abashed.

растя́гиваться, растяну́ться, to stretch oneself out.

расходи́ться, разойти́сь, to separate, disperse, spread.

расхохота́ться, to burst out laughing.

расцелова́ть, to cover with kisses.

расчётъ, see разсчётъ.

расчу́вствоваться, to give way to one's feelings.

рвать, see рыва́ть.

ребёнокъ, child; pl. ребя́та (дѣ́ти), lads.

ревнова́ть, to be jealous (къ).

рёвъ, roar.

реду́тъ, redoubt.

резе́рвъ, reserve.

результа́тъ, result, outcome.

реля́ція, report.

реми́зиться, to pay a fine.

репута́ція, reputation.

ри́за, setting of an ikon.

рискова́ть, рискну́ть, to risk.

рискъ, risk, venture.

рису́рсъ, resource.

ро́бкій, shy, timid.

ро́бость, f. shyness, timidity.

робѣ́ть, to be timid, feel embarrassment.

ро́вно, exactly.

ро́вный, even, level.

ровнѣ́е, more evenly, steadily.

ровъ, trench, ditch.

рога́тка, chevaux de frise.

роговой, of horn.

родъ, kind, sort; gender.

ро́дственникъ, relative.

рожда́ться, роди́ться, to be born, spring up.

ро́занъ, rose, rose-bush.

розова́тый, pinkish.

ро́зовый, of roses, rosy, pink.

рой, swarm.

роковой, fateful, fatal.

роня́ть, урони́ть, to drop.

роси́стый, dewy.

ростъ, growth; stature.

ро́та, company.

ро́тмистръ, captain of cavalry.

ро́тный, company —; company-leader.

ротъ (gen. рта), mouth.

руба́ха (pop.), руба́шка, shirt.

рубль, m. rouble.

руга́ть, руга́ться, to abuse, swear at, call names.

ружéйный, of rifles, rifle —.

ружьё, rifle.

рука́, hand, arm; подъ руку, (take) by the arm, (go) arm in arm; на руку! support arms!

рука́въ, sleeve.

руководи́ть, to lead, guide.

руково́дство, guidance ; text-book, guide, manual.

рукопа́шный, hand-to-hand.

румя́нецъ, redness ; colour (of the face).

ру́сскій, Russian.

ру́сый, fair-haired.

(рыва́ть), рвать, to tear, pluck, (impers.) burst; -ся, to be torn ; to burst.

рыда́ніе, sob(bing).

рыжева́тый, reddish-haired.

ры́жій, red-haired.

рыси́ть, to trot.

рысца́ (dim.), gentle trot.

рысь, f. trot; ры́сью, at a trot.

рѣ́дкій, rare, scarce ; рѣ́дко, seldom.

рѣ́дкость, f. rarity.

рѣ́же, less frequent(ly).

рѣ́зкій, cutting, sharp; marked.

(рѣ́зывать), рѣ́зать, to cut.

рѣчь, f. speech, talk, mention ; рѣчь идётъ о, it is about....

рѣша́ть, рѣши́ть, to decide, determine; -ся, to make up one's mind, decide.

рѣши́мость, f. determination.

рѣши́тельный, determined, decisive ; — но, decidedly, absolutely.

рю́мочка, little glass.

рядово́й, private (soldier).

ря́домъ (съ), in line with, side by side, alongside.

Са́белька (dim.), little sword.

са́бля, sword, sabre.

сади́ться, сѣсть, to sit down.

садъ, garden.

са́жень, f. a sazhen (7 feet).

салфе́тка, table-napkin.

са́льный, of tallow ; greasy.

самова́ръ, samovar.

самодово́льный, self-satisfied.

самодово́льство(ie), self-satisfaction.

самолюби́вый, selfish, egotistical.

самолю́біе, self-love, egotism.

самонадѣ́янный, self-confident ; presumptuous.

самоотверже́ніе, self-denial.

самосохране́ніе, self-preservation.

са́мый, са́мая, са́мое, very ; even; самъ, сама́, само́, self ; — по себѣ́, of oneself, itself.

сапёрный, sapper —.

сапо́гъ, boot.

са́харъ, sugar.

сбива́ть, сбить, to knock off ; сбить съ ногъ, to knock down ; -ся, to slip, stray; to become confused.

сбира́ться, see собира́ться.

сбо́ку, on, at the side.

сбра́сывать, сбро́сить, to fling down, off.

сбыва́ться, сбы́ться, to be realized ; to come true.

сбѣга́ть, сбѣжа́ть, to run down, away, off.

све́рху, from above, above.

свива́ться, сви́ться, to coil, twist, twine (intr.).

свида́ніе, seeing one another again, rendez-vous ; до свида́нія, au revoir.

свидѣ́тельство, attestation, testimony, certificate.

свистать, свистѣть, свистнуть, to whistle.

свистъ, whistling.

свита, suite, staff.

свободный, free; voluntary.

сводъ, arch, vault.

свой, своя, своё, possessive pronoun referring to the subject of the sentence.

свыкаться, свыкнуться, to get accustomed to.

свысока, condescendingly.

свѣдѣніе, information.

свѣжій, fresh.

свѣтило, luminary; sun.

свѣтить, to give light, shine, gleam; -ся, to shine, glisten.

свѣтлый, bright, clear.

свѣтлѣе, brighter; more clearly.

свѣтскій, worldly; of society.

свѣтъ, light; world; society; на томъ свѣтѣ, in the other world.

свѣча, candle.

свѣчка (dim.), candle.

связывать, связать, to tie together, bind.

святой, sacred, holy; saint.

священникъ, priest.

сгибаться, согнуться, to bend down.

сгоряча, in a passion, heat of the moment.

сдавливать, сдавить, to press, crush, weigh upon.

сдерживать, сдержать, to keep, hold back, restrain, hold tight.

сдирать, содрать, to skin, flay; дорого содрать съ, to fleece.

сдѣлать, see дѣлать.

себѣ, dat. prep. him-, her-, itself or themselves.

себя, gen. acc. (of) him-, her-, itself or themselves.

севастопольскій, of Sevastopol.

сей, сія, сіе, this.

сейчасъ, directly, at once; only just.

секретъ, secret; по секрету, secretly, confidentially.

секунда, second.

семейство, family.

семнадцать, seventeen.

семь, seven.

семьдесять, seventy.

сенаторъ, senator.

сердитый, angry, cross.

сердить, to vex; -ся, to get angry.

сердце, heart.

серебряный, silvery, silver —.

с(е)реда, Wednesday.

середина, middle.

серьёзный, serious.

сестра, sister.

сжатый, compact, dense.

сжимать, сжать, to squeeze, compress; -ся, to contract, shrink.

сзади, from behind, behind.

сигара, cigar.

сигарочница, cigar(ette)-case (or holder, p. 59, l. 20).

сигналъ, signal.

сидячій, sitting.

(сиживать), сидѣть, to sit.

сикурсъ, assistance.

сила, strength, force, vigour.

сильный, strong, violent.

сильнѣе, stronger; more strongly.

сильнѣ́йшій, stronger, strong-
est, very strong.
симферо́польскій, of Simferopol.
си́ній, blue.
си́тцевый, of printed calico.
сію́ (сю), *see* сей.
сія́ніе, shining, gleaming.
ска́зка, story, tale.
ска́зывать, сказа́ть, to say,
tell;—рѣ́чь,to make a speech.
скака́ть, поскака́ть, to gallop.
ска́терть, *f.* tablecloth.
ска́тывать, скята́ть, to roll up.
ска́тываться, скати́ться, to
roll away, down.
скве́рный, nasty, horrid.
сквозь, through.
складно́й, folding; — ножъ,
pocket-knife.
складъ, syllable; чита́ть по
склада́мъ, to spell out.
скла́дывать, сложи́ть, to lay,
put together; to fold;
сло́женный, *p.p.*; ду́рно
сложёнъ, badly set up;
-ся, to be formed, shaped.
скло́нность, *f.* tendency, disposition, inclination.
склоня́ть, склони́ть, to incline,
bend; to decline.
ско́лько, how much, many;
as far as; не сто́лько...
ско́лько, not so much...as.
ско́рый, quick; ско́ро, quickly,
soon; какъ ско́ро, as soon
as; скорѣ́е, (more) quickly; rather, sooner.
скрести(и́) (скребу́), -ся, to
scrape.
скре́щиваться, скрести́ться,
to cross each other.

скро́мный, modest.
скрость (*pop.*) = сквозь.
скрыва́ть, скрыть, to hide,
conceal; -ся, to disappear.
скула́, cheek-bone.
скупи́ться, to be stingy.
скупо́й, stingy, mean.
ску́чный, dull, boring; мнѣ
ску́чно, I am bored, dull.
сла́бость, *f.* weakness.
сла́бый, weak, ill, slight, dim;
слабѣ́е, weaker.
сла́ва, glory; — Бо́гу, thank
God.
сла́вный, glorious, splendid,
famous, fine; сла́вно, splen-
didly; first-rate!
славя́нскій, Slav.
сла́дкій, sweet.
сла́мывать, слома́ть, сломи́ть,
to break, demolish.
слегка́, slightly.
слеза́, tear.
слезли́вый, tearful, weeping.
слёзный, tearful, mournful.
слива́ть, слить, to mingle;
-ся, to flow together, be
mingled, fuse, blend.
сли́вки, *f. pl.* cream.
слипа́ться, сли́пнуться, to
stick together.
сли́шкомъ, too (much).
слобо́дка, suburb, outskirts.
сло́во, word.
словоохо́тливый, talkative.
сложи́ть, *see* скла́дывать.
слой, stratum, grade.
слома́ть, *see* сла́мывать.
слуга́, servant.
слу́жба, service; поступи́ть на
слу́жбу, to enter the service.
служи́ть, послужи́ть, to serve.

слухъ, hearing, ear.

случай, occasion, opportunity, event; на всякій —, for any emergency.

случайность, *f.* chance, accident.

случаться, случиться, to happen.

слушать, послушать, to listen hear; слушаю-сь, "very good, sir."

слыхивать, слыхать, (*iterative*) to hear.

слышать, услышать, to hear; слышаться, послышаться, to be heard, be audible.

слышный, audible, heard.

слѣва, from, on the left.

слѣдить, to watch, observe.

слѣдовательно, consequently.

слѣдовать, послѣдовать, to follow, come next; to result, ensue; какъ слѣдуетъ, as one ought, properly; не слѣдуетъ, one ought not, it does not follow; слѣдующій, the following.

слѣдъ, trace; reason.

слѣзать, слѣзть, to descend, dismount.

(сматривать), смотрѣть, посмотрѣть, to look (at), see.

смертельный, mortal, fatal.

смерть, *f.* death.

сминать, смять, to trample, ruffle, dent; смятый, *p.p.*

сморщиваться, сморщиться, to frown.

смотритель, *m.* inspector, superintendent.

смотръ, review.

смрадный, evil-smelling.

смрадъ, stench.

смута, riot; alarm.

смутный, confused, troubled.

смущать, смутить, to trouble, confuse, disconcert; -ся, to become confused.

смыслъ, sense, meaning.

смѣлый, bold, daring.

смѣнять, смѣнить, to remove, replace, relieve; compare.

смѣть (смѣю, смѣешь), to dare, venture.

смѣхъ, laughter; поднять на смѣхъ, to make fun of.

смѣшивать, смѣшать, to mix, intermingle; -ся, to mingle (*intr.*), get confused.

смѣшной, ridiculous, funny.

смѣяться, to laugh (надъ, at).

снарядъ, projectile.

сначала, from the beginning, from the first, at first.

снимать, снять, to take off.

снобъ, snob.

снова, again. afresh.

сносить, снести, to carry down, off; collect; снесённый, *p.p.*

сношеніе, relation.

снять, *see* снимать.

собака, dog.

собирать, собрать, to collect, gather up; -ся, to collect (*intr.*); собираться, to prepare to go, be about to.

собственный, own.

соваться (суюсь, суёшься), to thrust, shove oneself.

совершенный, complete, perfect; — но не, not at all.

совершать, совершить, to accomplish, perform.

соврать (*perf.*), to lie.

совсѣмъ, entirely, completely, quite, altogether; — не, not at all, by no means.

сóвѣстный, of the conscience; емý сóвѣстно бы́ло, he was ashamed, had scruples.

сóвѣсть, *f.* conscience; по сóвѣсти, on one's conscience.

совѣтовать, посовѣтовать, to advise, counsel.

совѣтъ, council; advice.

соглáсіе, concord, assent, consent.

соглашáться, согласи́ться, to consent, agree.

согнýться, *see* сгибáться.

согрѣшéніе, sin, transgression.

содрáть, *see* сдирáть.

содрогáніе, trembling, emotion.

содрогáться, содрогнýться, to tremble, shudder.

соединять, соедини́ть, to connect, join; -ся, to be joined.

сожалѣніе, regret, compassion.

создáніе, creation, creature.

создáтель, *m.* creator.

сознáніе, consciousness.

солдáтикъ, солдати́шка, *m.* (*dim.*) soldier.

солдáтскій, of soldiers, military.

солдáтъ, soldier.

сóлнце, sun.

сомнѣвáться, to doubt.

сомнѣніе, doubt.

сонъ, sleep.

соображáть, сообрази́ть, to consider.

соображéніе, idea, consideration.

сообрáзный, similar, consistent; -но, in conformity with.

сообщá, conjointly, together.

сообщéніе, communication.

сопровождéніе, accompaniment, escort.

сóрокъ, forty.

сóртъ, sort, kind.

сосáть, to suck.

соскýчиваться, соскýчиться, to be bored.

сослóвіе, social grade.

сослужи́вецъ, colleague, fellow-officer.

сосредотóченный, concentrated.

составля́ть, состáвить, to put together, form, compose.

состоя́ніе, condition; fortune, private means.

состоя́ть, to consist.

сострадáніе, pity, sympathy.

сóтня, a hundred (*collectively*).

сóтый, hundredth.

сочýвствіе, sympathy.

спасáть, спасти́, to save, rescue; спасти́сь, to be saved, escape.

спасéніе, rescue, saving, safety.

спаси́бо, thanks, thank you!

спать (сплю, спишь), to sleep.

спервá, at first, first of all.

спéреди, from, in front.

спеціáльный, special.

спинá, back.

спирáться, спери́ться, to be compressed, pressed together.

спиртовóй, spirit —.

спи́сокъ, list.

спокóйный, quiet, calm.

спокóйствіе, calmness.

спóрить, to quarrel, argue.

спóрщикъ, quarreller, stickler.

спосо́бность, *f.* capacity, capability.

спотыка́ться, споткну́ться, to stumble, flounder.

спра́ва, from *or* on the right.

справедли́вый, just, right.

спра́вка, enquiry, estimate.

спра́шивать, спроси́ть, to ask, ask for.

спря́тать, *see* пря́тать.

спуска́ть, спусти́ть, to let go, down; to let fall, drop; to let fly, (*fam.*) spend; -ся, to drop (*intr.*), descend, sink; to move off.

спѣть, *see* пѣва́ть.

сра́внивать, сравни́ть, to compare; -ся, to compare oneself, be compared, equal.

сража́ть, срази́ть, to strike, knock down; -ся, to fight.

сраже́ніе, battle, fight.

сра́зу, at once.

среди́на, *see* середи́на.

сре́дній, middle, average.

сре́дство, means, way.

срокъ, term, due date, time.

ста́вить, поста́вить, to place, put, set; to stake.

ста́до, herd, swarm, flight.

(ста́ивать), стоя́ть, to stand, be quartered, stationed.

стака́нчикъ, little glass.

стака́нъ, glass.

ста́лкивать, столкну́ть, to push off, down; -ся, to knock against one another, collide; to fall in with.

стани́на, cheek (of a gun-carriage).

станови́ться, стать, to place, put oneself; to begin; to grow, become; стать на

колѣни, to kneel down; ста́ло быть, therefore.

стано́къ, stand.

ста́нція, station.

стара́ться, постара́ться, to try.

ста́ренькій, oldish.

старичо́къ (*dim.*), old man.

ста́рость, *f.* old age.

стару́ха, old woman.

ста́ршій, older, oldest, elder.

ста́рый, old.

статья́, article; matter.

стёганый, quilted.

стекло́, glass, pane of glass.

сте́пень, *f.* degree.

сти́скивать, сти́снуть, to press together, squeeze, clench.

стиха́ть, сти́хнуть, to become silent; to die down, away.

сто, hundred.

сто́ить, to cost, be worth, worthy of; не сто́итъ, it is not worth while.

сто́ликъ, little table.

столкну́ть, *see* ста́лкивать.

столпи́ться, *see* толпи́ться.

столъ, table, board.

столь, so; сто́лько, so much, many.

стонъ, groan.

сторона́, side, part, direction; въ -у, aside; на той -ѣ, on the other side; со -и́, on the side, on the part of.

сторони́ться, посторони́ться, to step aside, make way.

стоя́ть, *see* ста́ивать.

страда́лецъ, sufferer.

страда́льческій, suffering.

страда́ніе, suffering.

страда́ть, to suffer.

стра́нность, *f.* strangeness; strange thing.

стра́нный, strange, peculiar.
страсть, *f.* passion; terror.
страхъ, fear, terror.
стра́шный, fearful; awful; ему́ сде́лалось стра́шно, he became frightened.
страшне́е, more fearful(ly).
стремгла́въ, headlong.
стреми́ться, to rush, hasten.
стре́мя, stirrup.
стро́гій, severe, strict, stern.
строе́ніе, building.
строй, rank, line.
стро́йный, straight, shapely, well-built.
стро́ить, постро́ить, to build, erect; -ся, form up (*mil.*).
стру́сить, *see* тру́сить.
стрѣльба́, firing; shooting.
стрѣля́ть, стрѣльну́ть, to fire, shoot.
сту́кать, сту́кнуть, to knock, strike.
стулъ, chair (*n. pl.* сту́лья).
ступа́ть, ступи́ть, to step, tread, walk.
сту́церъ, rifle.
стуча́ть, постуча́ть, to tap, knock, beat.
стыди́ться, to be ashamed.
стыдли́вый, shame-faced, bashful, timid.
стыдно (*impers.*), to be a-shamed; ему́ ста́ло сты́дно, he felt ashamed.
стыдъ, shame.
стѣна́, стѣнка, wall.
стѣнно́й, mural; стѣнны́е часы́, clock.
су́дарь, *m.* Sir; master.
суди́ть, посуди́ть, to judge.
су́дорожный, convulsive.

судьба́, fate, destiny.
суевѣ́рный, superstitious.
суети́ться, to bustle, fidget, be restless.
суетли́вый, restless, excited.
сужде́ніе, judgment, opinion.
су́мерки, *f. pl.* twilight.
су́мка, bag, pouch, satchel.
суро́вый, severe, harsh, rough.
су́тки, *f. pl.* 24 hours, day and night.
суту́лова́тый, round-shouldered, stooping.
сухо́й, dry; lean, thin.
существо́, being.
существова́ть, to exist.
су́щность, *f.* essence, being; въ су́щности, in reality.
схва́тка, fight, skirmish.
схва́тывать, схвати́ть, to seize, catch, lay hold of; -ся, to grasp, lay hold of (за).
сходи́ть, сойти́, to go down, descend, leave; -ся, to meet, come together, join.
сходи́ть (*perf.*), to go; — за, to fetch.
сце́на, scene.
сча́стіе, good fortune, luck; къ, по сча́стію, luckily.
сча́стливо, happily; safely.
сча́стливый, happy; safe.
счётъ, account, statement.
счёты, *m. pl.* counting-board.
счита́ть, счесть, to count, reckon; to consider, regard.
съ, со, with; from, since; about.
съѣ́здить (*perf.*), to go.
съѣзжа́ть, съѣхать, to drive, ride down (*intr.*).

сынъ, son.
сы́пать, посы́пать, to strew;
  -ся, to fall through.
сыро́й, damp.
сы́рость, *f.* dampness.
сыръ, cheese.
сѣдло́, saddle.
сѣдо́й, grey-haired.
сѣни, *f. pl.* hall, vestibule.
сѣно, hay.
сѣнцы, *f. pl. dim.* of сѣни.
сѣрова́тый, greyish.
сѣрый, grey.
сѣсть, *see* сади́ться.
сюда́, here (*direction*).
сюрпри́зъ, surprise.
сюрту́къ, coat, frock-coat.
сямъ (тамъ и), here and there.

Т. е. (то-есть), that is.
табли́ца, table.
та́йна, secret.
таи́нственный, secret, mys-
  terious.
таи́ться, to hide, conceal oneself; to be concealed.
та́кже, also.
тако́й, така́я, тако́е, such.
такъ, thus; такъ же, in the
  same manner; такъ-то, in
  a certain way, somehow;
  такъ...какъ, as (so)...as;
  такъ какъ, as; since.
та́лія, waist; deal (at cards).
тамъ, there.
танцова́ть, to dance.
тапе́рича (*pop.*) = тепе́рь.
таска́ть, тащи́ть, потащи́ть, to
  drag; -ся, to drag oneself.
тата́рскій, Tartar —.
тверди́ть, to repeat.
тве́рдость, *f.* firmness.

тве́рдый, firm, hard.
твой, твоя́, твоё, thy, thine.
твори́ть, to create, do, make;
  -ся, to be made, carried out.
те (*fam.*) = тебѣ.
тебѣ, *dat., loc.*; тебя́, *gen. acc.*
  of ты.
телегра́фъ, telegraph.
телѣга, cart.
телѣжка, light cart.
темнота́, darkness.
тёмный, dark; темноси́ній,
  dark blue.
темнѣе, darker.
тепе́решній, present.
тепе́рь, now (тепе́рича, *pop.*).
тёплый, warm.
терпѣ́ніе, patience.
теря́ть, потеря́ть, to lose.
теса́къ, cutlass, sword-bayonet.
тётенька, aunt, auntie.
течь, to flow.
тиски́, *m. pl.* press, vice.
ти́хій, quiet; gentle; slow.
то, *see* тотъ; то...то, now...
  now; used as postfix to
  emphasize certain words.
тобо́й, *instr.* of ты.
това́рищъ, comrade, friend.
тогда́, then; — какъ, whilst.
то́же, also.
толка́ть, толкну́ть, to push,
  give a push, nudge; -ся, to
  jostle one another.
толпа́, crowd.
толпи́ться, to crowd, throng;
  to collect (in crowds).
то́лстый, thick, stout.
то́лько, only; какъ то́лько, as
  soon as; то́лько что, only
  just; just as, as soon as.
то́ненькій, rather thin.

тóнкій, thin, fine.

тонъ, tone, voice.

тóньше, thinner, more thinly.

тóпать, тóпнуть, to stamp.

топóръ, axe.

тóпотъ, stamping, tramping.

топтáть (топчý), to tread on.

торопи́ться, to hurry, hasten.

торопли́вость, *f.* haste, hurry.

торопли́вый, hurried, impatient.

торчáть, to project, stick out.

тóтчáсъ, at once.

тотъ, та, то, that; тотъ же, the same; то-то, just, indeed; то есть, i.e.; до тогó, to that extent; а то, а не то, otherwise, else; after éсли, etc., то is used to introduce the main sentence.

тóчка, point, speck; — зрѣнія, point of view.

тóчность, *f.* punctuality, accuracy, exactness.

тóчный, exact, accurate; -но, really, indeed, just; -но такъ, just so.

грáверсъ, traverse (*fort.*).

трактйръ, inn, tavern.

трáнспортъ, transport, convoy.

траншéя, trench.

трéбовать, потрéбовать, to demand, ask for, require.

тревóга, alarm.

тревóжный, disquieting, anxious.

трепáть, потрепáть, to slap.

трепетáть, to throb, palpitate.

трéпетъ, alarm, anxiety, fear.

трескотня́, rattle, crashing.

трескъ, crash.

трéтій, third.

треть, a third (part).

трёхгрáнный, three-edged.

трёхрублёвый, of three roubles.

три, three.

три́дцать, thirty.

тринáдцатый, thirteenth.

трóгать, трóнуть, to touch, move; трóгай, "drive on"; трóнуться, to stir, move on.

трóе (*collective num.*), three.

тротуáръ, footpath.

трубá, pipe, tube; telescope.

трýбка, tobacco pipe; fuse.

трýбочка, (little) pipe.

труди́ться, потруди́ться, to labour; to take the trouble, have the kindness.

трудъ, difficulty, trouble.

трупъ, corpse.

трýсить (трýшу), to be frightened, be a coward.

трýсость, *f.* cowardice.

трусъ, coward.

трутъ, tinder.

трясти́, тряхнýть, to shake, jolt.

тудá, there (*direction*).

тýловище, trunk, body, torso.

тýльскій, from Tula.

тумáнность, *f.* fogginess.

тумáнный, foggy, dark.

тумáнъ, fog, mist.

тупóй, dull, blunt; stupid.

туръ, gabion (*fort.*).

тутъ, here, there; then.

тýфля, slipper.

тýчка, (little) cloud.

туши́ть, потуши́ть, to extinguish, put out.

тщáтельный, careful.

тщеслáвиться, to be vainglorious, vain.

тщесла́вie, vanity.

ты, thou.

ты́сяча, thousand.

тьфу, exclamation of disgust or contempt.

тѣ, *nom. acc. pl.* of тотъ, та, то.

тѣло, body.

тѣмъ, *dat. pl.* of тотъ, та, то; *instr. sing.* of тотъ, то, thereby; чѣмъ...тѣмъ, the ...the; тѣмъ бóлѣе, the more so.

тѣни́стый, shady.

тѣнь, *f.* shade, shadow.

тѣснота́, lack of space.

тѣсный, tight, narrow, crowded.

тяжёлый, heavy, deep; difficult.

тя́жесть, *f.* heaviness; burden.

тя́жкій, heavy, oppressive.

тяну́ть, to pull, draw; to blow.

У, near, at the house of, with; у меня́, I have; у негó, he has....

убива́ть, уби́ть, to kill; уби́тый, *p.p.*

убира́ть, убра́ть, to take away; to arrange, set out, set in order; -ся, to depart, get away.

убѣга́ть, убѣжа́ть, to run away.

убѣди́тельный, convincing, persuasive.

убѣжда́ть, убѣди́ть, to convince; -ся, to convince oneself, be convinced.

убѣжде́ніе, conviction.

уважа́ть, to esteem, respect.

уваже́ніе, respect.

увели́чивать, увели́чить, to magnify, increase.

увида́ть, уви́дѣть, *see* ви́дѣть.

увлече́ніе, distraction.

увѣ́ренность, *f.* assurance.

увѣря́ть, увѣ́рить, to assure; увѣ́ренный, *p.p.* certain, sure.

угова́ривать, уговори́ть, to persuade.

угово́ръ, agreement.

уго́дникъ, Saint.

уго́дный, agreeable; уго́дно-ли вамъ, would you like? would you be good enough?

у́голъ, уголóкъ, corner.

у́голь, *m.* coal, charcoal.

угоща́ть, угости́ть, to entertain, treat.

угрю́мый, morose, gruff.

уда́ръ, knock, blow, peal, beating (of waves).

удара́ть, уда́рить, to hit, strike; -ся, to hit, strike (*intr.*), dash.

уде́рживать, удержа́ть, to hold back, restrain; -ся, to refrain.

удиви́тельный, astonishing, marvellous.

удивле́ніе, astonishment.

удивля́ть, удиви́ть, to astonish; -ся, to be astonished, wonder.

удо́бный, convenient, comfortable.

удо́бство, convenience, comfort.

удовлетворя́ть, удовлетвори́ть, to satisfy, content, gratify; -ся, to be satisfied.

удово́льствіе, pleasure, enjoyment.

удостóивать, удостóить, to honour.

уединя́ть, уедини́ть, to isolate; уединённый, *p.p.*

ужаса́ть, ужасну́ть, to horrify.

ужа́сный, dreadful, terrible.

ýжасъ, horror, fright; ýжасъ!
it is awful!

ужé (ужъ), already; (as emphatic particle) indeed;
ужé не, no longer.

ýжинать, to have supper, sup.

ýзелъ, узелóкъ, bundle, parcel.

ýзенькій, rather narrow.

узнавáть, узнáть, to recognize;
to ascertain.

уйтú, see уходúть.

укáзывать, указáть, to point
out, point to, indicate.

уклáдывать, уложúть, to pack,
put away.

украсть, see красть.

укрѣплéніе, fortification.

улáнъ, Uhlan; -скій, Uh-
lan —.

ýлица, street.

улыбáться, улыбнýться, to
smile.

улыбка, smile.

умáяться (perf.), to wear oneself out.

умирáть, умерéть (умрý,
умрёшь), to die.

ýмный, intelligent, clever.

умолкáть, умóлкнуть, to be
silent, cease.

умолять, умолúть, to entreat,
implore.

умóра, laughable matter.

ýмственный, intellectual.

умѣніе, knowledge, ability.

умѣть, to be able; to know
how to.

умъ, mind; intelligence; wit.

унизúтельный, humiliating.

уничтожáть, уничтóжить, to
destroy, exterminate; -ся,
to be destroyed, effaced.

уничтожéніе, destruction, ex-
termination, annihilation.

уносúть, унестú, to carry away.

ýнтеръ-офицéръ, N. C. officer.

упáсть, see пáдать.

упóрный, obstinate, stubborn.

упрекáть, упрекнýть, to reproach.

урá, hurrah.

урóдливый, ugly, deformed.

уронúть, see ронять.

усáживаться, усѣсться, to sit
down.

ýсики, m. pl. little moustaches.

усúленный, p.p. strengthened,
increased; — но, vehement-
ly; earnestly.

усúливаться, усúлиться, to
become stronger, increase.

усúліе, effort.

ускорять, ускóрить, to hasten,
quicken; ускорённый, p.p.

услаждéніе, delight.

услóвіе, condition.

услóвливаться, услóвиться, to
agree, stipulate.

услýга, service.

услýживать, услужúть, to do
a service, oblige, attend to.

услýжливый, obliging, attentive.

услыхáть, услышать, see
слышать.

успокó(á)ивать, успокóить, to
appease, soothe, calm; -ся,
to be soothed, calm down.

успѣвáть, успѣть, to succeed,
manage, have time to.

устá, n. pl. mouth.

уставáть, устáть, to become
tired, weary; я устáлъ, I
am tired.

усталость, *f.* tiredness, fatigue.

устремлять, устремить, to direct, turn, fix.

устро́(а́)ивать, устро́ить, to arrange; -ся, to settle down.

уступа́ть, уступи́ть, to give way, yield, give up; — ме́сто, to give way to.

усы́, *m. pl.* moustaches.

усыпа́ть, усы́пать, to strew, bestrew, cover.

ута́птывать, утопта́ть, to tread down.

утира́ть, утере́ть, to wipe (off).

утопа́ть, утону́ть, to sink; to drown.

у́тренній, morning —.

у́тро, morning.

утѣша́ть, утѣ́шить, to console, comfort.

у́хо (*pl.* у́ши), ear.

уходи́ть, уйти́, to go away, leave, disappear.

ухо́дъ, departure.

уча́ствовать, to take part.

уча́стіе, participation; sympathy.

у́часть, *f.* fate, fortune, doom.

уче́ніе, teaching, instruction.

учёность, *f.* learning, knowledge.

учёный, learned man, savant.

учи́ть, вы́учить, to teach.

учти́вость, *f.* politeness.

учти́вый, polite, civil.

учти́вѣе, more politely.

ущели́стый, full of gorges.

ущи́пывать, ущипну́ть, to nip, pinch.

уѣ́здный, belonging to a district (уѣ́здъ); provincial.

ую́тность, *f.* comfort.

ую́тный, cosy, comfortable.

Фактъ, fact.

фами́лія, surname.

фе́йерверкеръ, gunner (N.C.O. in the artillery).

фельдфе́бель, sergeant-major.

фе́льдшеръ, assistant-surgeon.

фе́ска, fez.

фигу́ра, figure, shape.

физіоно́мія, physiognomy, face.

флагъ, flag.

флангъ, flank.

фли́гель-адъюта́нтъ, equerry to the Tsar.

фло́тскій, naval, of the fleet.

флотъ, navy; fleet.

флюсъ, inflammation of the gums, face.

фона́рь, *m.* lantern, lamp.

фо́рма, form, shape.

фортепіа́но, piano.

фортификаціо́нный, of fortifications.

фра́за, phrase, sentence.

франти́ть, to flaunt.

францу́зскій, French.

францу́зъ, Frenchman.

фронтово́й, of the line.

фуражи́ръ, forager.

фура́жка, forage-cap.

фура́жный, of forage; фура́жныя де́ньги, forage-money.

фурштадтскій, of the baggage-train, transport —.

фы́ркать, фы́ркнуть, to snort.

Хала́тъ, dressing-gown.

характеристи́ческій, characteristic.

хара́ктеръ, character.

харче́вница, tavern-keeper.

хвáстать, хвáстаться, to boast, brag.

хвастлйвый, boastful, presuming.

хватáть, хватйть, to seize, grasp, (*fam.*) take a drink; (*imp.*) to be sufficient.

хладнокрóвіе, sangfroid.

хладнокрóвно, with equanimity, in cold blood.

хламъ, rubbish, odds and ends.

хлóпать, хлóпнуть, to clap, smack; to slam; — глазáми, to blink.

хлороформъ, chloroform.

хлынуть, to gush, rush, pour forth (*intr.*).

хлѣбъ, bread ; хлѣбъ-соль, bread and salt (as symbol of welcome).

ходйть, идтй, to go, come (on foot), walk.

хозяйка, hostess, landlady.

хозяинъ, host, landlord ; master, manager.

хозяйскій, landlady's.

хозяйство, management of a house or estate, household.

холéра, cholera.

холмъ, hill.

холóдный, cold.

холодѣть, похолодѣть, to grow cold.

хорóшенькій, nice-looking; pretty; хорошéнько, very well, nicely, properly.

хорóшій, good; хорошó, well.

хотѣть, to want, wish ; мнѣ хóчется, I wish to, want.

хотя, хоть, although, though ; even; хоть немнóго, if only a little.

хохлáцкій, Little Russian.

хохолóкъ, tuft, crest of hair.

хохóлъ, nickname of Little Russians.

хóхотъ, laughter.

храбрéцъ, brave fellow.

храбрйться, to make a display of one's courage.

хрáбрость, *f*. bravery, courage.

хрáбрый, brave.

храбрѣе, more bravely.

храпѣть, to snore.

хрйплый, hoarse.

хрипѣніе, hoarseness, death-rattle.

хрипѣть, to be hoarse, rattle.

христіáнйнъ, Christian.

хромóй, lame.

худóй, bad ; thin, sparse.

худощáвый, thin, lean.

хýже, worse.

Царáпина, scratch.

царёвъ, of the Tsar.

цáрскій, Imperial.

царь, *m*. Tsar.

цвѣтýщій, flowering, flowery, flower-bedecked.

цвѣтъ (*pl*. цвѣты), flower ; — (*pl*. цвѣтá), colour.

цéрковь, *f*. church.

цыгáнка, gipsy-girl.

цыгáнскій, gipsy —.

цѣлкóвый, silver rouble.

цѣловáть, поцѣловáть, to kiss.

цѣлый, whole, entire ; sound.

цѣль, *f*. aim, object.

(цѣнивать), цѣнйть, to value.

цѣпóчка, (fine) chain.

Чаёкъ, *dim.* of чай.

чай, presumably.

чай, tea.
чайникъ, teapot.
часовня, (mortuary) chapel.
часовой, sentry.
часто, often.
частый, frequent; dense.
часть, *f.* part; частью, partly; бо́льшею ча́стью, for the greater part.
часъ, hour; time; часы́, *pl.* watch, clock.
чаще, more frequently.
чего́, *gen.* of что.
чей, whose? — -то, somebody's.
челове́къ, man, person.
челове́ческій, human.
чемода́нъ, portmanteau.
чему́, *dat.* of что.
чепе́цъ, че́пчикъ, cap.
чередъ, order, turn.
че́резъ, through, across; after.
черепо́къ, fragment, splinter.
чёрный, black, dark.
черне́ть, to grow black, darken, loom.
черта́, feature, trait.
че́стность, *f.* respectability; honesty.
че́стный, respectable, worthy, honest.
честолю́біе, ambition.
честь, *f.* honour.
четвёртый, fourth.
че́тверть, *f.* quarter.
чётъ, even number.
четы́ре, four.
четы́реста, four hundred.
чини́ть, to mend, repair.
чино́вникъ, functionary, official.
число́, number; date.

чи́стый, clean; clear; pure; чи́стыя де́ньги, ready money.
чита́ть, прочита́ть, прочёсть, to read.
членъ, limb; member.
чортъ, devil.
чрезвыча́йный, extraordinary; чрезвыча́йно, exceedingly, extremely.
чтецъ, reader.
что, that (*conj.*); what, which, (*coll.*) who; что-нибу́дь, anything; something; что-то, something; что за..., what sort of...; чтобы, (чтобъ), для того́ —, in order to.
чуа́екъ, *see* челове́къ.
чувстви́тельный, emotional, sensitive.
чу́вство, feeling, sentiment; безъ чувствъ, senseless.
чу́вствовать, почу́вствовать, to feel.
чугу́нный, cast-iron.
чу́дный, wonderful, marvellous; чудно́, odd, strange.
чудотво́рный, wonder-working, miraculous.
чуло́къ, stocking.
чуть, — - —, almost; — не, nearly; almost.
чу́ять, to perceive, feel.
чьё, чьи, *see* чей.
чѣмъ, *instr.* of что; than, rather than.

Шаба́шъ, enough; that's all!
шага́ть, шагну́ть, to step, stride, walk.
шагъ, step, pace; ша́гомъ, at a walking pace, slowly.

шала́нда, lighter.
шально́й, crazy; шальна́я бо́мба, stray shell.
ша́нецъ, entrenchment.
ша́пка, ша́почка, cap.
шарова́ры, *f. pl.* loose trousers.
швыря́ть, швырну́ть, to hurl, cast, fling.
шевели́ть, шевельну́ть, to move; -ся, to move, stir.
шёлъ, шла, шло, *past tense* of идти́; ше́дшій, *p.p.*
шепта́ть, шепну́ть, to whisper.
шестимѣсячный, of six months.
шесть, six.
шея, neck.
шине́ль, *f.* cloak, overcoat.
шипо́вникъ, wild rose(-bush).
шипѣ́ть, to hiss.
ши́рмочки (*dim.*), *f. pl.* screen.
широ́кій, broad.
широкопле́чій, broad-shouldered.
шить, сшить, to sew; ши́тый, *p.p.* embroidered.
шкапъ, шкафъ, cupboard.
шкату́лка, cash-box.
шко́ла, school.
шко́льникъ, scholar, school-boy.
шлёпать, шлёпнуть, to slap, splash; -ся, to fall heavily.
шля́па, шля́пка, hat.
шовъ, seam; ру́ки по швамъ, (to stand) "at attention."
шо́потъ, whispering.
шпа́га, sword.
шпо́ры, *f. pl.* spurs.
шта́бный, staff.
штабсъ-капита́нъ, sub-captain.
штабъ-офице́ръ, officer of the higher ranks.

штаны́, штани́шки (*dim.*), *m. pl.* trousers, breeches.
штри́пка, foot-strap.
шту́ка, piece; trick, prank.
штурма́нскій, of the helmsman, navigating officer.
штурмъ, assault, onslaught.
штуце́рный, of a carbine.
штыкъ, bayonet.
шу́ба, fur coat.
шу́мный, noisy.
шумъ, noise.
шумѣ́ть, to make a noise, roar, rumble.
шути́ть, to joke; to make fun.
шу́тка, joke; безъ шу́токъ, in earnest.
шутли́вый, jocular, funny.

Щегольство́, щеголева́тость, *f.* elegance, dandyism.
щека́, cheek.
щель, *f.* chink.
ще́пка, splinter.
щётка, brush.
щи, *f. pl.* cabbage-soup.
щу́риться, to screw up one's eyes, blink.

(Ѣда́ть), ѣсть, съѣсть, to eat.
(Ѣзжа́ть), ѣздить, ѣхать, поѣхать, to go, come (not on foot).

Эвтотъ (*pop.*), *see* э́тотъ.
эй, hullo (*exclamation*).
экза́менъ, examination.
экипа́жъ, carriage; crew.
экста́зъ, ecstasy, enthusiasm.
элеваціо́нный, elevation —;

элеваціóнный станóкъ, observation-post.
энергическій, energetic.
энéргія, energy.
эполéтъ, shoulder-strap.
эстетическій, aesthetic.
э́такой (pop.), such.
э́такъ (pop.), thus.
э́тотъ, э́та, э́то, this.

Ю́бка, skirt, petticoat.
ю́нкеръ, student of a military college, who has not yet received a commission.

Я, I.

явля́ться, яви́ться, to appear, present oneself.
я́вственный, distinct.
ядрó, cannon-ball.
язы́къ, language; tongue.
я́корь, m. anchor.
я́ма, pit.
я́мочка, dug-out, shelter.
я́ркій, bright.
ярлы́къ, label.
я́ростный, furious.
я́сный, clear.
яснѣ́е, more clearly.
я́щикъ, box.
я́щичныя (лóшади), ammunition-waggon (horses).

For EU product safety concerns, contact us at Calle de José Abascal, 56–1°,
28003 Madrid, Spain or eugpsr@cambridge.org.

www.ingramcontent.com/pod-product-compliance
Ingram Content Group UK Ltd.
Pitfield, Milton Keynes, MK11 3LW, UK
UKHW012329130625
459647UK00009B/172